编委会

Zhongguo Chubanye Biange Sanshinian

中国出版业变革三十年

本书编写组◎编

人民出版社

目 录
contents

高举旗帜　改革创新
推动中国特色社会主义新闻出版业大发展

新闻出版总署署长　柳斌杰

1978 年 12 月召开的党的十一届三中全会，是我们党历史上的转折点，从根本上冲破了长期以来“左”倾错误的严重束缚，在拨乱反正的基础上重新确立了马克思主义的思想路线、政治路线和组织路线，果断作出了把党和国家工作重点转移到社会主义现代化建设上来的重大决策。30 年来，我们党高举改革开放的旗帜，以一往无前的进取精神和波澜壮阔的创新实践，解放思想、与时俱进，开辟了中国特色社会主义道路，形成了中国特色社会主义理论体系，中国人民的面貌、中国共产党的面貌、社会主义中国的面貌都发生了历史性变化。我国新闻出版业与改革开放同行、与时代发展同步，为推进改革开放和现代化建设做出了积极贡献，自身建设也取得了重大成就。在纪念改革开放 30 周年的今天，我们回顾过去备感自豪，展望前程充满信心，一定能在历史的新起点上，再创新闻出版业的辉煌。

一、坚持解放思想、改革开放，我国新闻出版业实现了健康快速可持续发展，新闻出版工作围绕中心稳步推进，呈现出繁荣开放、积极向上的良好态势

十一届三中全会以来，党中央国务院高度重视新闻出版工作，适时作

出了一系列重大部署和决策，为我们做好新闻出版工作指明了方向。30年来，在中国特色社会主义理论指引下，新闻出版战线不仅率先解放思想，宣传党的创新理论和改革开放的一系列方针政策，为社会主义现代化建设事业提供强大的舆论支持和精神动力，而且不断深化自身改革，以开拓创新的精神，推进了思想观念、发展方式、体制机制、政府职能和传播方式的转变，使我国新闻出版制度在改革中完善，新闻出版产业在开放中发展，新闻出版工作在创新中前进，开创了中国特色社会主义新闻出版业发展的新局面。

（一）始终坚持正确的政治方向和舆论导向，为改革开放和现代化建设创造了良好的舆论环境

30年来，不管世情、国情和社会环境发生什么样的变化，我们都始终坚持高举中国特色社会主义伟大旗帜，学习宣传贯彻党的创新理论，在发动真理标准问题讨论、推动党的工作重点转移、宣传改革开放总方针和贯彻经济体制、政治体制和文化体制改革决策以及推动社会主义市场经济体制建设等方面，坚决贯彻落实党中央国务院的部署，始终坚持正确的政治方向和舆论导向，牢牢把握了先进文化前进方向。30年来，新闻出版业旗帜鲜明地坚持主流意识形态，在马克思主义经典著作、中国化的马克思主义著作及其研究性著作、普及读物的出版工作方面做了大量工作，先后出版了《马克思恩格斯全集》（中文第2版）、《列宁全集》（中文第2版）、《毛泽东选集》（第2版）、《邓小平文选》、《江泽民文选》等马克思主义重要著作；出版了《邓小平建设有中国特色社会主义论述专题摘编》、《江泽民论有中国特色社会主义》（专题摘编）以及江泽民、胡锦涛同志重要著作的单行本；出版了《邓小平理论学习纲要》、《“三个代表”重要思想学习纲要》、《科学发展观学习读本》等阐释和宣传马克思主义及其中国化理论成果的重要著作；及时组织出版了一批学习贯彻邓小平理论、“三个代表”重要思想、科学发展观的系列出版物。围绕毛泽东、邓小平等诞辰纪念活动和建党、建国、建军、长征、抗战等一系列重大节庆纪念活动，

出版了一大批精品力作，弘扬了主旋律，巩固了社会主义意识形态阵地，为中国特色社会主义理论体系的形成做出了特殊贡献。坚持“双百”方针，出版了一大批传承中华文明、弘扬社会主义核心价值观的优秀读物和基础性工具书。坚持“三贴近”，出版了大量面向“三农”、面向未成年人、面向大众的群众喜闻乐见的优秀出版物，新闻出版工作的舆论引导水平和服务能力极大提高。

（二）不断深化新闻出版领域体制改革，解放了新闻出版生产力

30 年来，适应社会主义计划经济体制向社会主义市场经济体制转变，新闻出版业进行了拨乱反正、恢复重建、“三放一联”和应对加入世界贸易组织的集团化建设等几个阶段的改革探索。特别是党的十六大提出，适应社会主义市场经济发展的要求，根据社会主义精神文明建设的特点和规律，大力推进文化体制改革以来，新闻出版领域改革力度加大，成效显著，取得了突破性进展。2003 年，党中央国务院正式启动文化体制改革试点，在所确定的 35 个文化体制改革试点单位中，新闻出版单位有 21 家。面对繁重而艰巨的改革任务，我们从体制创新入手，总体设计、分类指导，17 家试点单位转企改制，4 家实现企事分开，全面完成了出版、发行和报业改革试点任务，为文化体制改革向纵深推进提供了经验。2005 年，总署进一步明确出版发行体制改革的总体思路，出台政策，就转企改制、企事分开、职能转变、上市融资等改革难点问题进行重点攻坚，先后组建了 23 个出版企业集团公司，180 多家图书出版社、上千种经营性报刊成为新的市场主体，30 个省级新华书店系统完成了转企改制，49 家党报党刊集团实现了宣传编辑和经营业务两分开。全国性民营连锁经营企业已达 8 家，民营发行网点达 10 万个，中外合资、合作或外商投资书报刊发行企业和印刷企业达 2500 多家，一大批民营网络出版发行企业快速成长。出版、发行、报业上市公司已达 11 家，净融资达 240 多亿元，造就了一批市场主体和战略投资者，极大地解放了出版生产力。以公有制为主体，多种

所有制经济共同发展的出版产业格局初步形成。

（三）坚持为人民群众提供丰富多彩的精神文化产品

30年来，新闻出版业把发展作为第一要务，把满足人民群众的精神文化需求作为工作目标。与1977年相比，我国出版传媒市场发生了历史性变化，出版由“书荒”变成“书海”，传媒由单一变成多样，基本满足了人民群众多样性的精神文化需求。就“硬实力”而言，截至2007年底，我国出书品种已由1977年的12886种增长到274376种，总印数达66亿册，市场经销图书达200万种。期刊生产由1977年的600余种、5.6亿册发展到年产9468种、30亿册。报纸生产由1977年的193种、123.7亿份发展到年产2081种、438亿多份。音像制品从1978年的398个品种发展到年产3.37万种。我国电子出版业起步于1993年，到2006年出版电子出版物已达7207种，发行量1.6亿张，电子图书达到160多万种。拥有自主知识产权的民族网络游戏产品已有300多种上市，远销40多个国家和地区。2007年，全国书报刊和音像出版物定价总金额达到1185亿元；印刷产业工业总产值已经超过4600亿元，占国内生产总值的2.02%，中国已经成为世界第三大印刷基地。经过30年来的不断发展，我国出版传媒产业规模不断扩大，实力不断增强，出版传媒产业总产值直逼万亿，已经成为国民经济的重要组成部分，在促进文化积累和传承，推动经济和社会发展方面起到了重要的不可替代的作用。

（四）建设新闻出版公共服务体系，切实保障人民群众的基本文化权益

30年来，党和政府根据国民经济的总体规划和新闻出版业发展实际，对新闻出版业实行了一系列财税优惠政策，建立“宣传文化发展专项资金”，支持义务教育教材出版发行、实行科技教育文化“三下乡”，扶持少数民族地区新闻出版事业等，为人民群众直接服务。贯彻落实科学发展观以来，我们坚持以人为本，加快建设新闻出版公共服务体系，实施了几项工程。为加快社会主义新农村建设，推动城乡统筹发展，组织实施了总投

资百亿元的“农家书屋”工程。目前，已建成各类“农家书屋”3万多家，与民政部共建“社区书屋”6万多家，出版各类适农出版物20000多种；这些书屋和出版物惠及了几亿城乡人口。适应全球性阅读新趋势，努力提高全民文化素质，组织实施了全民阅读工程，读书节、读书日、读书周、读书月等活动遍及全国各地，在全社会培育了良好的阅读风气。发展少数民族文字新闻出版业的“东风工程”正在加紧实施，国家重点出版工程、古籍整理工程、文化环保工程等公益性事业进一步得到重视和加强。一个以政府为主导，以公共财政为支撑，以公益性出版单位为骨干，以新闻出版公共服务重大工程项目为载体，全面覆盖各类人群、各个领域的新闻出版公共服务体系已逐步形成，从根本上缓解了人民群众看报难、读书难和农村文化产品少的问题。

（五）新闻出版行政管理不断创新，基本建立了适应社会主义市场经济体制需要的新闻出版行政管理体制

30年来，在党中央国务院的正确领导和各地党委、政府的关心支持下，新闻出版行政管理体制改革取得重大突破。一是社会主义新闻出版、版权法律体系初步建立。以《中华人民共和国著作权法》、《出版管理条例》、《印刷业管理条例》、《音像制品管理条例》、《计算机软件保护条例》、《中华人民共和国著作权法实施条例》、《著作权集体管理条例》、《信息网络传播权保护条例》为主的法律框架初步形成，围绕“一法七条例”颁布实施的相关配套法规、规章达到32件，做到了有法可依，受到了国际社会的高度评价。二是历经3次机构改革，实现新闻出版总署机构升级，监管和执法权威增强，逐步明确了新闻出版宏观调控、依法行政、公共服务和市场监管的职能定位。三是按照建立法治政府、服务政府、责任政府、廉洁政府的要求，总署率先实施“四分开”，使所属企业脱钩转企改制，转变了职能，在中央机关第一个实现了审批事项“集中办理”，使权力在阳光下运行。各地新闻出版行政机关基本实现了政企分开、政事分开、政资分开、管办分离，逐步形成了权责一致、分工合理、决策科

学、执法顺畅、监督有力的行政管理体制。四是锐意改革，在全系统推进以“四大准入”为基础的市场监管体系建设，借助技术手段完善管理平台，走上了科学管理之路。五是深化行政审批制度改革，出台服务基层、有利发展的举措，累计清理法规100多项，取消和下放了30多项行政许可事项。六是制定版权发展战略，积极推进版权法规、执法、服务、行政、工作、国际合作体系建设，版权创造、流通、使用、保护的能力取得了长足的进展。七是深入开展“扫黄打非”斗争，不断净化出版物市场，出版物市场监管的长效机制正在有条不紊地建立之中。

（六）大力开展科技创新，为新闻出版业的发展提供强大的技术支撑

30年来，我们不仅告别了“铅与火”的出版时代，而且还迎来了以数字网络出版、数字印刷为主体的新型出版业态高速发展的新阶段，数字化成为我国新闻出版业传播技术变革的重要标志。我们通过制定科技规划和重点科技项目实施，鼓励和支持企业在数字网络出版、印刷技术和新闻出版电子商务等方面进行自主研发，拓展了新的发展空间。我们着手实施“国家知识资源数据库”、“国家数字复合出版系统”、“国家动漫振兴工程”等国家重点工程，推动新闻出版业实现从传统方式向现代多种媒体共同发展的方向转变。截至2006年，我国数字出版产业整体规模已达到200亿元；计算机显示器、阅读器终端用户达到1.3亿，手机作为移动阅读器已成趋势；网上书店、以信息提供为主的网站蓬勃发展。截至2007年底，中国国产电子书总量达40万种，规模居全球第一；数字报业迅速发展，国内有33家传媒集团推出数字报纸。印刷业结束了“铅与火”，正在经历由“光与电”到“0和1”的历史性飞跃，实现数字印刷、数字出版、数字传播的历史性跨越为时不会太远。

（七）“走出去”战略成效初显，新闻出版业在开放中获得更大的发展机遇

30年来，中国新闻出版业逐步扩大对内对外开放，学会在世界出版大

格局中发现商机、开拓市场，扩大中华文化的影响力。1986 年第一届北京国际图书博览会的举办，标志着中国出版业向世界敞开大门。近几年，我们每年参与 40 多个国家或地区的书展、书市，宣传、展示和推介中国出版物，在法兰克福、巴黎、纽约和莫斯科等一些大型书展上，中国出版物成为最大的亮点之一。加入世界贸易组织后，我们兑现承诺，书报刊分销市场已经向世界开放，在出版、印刷、发行等各个环节，不断加大引进外资的力度。截至 2007 年，中外合资、合作的印刷、发行、出版企业达 2500 多家，期刊版权合作 50 多家，中外图书合作年均 600 多种；对外版权贸易成交量由 1990 年的几百种发展到 2007 年的 1.4 万多种。版权贸易结构逐年改善，引进输出比例由 10 年前的 15∶1 缩小到 2007 年的 5∶1。"对外图书推广计划"顺利推进，已推出 1400 多种中国精品图书，在西方主流社会产生了一定影响。中国出版企业在海外投资发展的势头很好。利用"两个资源、两个市场"，拓展发展空间，成为基本共识，以民族文化为主体，吸收外来有益文化，推动中华文化走向世界的新闻出版业开放格局正在形成。

（八）人才队伍和党的建设不断加强，为新闻出版业全面协调可持续发展提供了组织保障

建设一支政治强、业务精、纪律严、作风正的高素质新闻出版人才队伍，是新闻出版业改革发展的重要保证。30 年来，在党中央国务院和各级地方党委政府的关心重视下，新闻出版人才队伍不断壮大，整体素质明显提高。我们相继提出"人才兴业"战略、培训规划和实施方案，实施了"跨世纪出版人才工程"和素质工程、领军人才工程、高技能人才工程建设，通过坚持不懈的教育培训，建立了布局合理、层次完整的人才培养网络。30 年来，各级新闻出版行政机关紧密联系党的基本路线和中心任务，以及不同时期党对新闻出版工作的新要求，切实推进党的建设。着力用马克思主义中国化的最新理论成果武装广大党员，按照中央要求，认真开展"三讲"教育、先进性教育、作风建设专题教育和科学发展观学习实践等

活动，在行业内开展了“三项学习教育”活动，提高了新闻出版行业从业人员的理想信念和职业道德，切实加强了思想建设；按照政治坚定、求真务实、开拓创新、勤政廉洁、团结协作的要求，加强领导班子建设；深入开展“创建文明机关、争做人民满意公务员”等活动，以优良的党风促政风带行风，整个行业的作风建设得到加强；积极推进党内民主，以“两手抓、四同步”的思路创新基层党建工作，把制度建设贯彻于党建的各个方面；按照改革创新、惩防并举、统筹推进、重在建设的基本要求，把反腐倡廉建设放在突出位置，纳入了行业改革发展管理的总体规划中，同各项业务一起部署、一起检查，反腐倡廉建设得到切实加强。

30 年来，我国新闻出版业成就的取得，是党中央国务院高度重视、坚强领导的结果；是新闻出版战线广大干部职工解放思想、与时俱进，真抓实干、开拓进取的结果；是人民群众充分发挥首创精神、积极投身文化创造的结果；是社会各界积极参与、大力支持的结果。在此，我谨代表总署党组，向长期以来参与和支持我国新闻出版业改革发展事业的各位老领导、老同志和新闻出版战线的广大干部职工致以崇高的敬意！

二、改革开放 30 年创造的实践经验，是新闻出版业繁荣发展的宝贵精神财富

30 年来，新闻出版战线广大干部职工在开创中国特色社会主义新闻出版业发展之路的进程中，认识和把握了规律，探索和积累了经验，对于把新闻出版业继续推向前进，具有十分重大的意义。

（一）必须始终高举旗帜，坚持社会主义先进文化的前进方向

中国特色社会主义伟大旗帜，是当代中国发展进步的旗帜，是全党全国人民团结奋斗的旗帜。新闻出版工作必须坚持以马列主义、毛泽东思想、邓小平理论和“三个代表”重要思想为指针，深入贯彻落实科学发展观，始终坚持社会主义先进文化的前进方向，增强政治意识、政权意识、责任意识，坚持不懈地用马克思主义中国化的最新成果武装教育新闻出版

战线广大干部职工，巩固和发展马克思主义在意识形态领域的指导地位，用社会主义核心价值体系引领社会思潮，努力遵循新闻出版业的正确发展方向，构建定位明确、特色鲜明、功能互补、覆盖广泛的舆论引导格局。

（二）必须始终坚持围绕中心、在党和国家大局中发挥作用

新闻出版工作是党和国家工作的重要组成部分，必须全面贯彻党的基本路线，紧紧围绕经济建设这个中心不动摇，服从服务于改革发展稳定大局不动摇。要创造性地引导广大干部职工在党和国家大局中找任务、起作用，积极投身改革开放和现代化建设实践，紧紧围绕党和国家的中心任务履行职责，把促进科学发展作为检验工作成效的重要标准，为社会主义现代化建设和全面建设小康社会提供有力的精神动力、智力支持，营造良好的舆论环境和文化条件。

（三）必须始终坚持服务人民，实现和维护好人民群众基本文化权益

保障人民群众的基本文化权益、满足人民群众的精神文化需求，是新闻出版业的根本出发点和立足点。必须从人民群众的根本利益出发，把满足人民群众的精神文化需要作为最终目的。我们有责任努力解决好人民群众反映最突出、最直接、最迫切的现实问题，坚持贴近实际、贴近生活、贴近群众，组织好不同载体和不同表现形式的优秀作品生产，充分发挥人民群众在新闻出版业发展中的主体作用，实现和维护好人民群众的基本文化权益，让人民群众共享新闻出版业改革发展成果。

（四）必须始终坚持改革创新，不断解放新闻出版生产力

改革开放30年实践证明，改革和创新是新闻出版业发展的巨大动力，没有改革就不能解放生产力，没有创新就不能发展生产力。而新闻出版的改革创新，关键是解放思想，观念转变了就能不断解放新闻出版生产力。中国特色新闻出版业发展成果，就是在“两个解放”的推动下，通过改革创新取得的。只有在思想上推动“两个解放”，才能排除各种来自“左”

的、右的，特别是“左”的干扰，真正把发展作为第一要务，正确处理意识形态属性与产业属性的关系、社会效益与经济效益的关系、主旋律与多样化的关系、推动改革和强化管理的关系、新闻出版业硬实力与软实力的关系，以科学发展观为统领，推动出版传媒产业健康快速可持续发展，增强我国文化的总体实力和国际竞争力。

（五）必须始终坚持依法行政，不断提高科学管理的水平

新闻出版行政管理部门既承担着宏观调控、改革发展的职责，也肩负着依法行政、公共服务、市场监管的职能，必须努力做到调控与发展、监管与服务的统一，必须以法治和科学为重点加强行政能力建设和管理创新，提高依法行政、科学管理的能力，以管理促发展促繁荣。要适应国家经济社会文化发展新情况新变化新要求，不断改革管理体制、完善运行机制、健全政策法规，提高综合运用法律、经济、行政、市场、技术、思想政治工作等多种手段进行管理的能力，推进新闻出版管理工作的科学化、规范化和法制化。

（六）必须始终坚持扩大开放，积极参与国际竞争

新闻出版业本身是一个开放的行业，但却十分封闭，各自为战，难以实现对内整合、对外协力的要求。只有不断增强对内对外开放的力度，对内形成大集团、大制作、大流通、大市场；对外充分运用“两种资源、两个市场”，“走出去”参与国际竞争，才能逐步打破条块分割、地区封锁、城乡分离的局面，才能逐步形成以民族文化为主体、吸收外来有益文化、推动中华文化走向世界的文化开放格局，才能逐渐改变新闻出版在国际市场竞争格局中的落后状态，才能真正提高我国文化软实力。

（七）必须始终坚持党的领导，不断加强新闻出版行业党的建设工作

新闻出版是一个事关意识形态、经济发展、文化建设，影响社会生活和千家万户的行业，只有在党的领导下才能健康发展。30 年的实践表明，

加强党对新闻出版工作的领导，保持行业党组织的先进性，发挥广大党员的先锋模范作用，是新闻出版业改革发展管理的组织保证。新闻出版战线要坚定地贯彻落实党的路线方针政策，自觉地在思想上、政治上、行动上同党中央保持高度一致，坚决贯彻中央精神，维护中央权威。要坚持党管干部的制度，确保各级新闻出版机构的领导权真正掌握在忠于马克思主义、忠于党和人民的干部手里。要坚持不懈地进行思想建设、组织建设、作风建设、制度建设和反腐倡廉建设，不断提高新闻出版行业各级党组织的战斗力和广大党员的思想政治素质、业务水平和创新能力。

这些宝贵经验，继承和发展了新闻出版工作的优良传统，反映了新闻出版工作的内在规律，体现了马克思主义中国化最新理论成果对新闻出版工作的基本要求，对于做好当前和今后一个时期的新闻出版工作具有重要的指导意义，必须矢志不渝地坚持下去，并在实践中不断加以丰富和发展。

三、深入贯彻科学发展观，在新的起点上推动中国特色社会主义新闻出版业大发展大繁荣

党的十七大站在新的历史起点上提出的“四位一体”的总体布局和文化大发展大繁荣的发展目标，增强了推进新闻出版业科学发展的使命感；社会主义现代化建设的新形势、新情况、新趋势，推动文化生产、传播和消费方式发生着重大变化，为创新新闻出版工作提供了重要契机；人民群众对丰富精神文化生活和了解外部世界的热切愿望，为新闻出版业的发展提供了强大动力。同时，我们也应清醒地认识到，当今世界正处在大变革大调整之中，新闻出版工作面临着长期而艰巨的挑战。国际上敌对势力对我西化、分化的活动一刻也没有停止，渗透和反渗透斗争仍然尖锐复杂；近期国际金融市场加剧动荡，全球经济发展明显减速，诸多风险前所未有。这些已经并将继续对我国经济社会发展造成一定影响，导致社会情绪极易波动，社会矛盾日益复杂，突发事件较为频繁，给新闻出版舆论引导、推动发展带来不小的困难。从自身发展看，经过 30 年的发展，新闻

出版业取得了成绩，积累了经验，但与科学发展观的要求相比，与人民群众日益增长的精神文化需求相比，我们在思想观念、创新意识、产业规模、体制机制、行政管理能力以及队伍素质等方面都还存在着一些突出问题。也就是说，当前我国改革发展进入关键阶段，社会主义现代化建设事业处于重要战略机遇期，这为新闻出版业改革发展带来前所未有的机遇，而关键时期的矛盾和问题也在凸显，也给新闻出版业带来了前所未有的挑战，新闻出版工作面临的任务更为繁重，肩负的责任更加重大。我们必须保持开拓奋斗的精神和清醒应对的头脑，用唯物辩证法开辟继续前进的道路。

深入贯彻落实党的十七大精神，在新的历史起点上推动新闻出版业科学发展，我们必须认真学习贯彻党的十七大和十七届三中全会精神，高举中国特色社会主义伟大旗帜，以邓小平理论和“三个代表”重要思想为指导，深入贯彻落实科学发展观，以解放思想、开拓创新为突破口，以营造良好的舆论环境、满足人民群众对精神文化生活的热切愿望为出发点和落脚点，树立新的文化发展观，以强而有力的措施，深化改革、加快发展、优化服务、强化管理，进一步推动中国特色社会主义新闻出版业大发展大繁荣，为夺取全面建设小康社会新胜利、开创中国特色社会主义事业新局面做出新的贡献。

当前及今后一个时期，要着力抓好以下几方面工作：

（一）深入贯彻落实科学发展观，在时代的高起点上开创新闻出版工作新局面

胡锦涛总书记对宣传思想文化工作提出了“高举旗帜、围绕大局、服务人民、改革创新”的总要求，这是新闻出版系统必须遵循的工作方针。要不断增强政治意识，以中国特色社会主义理论为指导，以社会主义核心价值观的树立为重点，始终坚持社会主义先进文化的前进方向。要不断增强大局意识，一切工作都要放在大局中思考，把新闻出版业的发展置于党和国家的工作大局之中。按照党、政府和人民的需要来推动发展方式、体

制机制和内容形式的转变。要牢固树立服务意识，高度关注新闻出版服务人民、满足人民需要的各项要求，依据人民的需要确定我们的具体方针政策，及时解决关系人民群众切身文化利益的热点问题，促进党和国家新闻出版惠民政策措施的贯彻落实。要不断增强发展意识，按照科学发展观的要求，把促进、服务、保障和推动科学发展作为首要职责，以新闻出版事业不断繁荣、出版传媒产业整体实力的进一步壮大作为改革创新的首要任务，促进经济文化社会又好又快发展。要不断增强忧患意识，准确判断突发事件，紧密关注经济社会运行中存在的矛盾和风险对新闻出版业发展可能造成的隐患和影响，未雨绸缪，把握趋势，提高化解风险的能力。要不断增强责任意识，提高政府的行政能力，进一步推动新闻出版法规制度的完善和政务公开，落实责任追究制和问责机制，建立健全方便基层、便利群众的政府公共服务体系，使政府在开创新局面中发挥更大作用。

当前，全国新闻出版行政机关都在深入开展学习实践科学发展观活动。这一活动的目的，就是要以中国化的马克思主义关于发展的世界观和方法论为指导，进一步探索新闻出版发展规律，以思想大解放推动新闻出版业内容形式、体制机制、发展方式的转变，切实解决影响和制约新闻出版业科学发展及党员干部党性党风方面群众反映强烈的突出问题，使党员干部受教育、科学发展上水平、人民群众得实惠。推动各行各业又好又快发展。各级党组织和广大党员干部都要明确认识，认真组织，深入学习，有效实践，开展好这次学习实践活动。

（二）继续推动“三大转变”，在时代的高起点上解放和发展新闻出版生产力

社会不断变化，创新永无止境。只有解放思想、实事求是、与时俱进、不断探索中国特色社会主义新闻出版业发展规律和拓展新闻出版工作的新领域、新路子，才能不断地解放和发展生产力，才能跟上时代的步伐。从目前我国新闻出版业发展状况看，落实科学发展观、解放和发展新闻出版生产力，必须走出一条依靠改革开放、科技进步、自主创新，不断

提高人员素质和企业素质，速度较快、结构优化、社会效益和经济效益俱佳、产业整体质量不断提高的资源节约型、环境友好型可持续发展之路。走向这条科学发展之路，关键是要真正实现增长方式、体制机制和政府职能的转变。

1. 要切实转变增长方式

国家经济社会科学发展的新形势新情况要求新闻出版业必须实现由粗放型、数量型、扩张型增长方式向效益型、质量型、科技型增长方式的转变。这是技术进步和市场规律决定的，不以我们的意志为转移的客观要求，是我国新闻出版业发展的必由之路。要在已有工作基础上，充分利用传媒领域高新技术改造传统出版业，构建新的发展平台，努力打造主流媒体在多元传播格局中的优势地位。要通过大力培育新闻出版新业态，发展产业群、产业带、产业园区，重点建设一批游戏开发、数字出版、版权产业、出版网络等创意产业示范园区和基地，以规模、实力、质量、效益决胜市场，提升竞争力，形成新的增长点。

2. 要改革创新体制机制

体制机制落后已经是我们的致命弱点。要加快经营性事业单位转企改制步伐，按照中央确定的改革路线图和时间表，在两年内完成中央党政部门在京出版社、高校出版社以及所有地方的出版集团、出版单位的转企改制任务，一部分还要完成股份制改造任务，在转制、脱钩之后进一步推动产业集中和企业重组，组建中国出版的旗舰。加快推进党报、党刊等公益性事业单位改革，实现经营、编辑业务分开，建立新的运行机制，建设服务社会和人民的新闻出版公共服务主体。要充分发挥市场的基础性作用，推动资源、技术、人才在全国范围内有效流动，加快培育统一、开放、竞争、有序、健康、繁荣的现代出版物市场。要进一步扩大新闻出版领域投融资渠道，增强新闻出版企业的整体实力和市场竞争力。要以改革创新精神努力构建新闻出版业繁荣发展的动力机制、舆论引导机制、宏观调控与市场调节机制和保障服务机制，为新闻出版业科学发展提供保证。

3. 要坚持转变政府职能

深化行政体制改革，转变政府职能，建设服务型政府，是一项长期、艰巨的任务。要通过转变职能、理顺关系、优化结构、提高效能，不断推动新闻出版行政机关由权力型、审批型政府向责任型、法治型、服务型政府转变，履行好宏观调控、依法行政、公共服务和市场监管的职能。要明确工作着力点，努力创新管理方式，强化公共服务和市场这两个薄弱环节，在加强新兴领域监管上下工夫；要加强分类指导，实现协调推进，努力实现新闻出版监管方式由单一向科学转变，由突击治理向日常监管转变，由传统模式向现代化手段转变。

（三）全面实施“五大工程”，在时代的高起点上探索和拓宽新闻出版公共服务的新领域

让人民共享出版发展成果，是构建新闻出版公共服务体系的本质要求。要在巩固工作成果基础上，抓住国家近期出台的扩大投资、拉动内需、推动经济加速发展的重大机遇，加大力度、加快进度，统筹规划、全面推进，努力建设新闻出版公共服务基础工程。要大力实施农家书屋工程。力争到2010年底，全国建成农家书屋20万家，到2015年基本覆盖全国所有行政村和社区，惠及9亿人口，从根本上解决农民群众“买书难、借书难、看书难”的问题。要认真组织重点出版工程。精心组织具有文化传承功能的重点工程及其他重大工程的建设；要全力组织实施代表历史和时代标志的重大节庆等主题出版工程；用好管好国家出版基金，组织生产精品力作，丰富民族文化宝库。要全力抓好少数民族文字出版工程。研究制定发展规划，建设民文出版基地，扩大民族文字出版规模，继续组织实施新闻出版“东风工程”，加强对西藏、新疆、青海等少数民族地区的文化产品供应，提高民族文字出版能力。要积极推广全民阅读工程。总结各地读书日、读书周、读书月活动经验，推动全民阅读活动与农家书屋建设等工程结合起来，延伸至农村、偏远地区和社区、进城务工人员等群体，创新全民阅读活动的组织方式和运行模式，形成推动全民读书的长效工作机制，为全面建设小康社会奠定思想文化基础。要扎实推进文化环保工程建设。规范市场秩序，建立健全长效市场、版权监管机制。实施国家知识

产权战略，建立健全版权保护体系，完善版权社会公共服务体系，改善创意产业环境，促进版权相关产业持续、快速、健康发展。要切实加强行政执法体系建设，始终保持对非法出版活动的高压态势，继续深入持久地开展“扫黄打非”斗争，坚决打击侵权盗版，努力构建统一开放、竞争有序、健康繁荣的市场体系和健康诚信、和谐向上的文化生态环境，为和谐社会建设创造良好的文化条件。

（四）大力实施“五大战略”，在时代的高起点上促进新闻出版业全面协调可持续发展

走中国特色社会主义新闻出版业发展之路，占领新闻出版阵地，满足人民群众需要，最重要的就是发展，就是要把我国新闻出版业的总体实力和综合竞争力尽快搞上去，这是硬任务、硬工夫。当前和今后一个时期，推动新闻出版业的科学发展，要继续大力推进十六大之后我们提出的“五大战略”的实施。

1. 要抓好精品战略

精品就是竞争力，新闻出版的各个产品门类都要突出精品战略，从选题规划、产品制造、产品推广到政策扶持、激励机制上都要突出精品意识，鼓励策划和出版更多反映人民主流文化和现实生活、群众喜闻乐见的优秀精神文化产品。要大力倡导原创意识，形成尊重创造、敢于创新的良好氛围，组织一大批精品力作和思想性、艺术性、可读性俱佳的优秀出版物。大力实施“品牌工程”，精心维护好业已形成的、品牌优良的名社名报名刊名网和名牌出版物，精心经营和管理好品牌，发挥品牌效应，扩大品牌的影响力和示范带动作用。

2. 要抓好集团化战略

以资产为纽带的企业集团化是调整结构、实现新闻出版业集约化发展的主要途径。要进一步转变观念，按中央的要求，三五年内要培育出几家双超百亿，即资产超过百亿、销售超过百亿的大型骨干出版传媒集团公司。要通过体制创新和政策跟进，加快企业兼并重组的进度，打破地区行

业限制，培育大型出版企业集团，使大集团成为市场主体和战略投资者，在左右国内市场和参与国际竞争中发挥更大作用。

3. 要抓好科技兴业战略

目前，网络等新型媒介正在成为新闻出版业的新生力量，已经引起业内实质性的变化和重视。要抓住这一契机，乘势而上，抢占先机，通过引导、推进和政策上的扶持，推动数字出版、网络出版、数字印刷跨越式发展，在全球数字传播格局中争取一席之地。要加强数字出版基地、版权示范基地建设，提高自主创新能力，争取掌握数字出版领域的自主知识产权和核心技术，实现产业升级的目标。

4. 要抓好人才战略

要坚持以人为本，以人的发展保证产业发展。以领导班子建设为重点，以提高新闻出版队伍素质和整体能力为核心，按照中央“四个一批”人才培养工程的工作部署和新闻出版人才建设纲要，在新闻出版领域培养一批既懂经营又懂出版业务、能够进行跨媒体经营的复合型、外向型人才，造就一批名作者、名编辑、名记者和闻名全球的技术专家和出版商，打造一支政治过硬、业务精通、作风优良、廉洁自律、文明和谐的新闻出版干部队伍。要打破行业界限，扩大用人视野，从各方面选拔优秀人才进入新闻出版行业，提高队伍的整体创造力。

5. 要抓好“走出去”战略

要切实落实新闻出版对外合作和出口政策，建立健全企业、产品“走出去”工作机制，推动我国新闻出版业同国外新闻出版业全方位的合作与交流。要瞄准周边地区、国际汉文化圈和西方主流出版市场，以推广产品为重点，大力推动出版物走出去、版权走出去、出版服务走出去和资本走出去，努力使我国文化产品在国际市场上的份额有一个明显的提升。要善于利用国际渠道和国际名牌企业，多渠道输出中国出版产品。要开动脑筋，推动机制创新，在北京奥运会展示中国出版业的基础上继续扩大中国新闻出版业的国际影响，把全面树立我国良好的国际形象当作历史的责任。

同志们，30年的奋斗历程，我们铸就了辉煌，敢言无愧于使命；未来的事业更伟大，我们信心倍增。我们正站在新的历史起点上，改革创新、开拓前进。让我们更加坚定不移地高举中国特色社会主义伟大旗帜，更加紧密地团结在以胡锦涛同志为总书记的党中央周围，以邓小平理论和“三个代表”重要思想为指导，深入贯彻落实科学发展观，全面落实党的十七大精神和中央经济工作会议精神，万众一心，奋发进取，全力推动新闻出版业大发展大繁荣，为克服当前的经济困难、实现经济社会又好又快发展和构建社会主义和谐社会做出新的贡献！

以科学发展观为指导
坚定不移地推进出版业改革开放

中宣部副部长　李东生

同志们：

中国出版业是中国改革开放的记录者、推动者。繁荣兴旺的中国出版业是中国改革开放的组成部分，更是改革开放结出的累累硕果。没有改革开放就没有中国出版业的今天。我们隆重纪念改革开放 30 周年，回顾 30 年峥嵘岁月，着力点是力争让中国出版业改革发展更快更强。

党的十七大强调，改革开放是决定当代中国命运的关键抉择，是发展中国特色社会主义、实现中华民族伟大复兴的必由之路，是党在新的时代条件下带领全国人民进行的新的伟大革命，使我们党、我们国家和我国人民的面貌发生了历史性变化，只有改革开放才能发展中国、发展社会主义、发展马克思主义。这 30 年，出版行业的发展始终与改革开放紧密相连。第一，出版业为推动改革开放做出了积极贡献。始终坚持服务大局、服务群众，出版了大量经济、政治、科技、文化和群众急需的优秀作品，为深化改革、促进经济社会又好又快发展提供了强有力的思想智力支持和良好的舆论文化环境。第二，改革开放极大地促进了出版业的变革和发展。伴随改革开放，全行业同志的思想获得极大解放，体制机制发生深刻变革，整体实力明显增强，对外影响日益扩大，队伍素质显著提高。第三，书写改革开放历史，服务资政育人。精心组织出版了一大批记录改革开放光辉历程、总结改革开放成功经验、弘扬改革开放伟大精神的优秀作品，唱响了共产党好、社会主义好、改革开放好、伟大祖国好的主旋律，进一步坚定了广大干部群众走中国特色社会主义道路的决心。

纪念改革开放30周年，目的是按照科学发展观的要求，继续坚定不移地推进改革开放，推进中国特色社会主义建设，推进社会主义文化大发展大繁荣，更加坚定自觉地贯彻落实胡锦涛总书记提出的“高举旗帜、围绕大局、服务人民、改革创新”十六字总要求，继续以解放思想为先导，以改革创新为动力，以满足群众日益增长的精神文化需求为出发点和落脚点，努力开创出版工作新局面。

一、高举旗帜、保持一致，始终坚持正确出版导向

旗帜是方向，是出版业繁荣发展的根本保证。无论技术手段、出版形态如何变化，出版作为党的宣传思想文化阵地的性质不能变，坚持正确导向根本原则不能变。要始终不渝地高举中国特色社会主义伟大旗帜不动摇，坚持中国特色社会主义道路不动摇，坚持中国特色社会主义理论体系不动摇，以邓小平理论和“三个代表”重要思想为指导，深入贯彻落实科学发展观，自觉同以胡锦涛同志为总书记的党中央保持高度一致。

二、解放思想、勇于实践，始终与时代同步伐

回顾改革开放30年我国出版业的发展，每前进一步都得益于思想的解放、认识的提高和观念的更新，得益于敢于打破精神枷锁、敢于冲破旧观念束缚、敢于走前人没有走过的新路。面对新形势对出版工作提出的新要求，只有坚持解放思想、实事求是、与时俱进，才能适应新形势、实现新突破、完成新任务。要着力转变不适应、不符合科学发展观的思想观念，着力解决影响和制约出版科学发展的突出问题，着力构建有利于出版科学发展的体制机制，把全行业改革的主动性、发展的积极性进一步引导到科学发展上来。

三、深化改革、加快发展，进一步增强出版业整体实力

实力决定竞争力、传播力和影响力。当今世界，出版竞争日趋激烈，要想赢得主动，必须紧紧抓住发展这个主题，加快改革创新，不断解放和发展出版生产力。当前，我们面临在更高起点上推进改革、加快发展的艰巨任务，思想上行动上不能有丝毫的自满和松懈。要大力推进经营性单位转企改制，推进公益性出版单位内部改革，加快培育新的市场主体。进一步推进发行体制改革，进一步转变政府职能，同时，坚持解放思想，以符合国际市场规则的方式加快出版“走出去”，有效提升我国出版业的国际传播力和影响力。

四、围绕大局、服务人民，更好地履行肩负的职责

出版工作在建设中国特色社会主义事业进程中，担负着服务大局、服务群众的双重使命。要始终坚持在大局下思考、大局下行动，紧紧围绕经济建设这个中心，服从服务于改革发展稳定的大局，更好地推动科学发展、促进社会和谐；始终坚持以人为本，着眼于保障人民基本文化权益、促进人的全面发展，满足群众多方面、多样化的阅读需求。要加强出版公共服务体系建设，培育和拓展农村出版市场，在产品内容、形式和价格等方面，增强针对性、适用性，多提供群众买得起、看得懂、用得上的出版物，让人民群众共享出版改革发展成果。

五、提高素质、培养人才，为出版业发展提供有力支撑

要进一步树立人才兴业的意识，加大队伍建设特别是人才培养工作力度，特别要培养在国际国内出版界享有名望的社会主义出版家，为推动出版业可持续发展奠定坚实基础。要大力弘扬敬业爱业精神，加强职业精

神、职业道德建设，增强责任意识，树立诚信观念，在全社会树立出版界良好形象。

六、高度重视，充分运用，让新技术为出版业发展插上腾飞的翅膀

出版业的发展从来都是与科学技术的发展共同前进的。以互联网为代表的新技术在传媒领域的广泛应用，对整个出版业发展格局的影响越来越大、越来越深远。要敏锐把握世界出版业最新发展趋势，统一规划，加强技术攻关，加大政府扶持，加快运用高新技术改造传统产业，促进产业升级，催生新的业态，特别要加快发展网络出版、手机报刊和动漫网游等新型出版产业，力争在群雄并争的时代占据有利位置。

最后我想强调，以科学发展观为统领，更加坚定自觉地“高举旗帜、围绕大局、服务人民、改革创新”，必须切实加强党对出版工作的领导。各地党委宣传部、新闻出版局和各主管主办部门，要认真落实“谁主管谁负责”和“属地管理”原则，坚持守土有责，切实负起领导和管理责任。要加强对出版改革发展管理等重大问题的研究，指导督促和服务所属出版单位推动改革创新，促进事业繁荣和产业发展，更好地履行党和人民赋予的重要职责。

同志们！2008 年即将过去，新的一年即将到来。借此机会，对出版界同志一年来辛勤的工作，致以崇高的敬意！明年出版改革发展管理的任务很重，让我们继续共同努力。

改革创新：我国出版业发展壮大的不竭动力

中国出版集团公司总裁　聂震宁

改革开放30年来，我国出版业在坚持方向导向、创新内容形式、改革体制机制、调整优化结构、扩张经营规模、实施“走出去”战略、创新传播手段等许多方面都取得了显著成效和辉煌成就。我们可以通过对我国出版业30年来若干重要发展轨迹的梳理和研究，回顾和总结30年改革的经验，深化对出版业改革发展规律的认识，增强继续改革创新、实现科学发展的决心和信心。

30年来，出版业持续发展的重要轨迹之一：坚持方向，多出好书。从《班主任》、《伤痕》发表，《天安门诗抄》广场销售，《重放的鲜花》重见天日，到49种古今中外文学名著夜以继日地重印和读者通宵达旦地排队购买，“外国文学三套丛书”提速出版，国家动员广大学界力量投入《中国大百科全书》编纂工作，再到《汉译世界学术名著丛书》给学人和读者奉献经典盛宴，《走向未来丛书》、《走向世界丛书》、《诺贝尔文学奖丛书》接踵而至，直到当代学者众多扛鼎之作，弘扬社会主义核心价值的优秀读物，促进科技进步与创新的精品图书，围绕中心、服务大局的重点读物，更有大量拉动图书市场消费的各类优秀畅销书源源不断出版，我们可以得出这样的结论：30年来，我国出版业始终坚持为人民服务、为社会主义服务的方向，坚持贴近实际、贴近生活、贴近群众，坚持文化创新，追随时代发展，弘扬时代精神，满足人民群众多样化多层次的阅读需求，不仅实现图书品种极大丰富，也不断创新内容形式，一大批代表我们这个时代的好书不仅利国利民，并将传之久远，成为民族文化的瑰宝。

在社会主义市场经济体制条件下，出版业始终没有放弃自己肩负的社会使命和文化责任，始终在为社会主义文化大发展大繁荣做贡献。出版业改革开放的成功实践，正在逐步消除人们对文化与市场、社会效益与经济效益矛盾关系的疑虑。事实证明，出版业只要坚持正确方向，市场经济将给我们以强大动力。在 2008 年出版业服务国家大局的出版热潮中，我们欣喜地看到一批批既坚持方向又服务市场的“双效”俱佳的图书出版。仅以中国出版集团公司为例。集团公司旗下出版社出版的《西藏今昔》、《谎言与真相》、《抗震救灾自助手册》、《抗震救灾心理援助 100 问》、《羌在汉藏间》、《英汉对照奥运词语手册》、《奥林匹克文化丛书》、《农民帝国》、《国运——南方记事》、《泥太阳》、《转身》、《改革开放访谈书系》、《放歌 30 年》等一批图书，不仅服务了大局，也赢得了市场和读者，提升了市场占有率。

30 年来，出版业持续发展的重要轨迹之二：深化改革，创新体制。30 年来，从积极推动地方出版社“立足本省、面向全国”开始，地方出版社迅速发展，全国市场空前活跃，到“一主三多一少”、“三放一联”的发行体制改革激活出版社的经营。从提出单纯生产型向生产经营型转变的要求，到推进三项制度改革，逐步扩大作为适应市场的法人实体和竞争主体的自主权，出版业一直在体制改革的道路上积极探索。十六大之后，发展出版产业的任务明确提出，文化体制改革试点工作启动，经营性出版单位转企改制和集团化建设大力推进，出版体制改革向更深层次推进。胡锦涛总书记在十七大报告中明确提出了深化文化体制改革，解放和发展文化生产力，兴起社会主义文化建设新高潮，推动社会主义文化大发展大繁荣的新要求。

现在，246 家图书出版社完成或正在推进转企改制，出版传媒业上市公司已有 9 家，一些优秀的民营文化公司正在合法参与国有出版企业经营，一批自主经营、自负盈亏、自我发展、自我约束的市场竞争主体逐步形成，统一开放、竞争有序的图书市场正在建设中。中国出版集团公司也是文化体制改革的重要产物。2004 年国务院批准中国出版集团整体转制为中国出版集团公司，改革发展迈出了重要步伐。2008 年 7 月，集团公司企业登记注册完成，基本完成从事业体制向企业体制的转变。集团公司着力深化内部改革，创新体制机制，逐步建立现代企业制度，为进一步改革创新、加快发展、做大做强创造了条件。

回顾 30 年，我们可以得出这样的结论：出版业体制改革的成果得来不易，现在已经站在新的历史起点上，机遇与挑战并存，机遇大于挑战，需要进一步加大力度、加快进度，从建立现代企业制度入手，完善法人治理结构，重塑合格的市场主体，必将进一步解放和发展文化生产力，我国出版产业又好又快发展的春天正在到来。

30 年来，出版业持续发展的重要轨迹之三：转换机制，转变发展方式。改革开放之初，出版社在内部经营管理机制上做了大量的探索和尝试。首先是在建立岗位责任制上想办法，在划小核算单位上动脑筋，继而在既要有激励机制又要有约束机制上去寻找结合点。当由粗放型、数量型、扩张型增长方式向效益型、质量型、科技型增长方式转变，开展集约化经营的要求提出后，一些及时提高集中度并实现重点项目发展战略的出版机构抢得发展先机，迅速做大做强起来。在资源配置方面，出版业一直在发挥市场在资源配置中的基础性作用方面进行探讨，而且也有了一些突破。国有出版社与民营发行公司的交易，与某些文化工作室的合作，特别是资本层面的资源配置，正在形成初步的政策框架和有序的模式。

出版集团公司的建立，出版业集约化经营和产业集中度得到了明显提高。截至 2008 年底，新闻出版总署正式批准的出版企业集团共有 24 家，组合进入出版集团的出版单位 209 家，占全国出版单位总量的 36.5%，码洋占有率之和为全国总量的 38.76%，动销品种总数达到 31.92 万种，占全国总量的 36.43%。全国排名靠前的 10 大出版集团，其市场占有率已经达到 25.02%，综合性出版集团已经成为产业主体。近年来，各集团正从依靠行政简单的物理整合加速向资源整合、集约经营的化学反应转变。中国出版集团公司近年来统一规范管理主要经营者薪酬，逐步加大资源整合力度，大力推进图书产品线建设，进行纸张业务、发行业务、房地产资源、海外机构以及数字出版资源整合，发挥整体优势，明显提高了集约化经营的水平。标志性出版工程《中国文库》的成功出版，正是凭借集团丰富的出版资源，以中国出版集团公司为主导，联合集团内外60余家出版单位集中开发经营而成。

可以相信，随着文化体制改革的深化和出版产业建设的推进，出版产业提高集中度的路径将突破行政区划的局限，形成产业内外跨地区的多向联合。伴随着战略投资者的出现，还会带来出版企业多元化经营的追求。这是出版产业化发展必然形成的趋势，符合产业发展的逻辑。我们衷心希望出版企业多元化经营将主要落在文化发展上，落在出版产业链和价值链的延伸上，这是产业的基本职责和根本利益所在。

回顾30年，可以得出这样的结论：出版业发展方式的转变既是产业内在发展的强烈要求，也是在社会主义市场经济条件下发展出版产业的必然要求，由粗放式经营向集约化经营转变，有力地推动了出版产业组织做大做强的速度。

30年来，出版业持续发展的重要轨迹之四：运用新技术，壮大出版实力。回想改革开放之初，对于大多数出版社来说，给一本书安排胶印，是一件多么重要的事情，往往需要社长下决心。那时，提高印刷质量和印刷厂承印能力，缩短出书周期，曾经是我们做社长的人异常焦虑的问题。一本普通图书，出版周期在9个月以上乃是平常的事情，而经年不能出厂亦属寻常之事。而今安在哉！现如今，三五天出版一本书，而且质量不差，简直是换了人间！眼下社长和编辑考虑的问题是需不需要全彩设计印刷，是否需要配上DVD碟。许多时候出版社是在讨论出版业数字化、网络化传播的问题，在讨论技术发展不断促使出版业内容形式、传播方式发生革命性的变化，真是日新月异。

尤其是近年来，我国数字出版产业发展迅猛。2007年，我国数字出版产业整体收入超过360亿元，比2006年的200亿元增长了70.15%。其中，互联网期刊和多媒体网络互动期刊收入7.6亿元，电子图书收入2亿元，手机出版（含手机彩铃、手机铃声、手机游戏、手机动漫）收入150亿元，网络游戏收入105.7亿元，互联网广告收入75.6亿元。到2008年底，我国数字出版产业的整体收入规模将达到530亿元，比2006年增长149.13%，比2007年增长46.42%。

中国出版集团公司正大力开发数字出版业务。集团公司注册成立中版集团数字传媒有限公司，开始正式建设中国数字出版网，实施数字化发展战略。联合华旗资讯（爱国者）推出一批“中版·妙笔听书”系列出版物，在市场上产生广泛影响。由中国出版集团公司牵头，邀约全国出版发行界，共建中国数字出版网，正在拉开主流出版单位在数字出版领域“共建、共享、共赢”的序幕。

回顾30年，可以得出这样的结论：新型印刷技术极大推动了出版产业的快速发展，而数字网络新技术如今又成为出版业的新追求，可以想见，出版业必将在新技术的支持和武装下更加快速地发展壮大起来。

30年来，出版业持续发展的重要轨迹之五：持续实施“引进来”、“走出去”战略，为提高国家文化软实力做出贡献。“引进来”、“走出去”是国家改革开放的基本战略。30年来，出版业已经引进无数各国优秀文化成果，为解放思想、改革创新、经济建设和满足读者精神文化需求做出了贡献。当然，出版业在“走出去”方面还任重道远。为此，出版业内众多人士为此殚精竭虑设计选题，不少人士在国际出版机构间奔走联络。十六大以来，上下齐动员，行业同努力，终于大有起色，图书版权贸易逆差终于从2002年的15:1下降到5:1，中国出版集团公司也从2002年的7.89:1下降到4:1。集团公司所属中华书局出版的《于丹〈论语〉心得》以10万英镑的版权交易首付价格刷新中文版权输出纪录。近两年多来，中国出版集团公司积极创新体制机制，在“走出去”方面取得了较大成果。通过资本先行，合资入股，先后与国外出版机构合资成立了多家海外出版实体。集团公司还将陆续在英国、德国、加拿大、日本、韩国等建立合资出版社。2008年9月注册成立中国出版国际公司，统一管理集团公司在海外的出版机构，通过对海外业务的资源整合、统筹管理、整体运作和国际化经营，拓展集团海外业务领域，提高中文成品图书和中国内容的外文图书在国际市场的占有率，提升集团公司国际竞争能力。突如其来的全球性金融危机和复杂的经济形势，无疑给出版产业带来了很大困难，也给产业走出去带来了难得的机遇，我们要积极应对，妥善处置。可以相信，经过30年改革发展的磨砺，我国出版业已经逐步成熟，必将依托海内外经营优势，抓住难得机遇，为中华文化增强国际传播能力做出更大贡献。

可以说，经过30年来的努力，我国出版业终于在“走出去”上有了积极的进展，在整个中华文化“走出去”战略中占据着重要的地位。相信只要坚持下去，总有一天，我国出版业一定能又好又快地走向世界。

30年来，出版业持续发展的重要轨迹之六：坚持人才培养，不断壮大队伍。回想30年来，出版业尊重老专家，培养年轻人才已经成为优良传统。出版业的人才理念和人才工作一直在与时俱进。对编辑人才、策划人才、市场营销人才、管理人才的重视和对员工职业素质和职业技能的培养，在出版业内受到高度重视。现在广开人才思路，拓宽人才视野，有些出版单位开始延揽资本经营人才、数字技术人才以及跨国出版人才。30年来，随着产业发展机遇不断增多，空间不断拓展，加之以薪酬体制改革，正在带来出版业人才市场的繁荣。出版业的人才队伍在进行结构性调整的同时，正不断充实壮大起来。

人才济济、名家荟萃，这是公认的中国出版集团公司的传统优势。近年来，随着中国出版集团公司改革发展的不断推进，员工的精神面貌发生了很大变化。人人思改革、思进取、思发展，改革创新的意识大大增强，保持了良好的精神状态。2007年完成了集团公司的工商注册，完成了全体员工的身份转换，进一步坚定了改革发展的决心信心。组织全体员工开展思想解放大讨论，进一步统一思想，建立岗位责任制、绩效考评制度，调动广大干部职工的积极性。进一步吸引人才，凝聚社会名人、作家，提升了集团公司的学术水平和经营管理水平。

我国出版业30年来的重大变化、重大成就，无一不是改革开放、开拓创新的结果。贯穿六大发展轨迹的主旋律就是“改革创新”。正如胡锦涛总书记在十七大报告中所指出：“事实雄辩地证明，改革开放是决定当代中国命运的关键抉择，是发展中国特色社会主义，实现中华民族伟大复兴的必由之路。”改革创新为我国出版业的发展壮大提供了不竭动力。我们要按照深入贯彻落实科学发展观的要求，认真总结30年的经验，继续解放思想，继续深化改革、加快发展，为推动社会主义文化大发展大繁荣做出更大贡献！

走“品位—质量—效益”之路 做强做大出版产业

读者出版集团有限公司党委书记、总经理　孟　臻

一、《读者》的诞生与成长

甘肃人民出版社主办的《读者》杂志，创刊于改革开放之初，成长与改革开放同步，发展与深化改革相伴。从 1981 年 3 月迄今，历经 28 年的发展，《读者》的月发行量由最初的 3 万册，达到如今月平均发行量 800 万册以上，居中国期刊排名第一，亚洲期刊排名第一，世界综合性期刊排名第四，占有国内期刊市场 1/28 的份额。创刊迄今，《读者》累计发行 10 亿册，取得了引人注目的社会效益和经济效益。《读者》以高品位、高格调、高质量赢得了海内外各个年龄段和不同阶层读者的喜爱，被誉为“中国人的心灵读本”，品牌影响力增强，创造了中国期刊发展史上的奇迹，被业内称为“《读者》现象”。

一本杂志，成长为一个文化品牌，带动了一系列产业，发展为一个出版集团。可以说，《读者》所走的“品位—质量—效益”之路，既是自身不断探索、自我创新的特色之路，也是改革开放 30 年中国期刊发展壮大的缩影。

二、《读者》发展的主要经验

（一）坚持高品位、高格调、高质量，以正确的舆论引导人

众所周知，媒介本身具有舆论导向的作用。《读者》创办伊始，就明确杂志不仅仅局限于文化知识的传播，更重要的是能够通过文章传递一种积极的精神，使受众能够从中汲取思想的营养。因此，始终不渝地坚持“博采中外、荟萃精华、启迪思想、开阔眼界”的办刊宗旨，以弘扬人类优秀文化为己任，坚持正确的舆论导向；发掘人性中的真善美，体现人文关怀；追求高品位、高格调、高质量。虽然主编和编辑人员换了一茬又一茬，但这个办刊宗旨却被始终不渝地得以坚持和强化，成为《读者》编辑思想的内核，保证了《读者》发展的连续性和稳定性。

（二）始终贴近实际、贴近生活、贴近群众，准确把握大众精神文化需求

作为大众刊物，内容的普适性问题显得极为重要。怎么能让一个中学生和大学教授、一个小商贩和一个科学家都能接受刊物的内容，的确不是一件容易的事。《读者》找到了解决这个问题的答案，那就是淡化、消弭精英文化和大众文化的差异，沟通高雅文化与通俗文化的契合点，也就使杂志的内容定位最大程度地适应了广泛的读者群。

同时，《读者》始终坚持开放的、多元的文化观，兼容并包古今中外一切优秀文化成果，着力打造“心灵读本”。在《读者》中既有中华传统文化的精髓，又可以感受到现代科学精神、民主思想的气息。把人类一切优秀的精神遗产熔于一炉，又不显得芜杂，是《读者》在内容整合方面的突出特点。

坚持贴近实际、贴近生活、贴近群众是贴近时代的必然选择，也是把《读者》编辑与经营工作做实做深做活的必经之路。贴近实际才能更好地教育人、引导人、鼓舞人、鞭策人；贴近生活才能更好地尊重人、理解

人、关心人、帮助人；贴近群众才能真正地得人心、暖人心、稳人心。一句话，只有贴近读者，才会赢得市场。

（三）坚持与时俱进，与时代发展同步，注重自身适应时代要求的改革创新

一份杂志要健康发展，必须稳中求变，与时俱进，按照时代的要求和受众的精神需求进行适度的调整。《读者》内容上的变化调整可以用一句话概括：形变而神不变。这种变化是在广大受众感觉不明显的过程中实现的，是一种渐变的过程。创刊之初，《读者》以较大的篇幅介绍西方国家的优秀文化作品与先进科学知识。90年代，逐渐加大了弘扬中华民族优秀文化的宣传分量。进入本世纪，《读者》强调以人为本，旗帜鲜明地倡导人文关怀，成为大众心目中向善、向美、向上的“心灵读本”。可以看出，《读者》杂志总是根据不断变化的社会生活对办刊宗旨做出新诠释和新发展，使内容定位更好地适应受众的阅读需求。

（四）树立品牌意识，提高文化创造力

品牌是一本刊物能健康、稳定、可持续发展的核心要素，这是国际期刊发展积累的最重要经验。因为只有上升为品牌的期刊，才能充分实现自己的文化使命和经济目标，才能依靠品牌效应的发挥，不断开发产业价值链，真正实现社会效益和经济效益的双丰收。

《读者》杂志初步形成品牌约在20世纪80年代后期，90年代为品牌成长期，本世纪以来为品牌升值期。在《读者》品牌形成、成长、升值的各个阶段起主导作用的主要是两个因素：一是内容的高品位、高格调、高质量，在这方面，《读者》可以说是有口皆碑，并由此大大提高了品牌的美誉度和用户忠诚度；二是由巨大的市场份额所产生的广泛知名度。进入本世纪以来，《读者》的月发行量一直占据全国首位，发行上的量级优势直接推动了品牌的升值。

此外，《读者》杂志一直利用自身广泛的影响力和号召力，积极投身公益事业，勇于承担社会责任。《读者》杂志每年都拿出相当版面刊登各

类公益广告，积极投身于教育、环保、禁毒、卫生等社会公益事业，并由此扩大了影响，树立了良好的品牌形象。2000 年开始发起的“保护母亲河，共建读者林”活动，在社会上产生了十分积极的影响；2008 年 5 月汶川大地震发生后，《读者》杂志一方面积极捐款捐物，另一方面发挥自身的媒体优势，连续编辑出版两期“地震特刊”，并与中欧工商学院一起向地震灾区捐赠 10 万册，以实际行动想社会之所想，急社会之所急，鼓舞了士气，彰显了社会责任和情怀。通过这些活动，《读者》不仅为社会公众参与公益搭建了一个平台，扩大了自身的影响，更是将杂志一以贯之的“真、善、美”的精神转化为实际行动，用实践彰显了杂志的品质。

三、《读者》效应

（一）锐意改革创新、精益求精，不断发展壮大，形成了“编、印、供、广、发，共同创辉煌”的产业格局

随着市场化进程的加快，《读者》实现了由编辑型向编辑经营型的转变。《读者》有效利用中国现行的发行机制，走出了独具特色的发行之路。1987 年开始与邮政系统紧密合作，在全国设立分印点，现在已有覆盖全国的 18 个印刷和发行点。成熟广泛的销售网络完全铺开，既节约了发行成本，又很好地促进了发行渠道的扩大和畅通。通过多年的运营，杂志社和印厂、邮局、纸厂等形成了密切的合作伙伴关系和多赢局面。近几年来，《读者》不断创新营销手段，探索个性化的发行和促销方式，市场占有率明显上升，杂志的订阅率由原来的 18% 增长至目前的 22%，为杂志的长远发展进一步奠定了坚实的基础，其中个性化的亲情订阅活动受到业界一致好评。

在广告的营销策划中，坚持在不减少读者阅读版面的前提下，通过刊登广告增加读者有效阅读版面，控制广告总量；坚持广告内容与杂志风格相吻合，严格把关，绝不刊登虚假广告和与事实不符的广告；坚持广告原则取向的公平原则，把为消费者负责和为广告客户负责结合起来，建立起相互信任、合作共事的关系。广告收益逐年上升，广告收入 10 年间增长

了几十倍。《读者》杂志社从2000年起，已连续两届被国家工商总局评为“全国广告行业文明单位”。

（二）《读者》杂志带动了社刊工程

期刊出版是读者出版集团的优势所在。早在20世纪末，当时的甘肃人民出版社就启动了以《读者》为龙头的社刊工程，读者出版集团成立后，又明确提出“由一棵树变成一片林”的战略发展目标，通过几年不懈的努力，社刊工程取得了较为显著的成效。

1. 依托《读者》品牌发展子刊

俗话说“独木难成林”。《读者》一刊独大只是产品优势，形不成产业优势，为了培育期刊“一片林”，集团借助品牌的优势逐步培育新的刊物，细分市场。分别于2000年1月和2001年11月创办了《读者·乡土人文版》和《读者欣赏》，经过几年的摸索和改进，发行量均有新的增长；2005年又创办了《读者·原创版》，现每月发行已达50万册左右。这一具有战略意义的举措为今后大力开发具有自主知识产权和市场前景的原创型出版物积累了宝贵经验，成为新的品牌和经济增长点。2008年，为不断扩大《读者》品牌刊群，集团又改造了以拥有较高文化背景为主要受众的《读者·大字版》，期望可以拓展高端读者群。改版面向海外华人读者的《读者海外版》，争取良好的传播效果。

2. 借鉴《读者》经验发展其他期刊

集团积极借鉴《读者》的成功经验，大力促进集团内其他期刊的发展。集团推动了《飞碟探索》改双月刊为月刊的工作，增强了刊物的竞争活力；着力抓了《老年博览》改刊、扩版工作，以提高办刊质量，使杂志更适应老年读者的阅读要求；指导《故事作文》月刊、《妈妈画刊》改刊扩版，探索适合自身特点的发展模式；重组兼并了原属省局主管主办的《文化博览》杂志社，探索和尝试新的办刊思路和办刊模式。目前，集团所属的11家期刊社，全部从原来的大刊管小刊、专业社管小刊体制中剥离出来，规整为集团直接管理下的分公司核算单位，运用《读者》成功经验，分别打造成自负盈亏的运营单位，成为集团刊群的紧密层市场主体。

与此同时，计划吸纳或并购一些刊物，力求建设全国最大的门类齐全、结构合理、具有广泛影响力的期刊集群之一。

（三）《读者》杂志促动了书刊并举

从全国出版格局看，读者出版集团尚呈现刊强书弱的局面。为改变这种状况，读者集团面对竞争日益激烈的市场和受众需求的变化，加大了借助《读者》品牌优势培育图书的力度，以品牌建设、特色建设为重点，以刊带书，书刊并举，促进出版事业快速发展。目前已经立项的《读者文库》系列丛书，将通过对期刊图书优势出版资源的有效整合，投入千万元，编辑出版约300余种文化含量高、大众需求广泛、传播效果良好的标志性图书，以带动本版图书的规模化、市场化、品牌化，争取创造良好的社会效益和经济效益。

四、《读者》杂志与读者出版集团

2005年初，根据中央深化新闻出版改革的有关精神，甘肃人民出版社开始了新一轮的改革，由事业单位向企业转制。2006年1月18日，以甘肃人民出版社为基础，利用《读者》品牌优势组建的读者出版集团挂牌成立。读者出版集团包括两大部分，一部分是对集团资产、资源、人事、经营进行统一管理，为集团经营提供服务的管理板块；一部分是以《读者》杂志社为核心的子公司的经营板块。在读者集团逐步推进三项制度改革、建立现代企业制度的过程中，进一步加强《读者》杂志领导力量、配备优秀的编辑和经营人员，完善制度、创新机制，以确保杂志在业界的领先优势和核心竞争力。《读者》杂志站在了新的起点上，获得了新的发展动力，增强了活力，面临新的市场形势，不断调整编辑出版理念和经营方式，以适应日趋激烈的竞争局面，取得了新的成绩。而读者出版集团也因焕然一新的机制为自己赢得了一个崭新的发展机遇。转企改制后的读者出版集团下设11个期刊社、8个专业图书出版社、4个经营单位。每年平均利润增长率为7.69%；目前资产总额达到了7.70亿元，比改制前增加了2.54亿元，增长了49.22%；净资产达到6.74亿元，增加了2.52亿元，增长了59.72%；净资产占总资产的比率为87.53%，人均净资产达259万元；年人均创利达28万元。2008年读者出版集团荣获全国文化体制改革优秀企业奖。

读者出版集团的主要任务是促进出版资源的优化配置和生产要素的合理流动，形成《读者》杂志核心竞争力突出、期刊出版优势发扬、图书出版特色鲜明、出版结构合理、具有相应规模、社会效益良好、经济效益显著的产业优势。经过反复论证，集团的发展目标也更加清晰和明确，即形成“两线一点”的产品结构：构建期刊产品形态生产线，整合图书产品形态生产线，培育数字出版点。积极探索集约化、规范化、专业化、市场化的管理模式，为各出版经营单位搭建一个良好运行、有效经营的平台，使各个出版经营单位真正成为具有较强文化表现力和竞争力的市场主体。

经过近30年的艰苦奋斗，《读者》杂志及甘肃人民出版社取得了跨越式的发展，读者出版集团的成立，标志着我们步入了现代出版企业的行列。但我们没有就此止步，集团党委和全体员工以党的十七大精神为指导，深入贯彻落实科学发展观，在保持《读者》发展创新的同时，不断谋求新的发展途径、更大的发展空间。当前，为顺应形势的发展和市场的要求，进一步加快改革发展步伐，我们开始启动股改上市工作，这是我们二次创业的重大战略举措，目的不仅是为募集资金，更重要的是引进先进理念、管理经验、优秀人才和形成新的投资方向及盈利模式，解决好集团长远发展问题。我们希望通过这次股份制改造，进一步完善公司的内部治理结构、内部控制制度，规范公司的生产运营模式，使集团成为结构合理、机制灵活、富有活力、竞争力强的真正的现代化企业。我们发展的目标是：在全面完成“十一五”图书出版规划的同时，努力实现“两个显著提高，两个实质性突破，两个全国出版领域先进水平”，即：在打造《读者》的内容质量、发行量继续保持全国先进水平的同时，集团整体管理水平迈上新台阶，使集团期刊和图书在国内市场的占有份额显著提高；使集团整体出版水平和资本运营能力有实质性突破；使集团全员人均资产占有率、人均劳动生产率达到全国出版业先进水平。我们改革发展的最终目标是以产权为纽带、以市场为导向，多元化经营，努力实现管理一流、质量一流、销量一流、效益一流，将读者出版集团建设成一个品牌和核心竞争力突出，特色鲜明、实力雄厚、影响广泛的大型的现代文化传媒企业集团。

成长在伟大的时代

雅昌企业（集团）有限公司董事长　万　捷

1978年，中共十一届三中全会做出了决定国家前途命运的关键抉择，改革开放拉开序幕，30年的风雨兼程使得中国的面貌发生了历史性的重大突破，取得了举世瞩目和令人惊叹的伟大成就。改革开放创造了全新的社会环境，影响了数代人的命运，我及我带领的雅昌集团，正是得益于这改革开放的春风。

一、乍现曙光，如沐春风

改革开放使高考大门重新开启，它点燃了无数人求知的欲望，也改变了千百万人的命运，我幸运地成为高考的受益人之一，拥有了读大学的机会。1980年，我通过高考走进了印刷专业高等学府——北京印刷学院。我在北京印刷学院接受了新的知识及技能，接触到了老祖宗毕昇发明的印刷术，并从此与印刷结下了不解之缘。

改革开放打开国门，让我拥有自主创业的机会。深圳是改革开放的最前沿，大学毕业后，我毅然放弃了中国科学院下属企业的工作机会来到了这座被誉为“改革开放窗口”的深圳，我的放弃在当时令很多人惋惜，当时的国有企业在众多人的眼中是“铁饭碗”，是莘莘学子的第一选择，而我的决定在他们看来是完全不可思议的。来自父母和亲朋好友的压力包围着我，众多异样的目光注视着我，可我没有动摇，最终，我进入了一家中外合资公司学习、历练，并获得了出国学习的机会。在国外，我贪婪地吸收先进管理经验充实自己。而我优异的工作表现也使我在25岁那年，成为了这家合资公司最年轻的董事成员。

二、激情迸发，峥嵘岁月

改革开放让思想不断得到解放，观念不断更新，民营经济迅猛发展，企业迅速成长，创业热潮空前高涨，也为我的创业带来了良好契机。深圳人敢想、敢闯、敢试、勇于拼搏的精神已深入我的骨髓。

1993年，凭借着在合资公司7年的历练，怀着对这一专业的执著与热爱和对未来的美好憧憬，我在深圳自主创建了雅昌公司，在深圳开创出一片属于自己的天空。

创业初期的艰辛让人难以承受，而7年的工作经验在创业之路面前显得苍白无力，我们只能勇敢向前探索，跌倒、爬起、再跌倒、再爬起。经过不断的探索与追求，雅昌集团历经15年的开拓进取，从一个只有35人的小公司，到今天已成为世界最优秀的艺术印刷公司，同时也成为了中国首个为艺术界提供综合服务的文化企业，成为了中国文化创意领域最具实力的公司之一。

三、厚积薄发，硕果累累

2008年10月26日，我再一次站在了被誉为印刷界奥斯卡——美国印制大奖的领奖台上。这是自2003年以来雅昌第三次荣获该项金奖，也是内地第一家领取该项印刷界最高荣誉的企业。

2008年12月，在世界四大印刷中心之一的香港，第二十届香港印制大奖落下帷幕，雅昌再一次成为全场焦点。雅昌集团自参与评奖以来，2008年已是第五次获得全场大奖和最佳书籍奖，并连续三年蝉联全场大奖和最佳书籍奖，又一次打破了香港印制大奖的各项获奖纪录，成为二十年来所有纪录的创造者。

2004年10月29日下午，由雅昌公司印制的《梅兰芳藏戏曲史料图画集》一举荣膺2004年度德国莱比锡“世界最美的书”唯一金奖。

2001年、2002年、2006年，我们受国家所托，为我国申奥、申博、申大成功印制了《北京2008年奥运会申办报告》、《中国申办2010年世界博览会报告》和《2011年第26届世界大学生夏季运动会深圳申办报告》，成功打造了申奥、申博的金钥匙；2008年，雅昌再次为北京奥运会、残奥会成功印制了开闭幕式节目单及媒体手册，新闻出版总署柳斌杰署长、李东东副署长亲临奥运专项产品印制现场指导视察工作并给予我们鼓励。基于雅昌集团在奥运过程中的突出贡献，奥申委、奥组委授予了我们杰出贡献奖。

迄今为止，雅昌已荣获国内国际大奖160余项，更印制了世界最大的书——编年史巨著《曼联》，展现出了精妙绝伦的装帧工艺。在改革开放初期，优质、高级的书籍、包装都要在香港、日本等国家印制，而如今在雅昌，印制技术已与世界接轨处于领先水平，让老祖宗遗留下来的这四大发明之一——印刷术在新时代大放异彩。

经过15年的发展，我们首创了“传统印刷＋现代IT技术＋文化艺术”的商业模式，将中国传统印刷与现代IT技术和文化艺术完美结合，将传统行业变成以艺术品数字资产为核心的文化产业；倡导“为人民艺术服务”的经营理念，以中国艺术品数据库为核心，致力于中国优秀文化艺术的开发、保护、弘扬并达到传承的目的。

2000年，我们将被视为“垃圾”的印刷资料变废为宝，充分开发再利用，建立了中国最大的《中国艺术品数据库》，利用图形图像及多媒体处理、知识产权保护技术，使中国艺术品数据库具有权威性、专业性和唯一性。通过我们的数据库，100年以后各位的子孙依然可以看到齐白石的作品，1000年以后各位子孙的子孙仍然可以看到齐白石的作品，这不仅是中国文化史上的大事，也是世界文化史上的大事，具有时代意义！

同时，雅昌集团以艺术品数据库为基础发展多项产品：数字资产管理系统、艺术品高仿真、出版策划、装帧设计、展览策划、电子出版物等等。我们的主旨就是："打造百年老店、千年老店"，让中国五千年悠久的文化永远得到延续及发扬。将千百年流传下来的传统印刷注入了新的血液，使中国古老的传统行业焕发出了新的生机和活力。

为奖励雅昌集团在中华文化资源保护上所做的突出贡献，2008 年，雅昌集团荣获文化部、新闻出版总署、商务部、广电总局联合颁发的"中国文化产业创新奖"。这是目前国家奖励文化产业创新的最高奖。党和国家领导人也多次莅临雅昌指导、视察工作，并给予了高度评价。

四、感恩奉献，回馈社会

借助改革开放东风，在致力于文化保护及传承的过程中，我们越来越清晰地认识到自己肩负的社会责任，作为"优秀企业公民"和"最具责任的社会企业家"，更有责任及义务为国家文化事业发展尽一份绵薄之力。

1997 年，我在北京印刷学院设立了"雅昌奖学金"和"雅昌奖教金"，这也成为北京印刷学院自建校以来，以企业名义设立奖学金、奖教金第一人。雅昌集团现今已经是北京印刷学院、武汉大学、上海理工大学、中央美术学院等著名学府的教学实践基地，与这些高校一起为文化艺术水平的提升而共同努力。

2007 年 6 月，我与民盟深圳市委会、万科企业股份有限公司联合发起传递希望，"书"出梦想，帮助边远地区建立图书室的公益活动。雅昌作为中国影响力较大的企业公民，充分发挥企业承担社会责任的先锋示范作用，增强社会各界对公益事业的关注力度，推动爱心公益机制的成型，让更多边远地区的孩子可以得到实实在在的帮助。希望以己之力，重新唤起新生代对传统文化精髓的吸取，提升全民艺术修养。

2008 年的汶川大地震，我们更积极投入援助行列，通过捐款、捐物等多种方式支援灾区建设。

五、开放视野看世界

2008 年，改革开放走过了 30 年的风雨，雅昌也迎来了自己 15 周岁的生日。成长在这个伟大的时代，是改革开放让我们坚持梦想，与探索同行，开创自己喜欢的事业。我将坚持不懈以“为人民艺术服务”为核心，率领雅昌集团全体员工，为保存、弘扬、传承中华优秀传统文化而奋斗，为提高全民艺术修养而努力，让我们的事业成为利于千秋万代的事业！

改革把中国图书发行业推上发展的快车道

江苏新华发行集团总经理　张佩清

党的十一届三中全会以来，通过30年的改革，中国图书发行业发生了极为深刻的变化。变化沿着一步步突破僵化的计划经济体制，向构建适应社会主义市场经济的新发行体制转变。现在，品种丰富，市场繁荣，多种所有制、多渠道竞争的市场格局已经形成；国有发行业体制机制和运营模式由计划经营型向市场经济型转变，生产力水平极大提高；出版产业规模发展壮大，实力、活力和竞争力日益增强。中国图书业进入了快速发展的车道，取得了空前的发展业绩。

一、发行体制改革简要回顾

回顾中国和江苏图书发行业30年发展历程，贯穿了一条“改革”的主线，大体可以分为三个阶段。

（一）第一阶段：以开放搞活为目标，打破高度集中的计划经济发行体制，其特征是“放开”

从1982年开始，中国图书发行业进行了“一主三多一少”的改革，目标是逐步形成以新华书店为主体、多种经济成分、多条流通渠道、多种购销形式、少流转环节的图书发行网络。1988年，又推行了“三放一联”

的改革，即放权承包、放开批发渠道、放开购销形式和折扣，推动横向联合。这两项改革，都是为了突破传统计划经济的束缚，给僵化的书业发行体制松绑。从此，中国图书发行业开始艰难地从计划经济体制下“突围”出来。在这一轮的改革中，江苏一面放权搞活，一面通过承包，放水养鱼，极大地调动各级书店的发展积极性。1991 年，第一轮承包结束，江苏新华书店 12 项主要经济指标中，有 8 项列国内同行业的第一、二位。与此同时，民营书店和图书批发市场也开始出现。

（二）第二阶段：以适应社会主义市场经济为目标，探索改革传统的体制机制，其特征是“整合”

1992 年，邓小平同志南巡讲话和党的十四大，确立了建立社会主义市场经济体制的改革目标，同年，新闻出版署提出加强出版行业联合，进行发行集团的试点，大型出版发行集团开始在各地纷纷组建。江苏于 1999 年率先组建了新华发行集团，成为总署确定的第一批试点单位。集团得以顺利组建，一是政府的大力支持和强力推动；二是得到江苏各级书店的广泛拥护，因为大家认识到，在激烈的市场竞争中，必须改变各地书店财权、人权、物权分割和分散经营、单打独斗的格局，通过资产整合，体制创新，实现规模经营的优势。2000 年，集团总销售 52.49 亿元，其中，一般图书销售 31.96 亿元，均比“八五”期末翻了一番多。实践证明，这些改革对于提高国有书店的竞争力，形成市场的优势和主导地位，起了关键的作用，也为集团整体转制，进行更深刻的产权制度改革奠定了基础。

（三）第三阶段：以现代企业制度为目标，重塑新型市场主体，其特征是“转型”

进入 2000 年以后，在加入 WTO 的大背景下，中宣部、新闻出版总署提出了继续深化发行体制改革的方案，加快推动新华书店体制机制创新，推进以资产为纽带，上游与下游、省内与省外的发行渠道进行新的整合，鼓励和引导国有书店进行股份制改造，使民营和国有渠道的产权整合具有了可能性。2003 年，中央成立了文化体制改革领导小组，召开了全国文化体制改革试点工作会议，决定在9 个地区35 个单位开展试点，江苏新华发行集团也被列为试点单位。会上，提出了以创新体制，转换机制，面向市场，增强活力为重点，培育市场主体，推动跨地区、跨行业、跨所有制的资产重组，发展壮大文化产业的改革目标。此后，中央又出台了一系列深化文化体制改革的意见和政策，2006 年召开全国文化体制改革工作会议，对全面推进体制改革作出部署，从此，中国图书发行业改革发展驶入了快车道。这一时期的改革对图书发行业来讲，目标更明确，要求更高，力度更大，任务更重，是发行改革的攻坚阶段，是传统企业向现代企业转型的关键时期，也是改革发展的重要机遇期。江苏新华发行集团抓住了机遇，全面推进了体制、机制、业态、技术和服务等五项重大改革创新，进一步推动集团又好又快地发展。

二、发行体制改革的主要变化

改革开放 30 年来，中国图书发行业不断解放思想，推动体制机制创新，促进发展方式转变，使发行生产力大幅度提高，给中国图书发行业带来了巨大变化。

（一）思想观念发生了根本变化

改革前，新华书店是国有垄断企业，形成了计划经济体制下的许多僵化观念。改革的每一步发展，就是打破这些僵化思想观念，逐步树立适应市场经济体制新观念的过程。在探索改革的实践中，江苏图书发行业的广大员工在不断增强社会责任感和使命感的同时，逐步树立市场观念、竞争观念、多种经济成分共同发展观念、现代营销观念、诚信服务观念和发展第一的观念。这些思想观念的转变是改革的成果，同时也促进了改革的进一步发展。

（二）国有书店改革向纵深发展

从 80 年代的放权承包、搞活销货店，到 90 年代创建开放型的批销中心、实行销售代理制，搞活批发市场，转变省级发货店职能，再到21世纪，推进集团化、连锁经营、事转企、股改上市和跨区域重组等重大改革，国有书店的体制机制改革逐步深入，向新型市场主体转型逐步加快。截至2008年10月，全国新华书店除西藏地区以外，都已完成了“事转企”的任务。24个省、自治区和直辖市成立了新华发行集团。上海新华发行集团、四川新华文轩公司先后上市。江苏发行体制改革以销售店放权承包、搞活经营为突破口，以省店自身体制机制改革为重点，在对省店率先进行公司制改造的基础上，转变职能，组建了江苏新华发行集团，充分发挥省集团公司核心企业的主导作用。集团自成立以来，以建立现代企业制度为目标，狠抓五个创新，即：创新体制，转企改制，重塑新型市场主体；创新机制，完善用工分配制度，增强企业活力；创新业态，推进连锁经营，建立现代营销网络和运营模式；创新技术，提高科技含量，促进生产力发展；创新服务，开展“创名店”和“创星级门店”活动，提升新华品牌。通过“五个创新”，集团建立了以母子公司为特征的新的管理体制和现代书业运营模式。2006年起，集团公司按照出版集团党委的部署，快速推进重组上市工作。目前，已完成了资产、人员、业务三重组及资产审计评估等方面工作，股份公司即将成立，准备挂牌上市。这些改革举措，有力地推动了集团稳步转型、快速发展。

（三）统一开放的市场格局基本形成

构建统一开放、竞争有序的现代图书市场体系，是发行体制改革的一项重要任务。自20世纪80年代放开民营零售和二级批发以来，2000年后，逐步对社会资本和境外资本开放分销渠道，放开总发行权和连锁经营，目前，市场已形成国有、民营及境外资本创办的各种发行渠道激烈竞争的局面。据统计，2007年，全国共有出版物发行网点167254处，其中，民营发行网点120911处，占发行网点总数的72%，是国有发行网点的11.3倍。30年来，江苏始终坚持发展销售网络，现共有国有发行网点2052个，其中，新华书店省内辐射网点1215个；自有网点935个；县及县以下网点484个，连锁经营门店面积38万平方米，居同行业的首位。江苏共有出版物发行网点11890家，其中，非国有发行网点9829家，占总数的82.7%，高于全国10个百分点。在市场放开的进程中，国有书店加快拓展市场，争取竞争的优势。浙江、江苏、四川、上海等新华发行集团在省内连锁后，对外省市拓展网点，积极打破图书市场的封闭格局。电子商务和网上书店的迅速发展，更加推动了全国统一开放、竞争有序、健康繁荣的大市场形成。2008年5月，江苏省、海南省两家新华书店集团公司合资组建了海南凤凰新华发行有限公司，江苏以现金入股，占51%股权，海南以市场入股，占49%股权。这是我国图书发行业跨地区重组的首例，表明我国发行业以资产为纽带的跨地区重组有了实质性的突破。

（四）出版社发行有了质的转变

长期以来，出版社的自办发行定位为新华书店发行的补充。1988年，正式确定了出版社对于自己的出版物具有总发行权。这个改变提高了出版社发行的地位，为社店联合和产业链的整合创造了条件，促进了出版产业的发展。2007年深圳发行集团和海天出版社整合组建成深圳出版发行集团，成为目前国内第一家集出版、销售，上下游于一体的企业实体。多年来，江苏始终坚持社店联合、互利互惠、协调发展的方针，率先在业内实行社店联合推销、经销包退、延期结算、联袂策划和共同开发培育市场等灵活多样的营销举措，探索建立了新型的社店关系，促进了江苏出版发行业持续、稳定、快速地发展，综合实力多年居全国第一位。

（五）业态创新快速升级

近十年来，图书发行业的业态创新快速升级。目前，国有书店基本实现了商流、物流、资金流的信息化管理，业态创新正在加快推进，与连锁经营新业态相匹配的技术武装，也得到快速提升。目前，出版物全国连锁经营企业已达30家，24个省级新华书店实现了省内或跨省连锁经营。江苏新华发行集团自2002年起，用了不到三年的时间，完成了业态转型，构建了覆盖省内、辐射省外，具有现代书业流通特征的配供服务体系和市场营销网络，连锁辐射网点达1700多个，2006年，集团建成了目前国内规模最大、现代化程度最高的物流配送基地。该基地拥有先进的生产调度系统、物流信息管理系统（WMS）、自动化分拣和传输系统、监管中心，运营能力强，具有现代化、开放式、多功能的特点，被江苏省经贸委命名为“省重点物流企业”，被总署领导誉为“中国出版业的标志性工程”。全国上中下游信息技术平台已在部分地区贯通，包括江苏在内的 10 万平方米以上规模的现代物流配送中心有 5 个。此外，电子商务发展迅速，卓越网、当当网的销售业绩增速惊人，2007 年当当网销售总量 8 亿元，据悉，2008 年预计销售 16 亿元，可以翻一番。

（六）发行生产力极大提高

30 年的改革开放，推动了中国图书发行业的发展。从全国图书销售情况来看，2007 年同 1978 年相比，图书销售册数增长 90.67%，销售金额增长 54.12 倍；人均购书册数增长 38.95%，人均购书金额增长 39 倍。30 年来，江苏始终坚持以销售、效益为中心抓改革、谋发展，促进集团的销售和效益大幅度增长，生产力水平快速提高。2007 年同改革前的 1978 年相比，江苏新华发行集团总销售 86.3 亿元，增长 170.54 倍；人均供应 57.03 元，增长 65.31 倍。与试点改革前相比（2002 年），集团总销售增长 40.2%；销售净收入 62.5 亿元，增长 34.7%；利润 2.75 亿元，增长 96.4%；利税 4.48 亿元，增长 140.4%；总资产 48.78 亿元，增长 51.2%；净资产 22.5 亿元，增长 28.6%；劳动生产率 99.82 万元，增长 84.8%；人均创利 4.39 万元，增长 169.3%。与集团成立前相比（1998 年），集团总销售、销售净收入分别增长 95.15% 和 82.91%；利税增长 77.62%；总资产和净资产分别增长 205.75% 和 207.40%；集团公司劳动生产率、人均创利分别增长 83.88% 和 42.23%，子公司劳动生产率、人均创利分别增长 100.85% 和 212%。集团的主要经济指标连续十六年居同行业的首位。

30 年发行体制的改革，已经取得了重大的阶段性成果，中国图书发行业发生了翻天覆地的变化。改革的实践证明，立足于中国初级阶段的现状，坚持正确的经营方向，进行适应社会主义市场经济体制的改革，是中国图书发行业取得一切成就的根本途径。我们相信，待以时日，通过思想解放，实事求是，不断深化改革，中国图书发行业一定会迸发出更加生机勃勃的活力，更加快速地在建设中国特色社会主义道路上阔步前进。

坚持改革开放　繁荣上海出版

上海市新闻出版局党组书记、局长　焦　扬

在我们共同走过了共和国最不平凡的30年的今天，回首改革开放30年的风雨征程，更感到中国出版业的发展历程与中国特色社会主义事业息息相关，中国出版业的发展成就已成为中国改革开放的一个精彩缩影。

“文革”期间，由于“四人帮”推行文化专制主义，中华大地出现严重“书荒”。“文革”结束后的第一年，1977年，上海出版了一本《斯巴达克斯》，读者彻夜排队争购，几乎挤破柜台玻璃；该年，为配合大学恢复招生考试，上海重印“文革”前出版的“数理化自学丛书”435万套，创下历史纪录，考生争相传送，风行一时。多少今日成功人士感叹“一本书改变了一代人的命运”！

1978年1月1日，上海出版系统恢复原来建制，取消大社，重建上海市出版局，上海全市当时只有10家专业出版社，一年出书仅2097种。在新闻出版署和中共上海市委、市委宣传部的领导下，上海出版事业发展迅速。30年之后，2008年上海已有40家出版社，年出书1.7万种。

中国30年的发展奇迹，得益于改革开放。上海出版业30年辉煌成果，同样得益于改革开放。

首先，改革开放打破了出版的思想禁锢。1978年党的十一届三中全会拨乱反正，出版工作的种种思想疑虑，得以根本消除。

1979年1月，为保证出版《辞海》合订本向建国30周年献礼，《辞海》编委会和上海辞书出版社根据党的十一届三中全会精神，起草了《处理稿件的几点意见》，对“阶级和阶级斗争”等问题的提法，大胆提出编辑意见，打消了编写人员的思想顾虑，不仅保证了《辞海》按时出版，而且对整个出版工作冲破思想禁区起到了重大作用。

1979年6月，上海文艺出版社出版《重放的鲜花》，汇集了一批优秀却受到错误批判的作品，这标志着出版领域的思想禁锢被进一步打破。从此一批又一批中外文化成果、科学技术知识得以和中国读者见面。思想解放、拨乱反正不仅很快改变了“文革”造成的“书荒”局面，而且使出版的天地越来越广阔。

第二，改革开放极大地释放了文化生产力。改革开放解放了文化生产力，激发了出版的活力，各门类、各层次出版物大量涌现，出版物市场一派繁荣。30年来上海共出版图书100多亿册，出版业的经济效益也逐年增加。1979年上海图书出版利润总额只有0.74亿元，2007年已达3.32亿元，增长336%；30年前上海的图书出版规模只有1.9亿元，2007年已达到37.6亿元，增长1878%。

上海先后完成了一大批堪称中国第一的高质量、有影响的大型文化工程。以典籍建设为例，《汉语大词典》是中国第一部反映汉语词汇发展全貌的巨著，被誉为“辞书出版的里程碑”；《英汉大词典》，是中国独立研编的第一部语料库，也是国内规模最大的英汉词典；《中国古籍善本书目》有史以来首次对我国古籍进行大规模清理、编录工作，包括经、史、子、集、丛五部，著录了全国782个单位收藏的约6万种13万部的古籍善本。此外，《中国医学百科全书》、《经济大词典》、《哲学大词典》、《教育大词典》、《中国历史大词典》、《金文大字典》也都是该领域的中国第一。这诸多中国第一从根本上改变了“大国家、小词典”的状况。

第三，改革开放创造了出版的市场化发展机遇。20世纪80年代，随着改革开放的深入，全国出版机构迅速增加，竞争日益激烈。竞争给上海出版界带来很大压力，也推动了进一步解放思想。上海抓住机遇，走入市场，大胆进行了一系列探索。

我们积极探索中国特色社会主义市场经济的出版发展模式。学林出版社在全国率先试办自费出版；译文出版社与法国阿歇特出版集团合作，创办了中国第一个中外合资刊物《世界时装之苑》；上海书画社开办了艺术品拍卖行；各出版社纷纷尝试利用社办刊物经营广告。上海还独创性地开办了以委托出版为主的百家出版社。

我们努力实践出版工作从速度规模型转变为质量效益型，实施集约化发展。在推进集团化建设、加快产业结构调整、深化企业内部管理机制创新等方面进行了新的探索和实践。1999 年 2 月，经新闻出版署批准，上海组建成立了全国第一家出版集团——上海世纪出版集团；2000 年，通过资产重组，按照现代企业制度组建的上海新华发行集团宣告成立；2001 年，上海成功引进美国当纳利，建成全市规模和产能最大的书刊印刷公司；2003 年，成立了上海文艺出版总社，采用裂变加聚变的模式塑造一个专业化的出版主体；同一年，上海市新闻出版局完成政府管理职能的重大转变，局属 18 家出版社全部与局分离，标志着上海出版业结束了延续几十年的管办一体模式；2004 年，上海新华发行集团改制为混合所有制企业；2006 年新华传媒作为全国发行第一股成功借壳上市；近两年，我们又在加快推进大学和社会出版社的转企改制工作。坚持改革，使人才流通机制不断完善，生产要素得到合理配置，市场活力显著增强。

经过 30 年的改革和发展，上海出版业的内涵和外延都发生了深刻的变化，逐步形成新的产业格局，可以用五个字来概括：强（如世纪出版集团公司）、好（如大学出版社）、特（如文艺出版总社）、新（如数字出版）、活（如民营出版）。五种出版力量和多种出版模式互为补充，共同发展，正在形成高度繁荣、有序竞争的出版大市场。

党的十七大提出了实现文化大繁荣的战略目标，在纪念改革开放 30 周年之际，我们要继续坚持和发扬改革开放的精神，努力为新闻出版业的大发展大繁荣做出新贡献。借此机会，我代表上海市新闻出版局向各位领导和同志们汇报一下我们的一些改革思路。

一是聚焦改革，加快推进新闻出版领域体制改革。不久前下发的国务院办公厅114号文件为新闻出版改革提供了重大的政策机遇。我们计划在2009年底前完成全部大学出版社、社会出版社和音像电子出版社的转企改制任务，对经济规模过小、效益低下的个别出版社进行重组，进一步优化上海出版社布局结构。此外，积极推进上海报刊出版单位转企改制工作。我们正在对上海报刊出版单位基本情况进行全面摸排，对主办单位为企业，或者出版单位性质为企业和事业单位的报刊出版单位进行重点调查，争取先期完成改制工作。

二是聚焦数字新业态，加快推动传统出版转型。2008年7月16日，新闻出版总署批准在浦东张江设立了全国第一个国家数字出版基地，上海市政府还与新闻出版总署建立了部市合作机制。我们坚持两个“两手抓”：即一手抓国家数字出版基地的建设，一手抓推进全市数字出版产业的发展；一手抓传统出版单位向数字出版转型，一手抓民营数字出版企业的做大做强。上海将在政策试点、平台建设、环境营造、制度创新等方面加大力度，力争在数字出版的技术创新和商业模式创新方面率先取得突破，辐射长三角，推动全国数字出版产业向纵深发展。

三是聚焦世博，加快提升上海出版的整体水平。我们把迎世博作为全面提升上海新闻出版业质量和水平的一次难得机遇。目前已启动《上海新闻出版、版权行业迎世博600天行动计划》，实施六大工程：迎世博图书出版工程、迎世博印刷质量工程、迎世博发行窗口创优工程、迎世博版权净化工程、迎世博报刊质量工程、迎世博进口出版物及宣传品管理工程，全行业对接世博、融入世博、参与世博、服务世博，提升上海新闻出版（版权）业整体水平。

四是聚焦转变职能，加快营造出版产业良好的发展环境。改革30年，我们从“办出版”到“管出版”，从“运动员”到“裁判员”，从“管脚下”到“管天下”，迈出了重要一步。作为行业主管部门，我们必须进一步转变政府职能，将政府职能更好地转到社会管理、市场监管、政策调节、公共服务上来，创造良好的出版产业发展环境。我们将通过进一步下放政府管理职能、向行业协会转移部分职能、推进集中行政审批改革、强化产业政策和规划研究、推动版权服务和版权产业发展、广泛开展文化惠民活动等途径，将我们习惯的审批型政府真正转变为服务政府、责任政府、法治政府。

五是聚焦“走出去”，加快提高上海出版业的国际竞争力。“走出去”是国家战略，也是上海出版义不容辞的责任。我们必须创新工作思路和办法，加快推动上海出版“走出去”的步伐，进一步增强上海出版业国际竞争力和文化影响力。一是研究制定实施上海新闻出版业“走出去”中长期工作规划；二是努力打造具有自主知识产权和核心竞争力的外向型出版产品和出版品牌；三是充分利用法兰克福书展等国际书展平台，进一步整合上海出版整体实力，在版权贸易、媒体宣传、主题推介、配套活动上加大力度；四是拓展上海书展外向型经济平台功能，抓住“世博”等重大机遇，精心构思，主动出击，增强上海出版的国际影响力。

改革是我们这个时代最鲜明的特征。站在新的历史起点上，改革发展的任务仍然繁重，责任重大，使命崇高。我们将沿着党的十一届三中全会开创的改革开放道路，深入贯彻落实科学发展观，坚持解放思想，坚持改革创新，将上海市新闻出版业提高到新的水平。

始终坚持解放思想、实事求是的思想路线

中国编辑学会、中国书刊发行业协会原会长　刘　杲

从出版界回顾改革开放30年，最突出的印象莫过于解放思想、实事求是的思想路线。正是在这条思想路线的指引下，我们已经或者正在进行一系列重大的观念转变，为贯彻落实科学发展观的要求，推进出版业的改革和发展，奠定思想基础。

一、出版业的观念转变

我们确认了出版业是中国特色社会主义出版业。这是解放思想、探索中国特色社会主义道路的一个成果，是推进出版业的改革和发展的前提。中国特色社会主义出版业，与社会主义的基本制度紧密地联系在一起，是建设中国特色社会主义的一个重要条件，又是这个伟大事业的一个组成部分。它既不同于过去传统社会主义的出版业，也不同于西方资本主义的出版业。我们确认了为人民服务、为社会主义服务的方针，取代了过去被扭曲的“为工农兵服务、为无产阶级政治服务”的方针。我们确认了全面执行出版工作的任务，包括宣传理论、传播和积累科学技术和文化知识、丰富精神文化生活，等等，大大突破了过去“出书围绕政治运动转”的狭窄空间。重新确认出版业的方向、方针和任务，是出版业转变观念的第一收获。

二、出版物的观念转变

我们确认了出版物具有双重属性，既是精神产品，又是商品。对于出版物是不是商品，过去是有争议的。人们担心，承认出版物是商品，会有损出版物作为精神产品的积极作用。实际上，任何商品都有特殊性，从而都有相应的特定的质量要求。出版物作为商品的特殊性在于精神产品，自然具有精神产品的特定的质量要求。出版物能不能保持和发挥精神产品的积极作用，关键在于能不能保证精神产品的特定质量，而不在于是否承认出版物的商品属性。精神产品强调质量第一。商品也强调质量第一。出版物质量，关系出版企业的核心竞争力。抓住了出版物质量第一，就抓住了精神产品和商品这两个侧面的结合点。从文化价值和商业价值的结合上强调提高出版物质量，是进入市场经济之后出版业认识的一大进步。

三、出版功能的观念转变

我们确认了出版活动的根本功能是文化建设，取代了过去讲的“出版是阶级斗争工具”的说法。出版业只有充分发挥文化建设的功能，才能为建设中国特色社会主义提供强大的精神动力和智力支持。出版业的文化建设体现在多出好书上。检验出版业改革和发展的成败得失，说到底，要看能否多出好书。标志性图书具有特别意义，既是出版业的成就的标志，也是全民族的文化的标志。出版传世之作是出版业的最高追求。改革开放30年，出版了一批标志性图书。其中包括：首次出版《中国大百科全书》74卷，中文第二版《列宁全集》60卷，引进《简明不列颠百科全书》10卷，新编《汉语大字典》8卷，新编《汉语大词典》12卷，新编《中国美术全集》60卷，校点《二十四史》，修订《辞源》和《辞海》，等等。这些标志性图书，不仅是对当代的重要贡献，也是对后世的重要贡献。

四、出版单位的观念转变

我们确认了出版单位是生产精神产品的企业，出版业是一项文化产业。这与出版物既是精神产品又是商品的双重属性是对应的。基本的要求是，完成从计划经济下的出版企业向市场经济下的出版企业的历史性转变。有条件的出版企业积极探索，兼并联合，组建集团，上市融资，做强做大，稳步前进，顺理成章。无论出版企业还是出版企业集团，都面临着如何正确处理社会效益和经济效益的关系的问题，既是热点，也是难点。中国出版业的优良传统是对文化和经济两个侧面的兼顾。比如，生活书店的邹韬奋，强调事业性与商业性相结合。作为继承和发展，我们强调公益性与经营性相结合；强调将社会效益放在首位，实现社会效益与经济效益相结合；强调在出版业的体制创新和机制创新中，实现社会主义文化建设的要求与社会主义市场经济的要求相结合。逐步实现这种结合，是出版单位转制改企必须努力完成的历史任务。

五、出版市场的观念转变

我们确认了培育统一开放、竞争有序的出版市场，是出版单位和发行单位的共同需要。一方面是塑造市场主体，一方面是培育市场环境。这两个方面相辅相成，相互推动，缺一不可。核心是按照市场经济规律办事。由规定的国有书店一家经营，改为多种经济形式的书店多家经营。由规定的单一统购包销，改为自主选择的多种购销形式。由规定印张价格，改为在政府指导下的市场调节出版物价格。由规定发行折扣，改为随行就市调节出版物发行折扣。由规定出版单位和发行单位的购销关系，改为出版单位和发行单位通过市场双向选择。由规定的出版物经营地区，改为跨地区经营。由地面门市销售，发展为不受时间和空间限制的网络销售。由国内市场，发展为国内和国际两个市场。总之，逐步实现统一开放、竞争有序的出版市场，是出版业通过改革和发展走向成熟的又一基本要求。

六、出版方式的观念转变

我们确认了信息传播数字化网络化技术带来的出版方式的革命。从来就是复制和传播技术的发展，带动出版方式的发展。如今数字化网络化技术带来的出版方式的发展变化，更令人应接不暇。首先是对传统出版的改造和提升。接踵而至的有音像出版，有电子出版，有网络出版，有手机出版，有电子书，等等。特别是在互联网上，人机交互，及时更新，海量存储，瞬间检索，效果之神奇难以想象。这飞速发展的新技术，逼迫我们在出版活动中形成有关选择的新观念、加工的新观念、编排的新观念、传播的新观念；同时逼迫我们开创新的出版产业、新的文化传播、新的商业模式、新的服务路径。人们深信，信息传播数字化网络化技术是新的巨大生产力，必将带动经济、政治、文化、社会的巨大变革，前途不可限量。

七、出版队伍的观念转变

我们确认了改革开放的时代需要复合型的出版人才。过去总是讲“政治挂帅”。实事求是地分析，我们需要讲政治方向，还需要讲理想追求、讲道德修养、讲法律自觉。我们需要讲专业化和职业化，还需要讲专家和杂家的结合。我们需要讲文化建设，还需要讲商业运作。20 世纪 80 年代，在出版界发生过一场争论：做出版家，还是做出版商？当时两种意见相持不下。后来改革开放的实践逐渐回答了这个问题。看来，出版家和出版商不是水火不容的。在一定的条件下，出版家和出版商可以结合。三联书店一位资深出版人总结经验说，要坚持文化理想与商业智慧的统一。说得很好。谁能够坚持文化理想与商业智慧的统一，谁就能够成为真正的出版企业家。出版企业家的成熟，意味着新的出版业的成熟。

八、版权保护的观念转变

我们确认了版权保护是文学艺术和科学技术的智力创新成果的法律保障，是建设创新型国家的重要条件。在批判“知识私有”的时候，版权保护当然无从谈起。是改革开放为中国带来了现代化的版权保护制度。当年着手起草版权法的时候，赞成的人不少，误解和质疑也不少。有人说，版权法讲的，无非是资本主义的那一套。有人说，帝国主义掠夺过我们，凭什么今天还要给他们版税。更有甚者，四大部门联名向国务院报告，说是为了便于引进外国先进科学技术，我国不要制定版权法，更不要参加国际版权公约。我们必须回答这些误解和质疑。同时，我们还必须花更大的力气去积极探索，如何把世界公认的版权保护的一般原理，跟中国作为发展中国家的实际情况结合起来。我们坚持了。我们成功了。我们不仅有了自己的版权法，而且以版权法为基础加入了国际版权公约，实现了我国对外版权关系的正常化。中国要自立于世界民族之林，离不开文化创新和文化交流。而这两个方面，都离不开版权的法律保护。现在面临的问题不再是要不要版权法，而是版权保护如何跟上迅猛发展的网络传播的新形势。

伟大的改革开放还在继续前进。让我们坚持解放思想、实事求是的思想路线，不断突破思想禁锢和思维定势，力争把客观上可能的事情变为现实。这是贯彻落实科学发展观，谋求出版业改革和发展更大胜利的必由之路。

中国科技出版发展的见证

中国科学出版集团

十七大报告指出，改革开放是决定当代中国命运的关键抉择，是实现中华民族伟大复兴的必由之路，是党在新的时代条件下带领人民进行的新的伟大革命。

改革开放 30 年，是中国政治、经济、文化、社会建设快速发展的 30 年，也是中国新闻出版业发生翻天覆地变化的 30 年。作为中国科技出版的排头兵，中国科学出版集团（以下简称集团）也经历了不平凡的 30 年，从 1979 年出版图书 356 种、科技期刊 57 种，发展成为 2007 年出版图书 7810 种、期刊 208 种的中央级科技出版集团。

可以说，集团 30 年发展历程是中国科技出版快速发展的生动见证。

一、发展历程

1966 年“文革”开始，集团的前身——科学出版社的图书期刊编辑出版工作也停顿了；虽然“文革”后期开始逐步恢复出版工作，但整体上处于维持阶段。随着“文革”的结束，尤其是党的十一届三中全会，开启了改革开放历史新时期，我国也迎来了“科学的春天”，科学出版社迈开了改革开放的步伐。

改革开放的最初 10 多年，科学出版社结合中国科学院办院方针，“侧重基础、侧重提高、兼顾普及”，出版了一大批反映我国优秀科技成果的图书，如《数论在近似分析中的应用》（华罗庚、王元）、《工程控制论》（钱学森、宋健）、《中国植被》、《青藏高原科学考察丛书》等。科学出版社“高层次、高质量、高水平”的“三高”特色和“严肃、严密、严格”的“三严”作风得到继承和发扬。在历届全国优秀科技图书评奖中，科学出版社一直是佼佼者，成为全国首批“优秀出版社”之一。

另一方面，科学出版社是改革开放后率先开展国际合作的国内科技出版社。1979 年科学出版社就与联邦德国施普林格出版社、美国时代等签订了出版发行协议，为中国科技出版“走出去”起到了示范带头作用。

但是在计划经济年代，国家财政对学术书刊出版亏损给予补贴。以出版科技学术书刊为主要任务的科学出版社，理所当然地成为重点补贴单位，亏损多少就补贴多少。随着社会主义市场经济体制的建立，国家财政自 1987 年开始取消对科学出版社出版亏损的补贴，科学出版社必须自负盈亏。由此，科学出版社学术书刊出版经营困难逐渐凸显出来，成为全国出版社的最大亏损户（民族出版社除外），运营举步维艰，编辑人才流失严重，发展滑入低谷。自 1987 年停止亏损补贴至 1994 年的 7 年中，科学出版社有 5 年亏损，亏损总额达 1000 多万元。

1995 年，在新一届社领导班子的领导下，以先进的理念、创新的精神，大胆进行内部体制机制改革，探索建立适合科学出版社发展的新型运行机制和考核机制。从 1996 年的“爬坡”，到 1997 年的“上台阶”，再到 1998 年的“全面突破”，科学出版社从一个低位的水平发展成为产值、销售收入、资产总额均过亿元的有一定经营规模的出版社，实现了超常规的发展，同时也实现了中国科学院路甬祥院长提出的要求：“一年一个样，三年大变样！”

2000 年，科学出版社发展又迎来了新的机遇。以科学出版社为核心成员单位的中国科学出版集团成立，成为新闻出版总署第一批试点集团，也是国内唯一的中央级专业出版集团。集团其他成员单位还包括中国科技大学出版社、北京中科希望软件股份有限公司、北京科海电子出版社、北京中科进出口公司等。2003 年 6 月，集团成为中央文化体制改革试点单位。

改革试点 5 年来，在中宣部、新闻出版总署、中国科学院的领导和支持下，集团积极推进文化体制改革，已经顺利完成改革试点任务，并取得了显著成效：

集团被授予“全国文化体制改革优秀企业”光荣称号，成为中央文化体制改革的先进代表；集团输出科技书刊项目数量位居科技出版单位的首位，成为“国家文化出口重点企业”和“北京市版权贸易先进单位”；首届中国出版政府奖获奖数量名列出版社前茅；国家科学技术学术著作出版基金项目、“十一五”国家图书重点出版规划项目等数量位居第一；韬奋出版奖、优秀出版人物奖等均榜上有名，一大批年轻化、专业化的优秀编辑出版人才成为集团中坚力量；国有资产实现保值增值（净资产增加 100%），竞争力位居科技类出版社之首。

二、发展特点

通过改革与创新，集团在核心竞争力、出版品牌、科技成果传播、人才队伍建设等方面进展显著，为未来做强做大、持续发展奠定了良好基础。

（一）以体制机制创新为手段，提升核心竞争能力

集团以体制机制创新为重点，以资本为纽带，以建立现代企业制度为目标，锐意进取，克服了体制改革中遇到的许多困难，如：

第一，解决了中央级出版社国有资产出资人不到位的难题。

第二，采取国有资产二次授权经营方式，成功解决了国有文化资产授权经营问题，建立了国有文化资产管理新模式。

第三，按照“老人老办法、中人过渡法、新人新办法”原则成功解决转制的最大难题——社会保障问题等。

2005 年 6 月，集团转制成为“中国科学出版集团有限责任公司”，成为国内首家完成工商注册的“中国”字头专业出版集团；2007 年 4 月，集

团的核心企业——科学出版社有限责任公司（科学出版社）也完成了工商注册。

但是转制只是手段，提升核心竞争能力才是目的。集团在体制改革基础上，以市场为导向，建立符合市场竞争需求的内部运行机制，充分释放改革能量，出版业务取得了较快增长。

2007 年集团出版图书 7810 种，科技期刊 208 种，书刊产值 11. 54 亿元，集团总销售收入 8. 07 亿元，资产总额 9. 5 亿元。2007 年集团与试点初期（2003 年）相比，资产总额增加 51. 17%，净资产增加 100. 76%，销售收入增加 31. 69%。

2006 年科学出版社的竞争力位居全国科技类出版社榜首，在全国出版社中排名第 4 位。

经新闻出版总署推荐并参评，集团成为 33 家“全国文化体制改革优秀企业”之一，受到中宣部、新闻出版总署、文化部、国家广电总局的联合表彰。

（二）以重大出版工程为龙头，打造中国科技出版第一品牌

集团一直致力于在专业出版领域做强做大，努力打造中国科技出版第一品牌。而专业出版发展，须以重大出版工程项目来带动。

在重大图书出版工程方面，集团已经形成了重大图书出版工程群，如《20 世纪中国知名科学家学术成就概览》（25 卷，国家出版基金资助可达 9000 万元）、《中国植物志》、“十一五”国家重点图书出版规划项目（35 项，入选数量在全国出版社中位居第一）、国家科学技术学术著作出版基金项目（2007 年获资助 48 项，资助金额占整个出版基金资助总量的 50% 以上）、普通高等教育“十一五”国家级规划教材项目（800 多项）等。

在科技期刊出版方面，集团 2008 年出版科技期刊 220 种，其中《中国科学》系列和《科学通报》（以下简称“两刊”）是我国学术期刊的代表性刊物。针对国内科研评价体系变化和国际学术期刊的竞争，作为中国科学院学术期刊改革试点单位的“两刊”正在按照新闻出版总署批准的改革方案，大力推进管理体制、院士平台办刊、出版单位体制机制、人才队

伍建设的改革，并取得了重要进展。

专业出版发展以及品牌形成，获国家级奖项是一个重要体现。多年来，集团一直在国内书刊获奖方面名列前茅，尤其是在2007年首届中国出版政府奖评选中，科学出版社获得先进出版单位奖一项、图书奖两项、图书奖提名奖一项。科学出版社出版的《物理改变世界》还获得了2007年国家科学技术进步奖二等奖。

（三）以科技出版“走出去”为途径，实现科技成果的国际交流

作为一家中央级专业出版集团，集团将推动我国科技成果的国际交流视为自己的社会责任。而要实现科技成果的国际交流，就需要集团“走出去”。为此，集团非常重视国际国内两个市场两种资源的开拓和利用，采取“引进带输出”的合作策略，建立“走出去”长效机制，与爱思唯尔、施普林格等建立战略合作伙伴关系，大力推动科技出版“走出去”，并取得了丰硕成果。

在近两年北京和法兰克福国际书展上，科学出版社每年向欧美国家输出优秀科技图书200多项，输出数量居全国科技出版社之首；在国务院新闻办“中国图书对外推广计划”中，科学出版社还有114项图书得到政府资助。包括“两刊”在内的31种集团出版的英文版科技期刊也与国际知名科技出版机构开展合作，取得了良好效果。

2007年集团被商务部、文化部等部委评定为“国家文化出口重点企业”；被北京市新闻出版局授予“北京市版权贸易先进单位”。在2008年全国出版工作会议上，集团董事长汪继祥还应邀作了题为《深化体制改革，促进中国科技出版“走出去”》的经验介绍。

（四）以实现又好又快发展为目标，加快出版人才队伍建设

要保证在激烈的市场竞争环境中实现又好又快发展，必须重视出版人才队伍建设。近五年来，科学出版社共引进278位新人，其中2/3具有博士、硕士学位。新人不断进入，使得全社编辑队伍的年龄结构和学历结构发

生了很大变化：在309人的编辑队伍中，30岁以下年轻人占57%，30—40岁与41—50岁的分别占30%和11%；具有博士、硕士学位的编辑比例占74%。

为了加快编辑业务队伍迅速成长，科学出版社采取了一系列有效措施：

第一，建立了“社—出版中心—带培导师”三级人才培养体系。对新员工进行入职培训和上岗考核，使其能够尽快合格上岗。

第二，建立学习型组织。根据社发展和人才培养需要，对在职员工组织不同方式、不同类别的针对性培训，如邀请知名出版专家讲座、选派骨干到国内高等院校进修和国外出版集团交流访问等。

第三，大胆使用和提拔一大批年轻骨干到重要业务岗位。社总经理、副总经理、副总编辑共有8位，年龄均在42—46岁，其中两位还分别获得了韬奋出版奖和中国出版政府奖——优秀出版人物奖。分社负责人则更为年轻，都是30多岁的年轻人。

第四，实行“三项”制度（人事、用工、分配制度）改革。通过“三项”制度改革，提升员工队伍的创新力、执行力和战斗力。

上述措施的实施，使科学出版社拥有了一支富有朝气和活力、熟谙市场运作规律的专业化、年轻化的出版人才队伍。

三、发展展望

30年的改革与发展，为集团成为以科学、技术、医学、教育为主要领域的高水平、综合性、国际化的传媒集团奠定了良好的基础。

目前集团正根据国内外科技出版发展动态，进一步深化改革。

第一，深化集团体制机制改革，适时上市，使集团成为文化产业的战略投资者，成为在国内具有代表性、在国际具有竞争力的国家级科技出版集团。

第二，以“一个平台、两个中心”建设为核心，实现集团发展战略目标。“一个平台”，就是建立国家级专业数字出版平台，促进传统出版向现代出版转型，使集团成为国家科技书刊及数字化出版的重要基地；“两个中心”，就是充分利用和开发两种资源两个市场，强化知识创新成果的传播，使集团成为中国科技成果的发布中心和国际优秀科技成果的引进中心。

我们有理由相信，在中宣部、新闻出版总署、中国科学院的领导和支持下，中国科学出版集团一定能够再创辉煌！为我国的科技出版事业做出自己应有的贡献！

率先探索出版集团改革之路
打造中国最具影响力的现代出版企业

上海世纪出版集团

上海世纪出版集团成立于1999年2月24日，是经中宣部、新闻出版署批准成立的全国第一家出版集团。集团从建立之日起，就以为我国出版业改革探路为己任，以打造最具影响力的现代出版企业为目标，积极探索出版业集团化、企业化运作发展之路。中央对集团的改革试点工作十分关心，李长春、刘云山等领导同志都曾亲临集团视察工作。2003年，集团被列为全国文化体制改革试点单位之一。2003年9月，上海市委决定调整加强世纪出版集团，集团划归市委宣传部直接领导。2005年11月26日，经新闻出版总署和上海市人民政府批准，上海世纪出版集团通过发起成立全国出版领域第一家股份公司——上海世纪出版股份有限公司，实现整体转企改制。10年来，集团从最初的5家成员单位发展为拥有包括17家图书编辑出版机构（含《辞海》编纂处、《英汉大词典》编纂处、《汉语大词典》编纂处），4家音像出版社，3家电子出版社，1家网络出版单位，44种期刊，5种报纸，1家动漫制作企业和1家数字出版企业在内的大型出版企业。2007年，共出书7735种，出版报刊44种，出版音像电子出版物416种。2007年，集团书报刊出版音像电子出版物造货总码洋近20亿元，销售收入、利润、净资产等主要经济指标也连续9年保持两位数的增长。同时，集团在文化体制改革、业务创新重组、承担重点出版项目等方面创下了多个“全国第一”。

上海世纪出版集团成立以来，始终从努力完成好全国文化体制改革试点工作任务的高度出发，按照科学发展观的要求，坚持把文化责任放在首位，明确将“努力成为一代又一代中国人的文化脊梁”作为自己的使命追求。围绕这一企业使命，集团在坚持和加强党对宣传文化事业领导的前提下，借鉴国际传媒集团先进管理经验，以探索出版集团改革之路推动发展方式的转变，注重多出优秀文化产品，注重深化体制机制改革，注重推进业务创新、技术创新和商业模式创新，发挥集团资源整合的优势，运用现代技术手段，改造传统出版媒体，建立现代出版、制作、营销体系，开拓新的发展领域和业务形态，建设新的运作平台，为建设全国最具影响力的现代出版企业打下了坚实的基础。

一、逐步构建现代出版企业组织架构和治理结构

建立科学合理、高效规范的组织架构和管理体制，是现代出版企业发展壮大和成功运作的重要保障。上海世纪出版集团组建后，根据中央和市委的要求以及全国文化体制改革逐步深化的形势，不断探索现代出版企业组织架构、管理体制和运作机制。

作为全国第一家出版集团，上海出版集团成立之初，就借鉴现代企业制度，完善事业单位、企业化管理的模式，将下属或投资单位分成核心层、紧密层、松散层三种类型。核心层由各出版社（包括社办报刊）、集团发行中心等单位组成，核心层单位没有独立的法人地位，由集团在计划范围内授权经营。紧密层为集团的全资子公司或控股子公司，多为新建单位。从其特殊的业务发展需要，集团给予它们独立的法人地位，在经济上享有更多的自主权，以利于抓住机遇快速发展。松散层单位主要是集团投资参股单位。集团以出版管理和资产经营为重点，建立一整套决策、会议、预算、考核管理制度，通过优化资源配置，扩大经营规模，多种媒体互动，做大出版产业。

被列为全国文化体制改革试点单位后，集团积极贯彻中央的要求，在

抓好既定的重点发展项目的同时，将改革试点工作的重心转向事转企改革，决定以集团内除上海人民出版社以外的全部经营性资产与上海大盛资产有限公司、上海精文投资有限公司、上海联和投资有限公司、东方网股份有限公司、浙江出版联合集团等国有投资主体，共同发起设立上海世纪出版股份有限公司。在公司筹建工作中，集团认真细致地做好思想发动，用将近一年的时间，开展国资审计、清产核资和资产评估，落实集团转制后公益性出版项目的事业单位机构编制，制订新企业劳动人事管理和考核分配福利制度，扎扎实实地推进转企改制工作。2005 年 11 月 26 日，全国出版领域第一家股份制企业——上海世纪出版股份有限公司正式成立。

在转企改制过程中，集团着重在保证党对出版工作领导的前提下，对建立适应出版工作特殊性和出版产业发展规律特点的国有股份制公司的产权关系、治理结构、组织形态和内部管理机制进行了探索。通过整体转制建立了股份有限公司这种最适应市场经济体制要求的企业形态。建立了规范的公司治理结构。股份公司按照《公司法》的规范和出版企业的特殊要求，建立决策、执行、监督机构。通过公司章程明确了股东大会、董事会、监事会、总裁的职权和工作程序，同时也明确了公司党组织、工会和职工代表大会的法律地位和作用。集团针对出版企业的特殊要求和股份公司的管理要求，精心设计了保证党对出版企业控制力的有关制度安排：通过股权结构安排保证市宣传文化主管部门对出版企业重大事项的主导权；通过党委成员依法进入股份公司董事会、监事会、总裁班子和确立公司决策议事规则特殊条款，保证党对公司重大事务的决策权；设置编辑政策委员会，集团派出的内部董事和市主管部门派出的专职董事作为当然委员，编辑委员会主任和一名专职董事对涉及出版导向把握的议题实行联签制，同时在企业各级负责人考核指标中，列入社会效益和经济效益两方面的内容，保证党对出版企业出版导向的掌控权。集团转制后，在规范进行股份公司工商登记的基础上，完成了各转制出版社的转企登记工作，撤销了 13 家事业单位，转为股份公司的分支机构，统一了财税关系。公司制定和修订完善了预算管理、出版管理、经营管理、人力资源管理、外事管理、党风廉政建设等方面的40项规章制度。开展了全员竞聘上岗工作，有固定期限事业合同的职工转签企业劳动合同，无固定期限事业合同的职工与企业签订上岗合同。对所属单位全面推行企业绩效考核和岗位薪酬制度，不再实行事业单位工资体系，建立了具有竞争力的激励机制。

企业组织架构和治理结构的完善，使企业从一开始就具备适应市场经济体制要求的形态，建立起了科学的决策机制，促进了企业管理水平和队伍素质的提高，也为今后企业形态进一步升级和规模进一步扩大创造了空间。

二、大力整合出版资源以增强内容创新能力

内容提供能力是现代出版企业的生命线，也是核心竞争力所在。集团坚持围绕作为内容提供者的定位，以增强内容开发能力为核心，调整出书结构和出版组织形式，努力形成和确立内容创新的优势，构建强大的核心竞争力。

集团成立后，立即着手制订出版规划，调整出书结构，形成突出重点、各展所长的专业化出版格局，指导所属各出版社积极调整出书结构，突出教材、工具书、学术书、畅销书等重点，努力确立在全国教育、大众、专业三大出版领域的独特优势。集团积极发挥资源整合优势，引导各出版社在加强品牌建设上下工夫，联合各社的力量共同开发一批大型出版项目。为开发和占据更多出版资源，集团尝试建立了异地分支机构。经新闻出版总署批准，2002年，集团在北京建立了世纪文景文化传播有限公司。

集团转企改制后，我们根据国际出版的发展趋势，提出在教育出版、大众出版、专业出版三大出版领域打造基础教育、高等教育、工具书、古籍出版、大众出版、专业出版等六条图书出版产品线，在期刊出版的时尚、财经、教育三个领域打造期刊产品线，按照产品线重新组织出版资源。近年来，集团按照产品线对下属出版企业进行了大规模的整合，重新组织出版资源。先后以上海教育出版社的牛津英语中心为主干新组建了外

语教育图书分公司，以上海人民出版社的财经教材出版物为主干新组建了高等教育图书分公司（后经批准转为格致出版社），以加强公司在中小学外语教育图书市场和高等教育图书市场的开拓力度；通过制订古籍出版“十一五”规划，以上海古籍出版社为核心逐步整合各社古籍出版内容资源，初步形成公司的古籍产品线；将汉语大词典出版社的资源和力量整合进入上海辞书出版社，使上海辞书出版社成为集团汉语工具书产品主要的开发者和市场的拓展主体。目前，各产品线已经基本成型。在此基础上，集团在原有的出版社内部剥离出原创文学、当代外国文学、动漫和音乐四个出版中心，把他们打造成品牌出版实体，以提高市场竞争力，扩大市场覆盖率。争取在三年左右的时间形成20—30个品牌性的产品集群。

集团高度重视发挥转企改制后公司在资源整合和规划统筹方面的优势，以力争全国出版产业龙头为目标，组织旗下各出版单位认真规划今后5年的重点出版项目。在全国“十一五”重点图书规划全部1730种重点图书列选项目中，世纪集团所属出版单位列选91项，位居全国前列，是位列其后的地方出版集团列选数量的2倍，占上海地区列选总量的60%，充分显示了我们在全国和上海出版界的地位与实力。这些列选图书中大项目多，分量重，总计字数约5.2亿；投入产出也相当可观，预计总投入近2.75亿元，总码洋可达5.84亿元。集团还在调查研究的基础上，制定了包括26个特大型工程数千种图书在内的十年出版规划和包括近500种产品在内的世博出版规划。这些项目均代表了国家文化建设的最高标准，其中“中国改革30年研究”等不少重点项目受到了中央领导同志的高度好评。通过资源整合，集团所属出版单位内容创新能力得到增强，出版了一大批精品力作，在刚揭晓的首届中国出版政府奖的评比中，集团以5个大奖、6个提名奖的优异成绩，在图书出版领域位居全国各出版集团之首。此外，自集团成立以来，集团所属出版单位出版的图书获“五个一工程奖”图书奖1项，“五个一工程奖”优秀作品奖2项，“五个一工程奖”提名奖1项；获“中国图书奖”10项；获“国家图书奖”4项，“国家图书奖”荣誉奖5项，“国家图书奖”特别奖1项，“国家图书奖”提名奖16项；获

"首届中华优秀出版物图书奖"3项。

三、全面推进流程再造和业务创新

进入新世纪以来，出版业发展面临新的历史背景和产业形势，数字化技术及其应用的迅速普及，尤其是互联网和移动通信技术如同排山倒海的发展，为出版业的发展带来了前所未有的机遇。集团牢牢把握现代出版业发展的新趋势，把率先转变增长方式，推进内容创新、业务创新和商业模式创新，努力突破增长的极限，形成新的企业成长周期，作为企业改革发展的主线，全面构建基于数字化、信息化技术基础上的新业务平台和业务形态。

在出版领域，集团以大型工具书数据库和专业出版平台建设作为数字化改造的重点，依托《辞海》、《大辞海》、《汉语大词典》、《英汉大词典》等大型原创工具书，分别建立工具书数据库和计算机网络编辑平台。集团与美国牛津大学出版社签署词典数据库和编辑平台的合作协议，获得授权使用经过全面汉化的基于因特网的词典编辑平台，整体引进牛津版《新牛津美语大词典》和《牛津美国类语词典》的全部数据库，合作翻译完成为一个双方共同拥有知识产权的世纪版英汉双语数据库。集团利用多年积累的大量的工具书、通史专史、基础文献、珍稀文献等内容资源，努力建设一个跨文本的、具有内在知识链接性的、动态的，拥有上百亿字符权威内容支持的大型数据库，试图在历史文化领域创造一个新的数字出版商业模式。集团融资2000万元，积极建设数字化教育产品编纂平台，开发配合教材的各级学生、教师所需之移动学习数字教育产品和服务产品，开发配套的学习机、专用电脑等数字产品，提供网络教育内容与服务并开拓海外市场。集团组建了上海数字世纪网络有限公司，建立了图书文化类商业网站（易文网），具备信息服务与电子商务双重功能，努力开拓网络出版领域，目前易文网已成为全国最大的出版网站。

在发行业务方面，集团从发行体系改造入手，对所属出版社的发行业务进行重组，于1999年成立了发行中心，按照规模经营、降低成本、细化市场、扩大销售的原则，对各社除中小学教材外的有关图书发行的人、财、物实行集中管理运作。各社都成立了市场部，作为本社市场调研和营销策划的部门，并负责与发行中心沟通。发行集中后，逐步建立分级分类的图书销售网络，业务员还打破了原来出版社的界限，扩大了发行品种的范围，细化了业务区域的分工。同时还对销售全过程实行计算机管理，建立了内部局域网，并与各社和物流公司实行了计算机信息传递，完善销售管理和考核制度。集团依托网站，建立了 B2B 网上销售系统，一方面通过升级发行中心计算机软件，提高发行的管理水平；另一方面将集团图书销售数据库与各地主要销售商进行联网，建立网上征订、发货、添货的电子商务处理系统。转企改制后，针对国内图书市场和发行渠道变化的形势，公司发行中心以细分产品门类和客户为抓手，进行了图书销售模式和组织结构调整，把原先的“按区域管理”的销售组织结构转变为“按客户、图书分类，兼顾区域管理”的模式，从而建设专业化、精细化专门渠道，进一步扩大图书市场份额。发行中心率先在全国与多家发行企业实行“社店信息对接”，运用互联网以电子数据信息方式完成图书发行的交易，提高发行管理信息化水平，减少盲目造货和发货，有效管理外库和客户资金占用，初步形成电子商务模式。集团将现代出版物流作为数字化业务平台建设和业务创新增长的重点，于 2000 年组建了世纪秋雨物流有限公司，运用电脑化仓储管理设备、自动化拣货设备、自动化集货分类设备、自动化退货验收系统等硬件设施，采用现代网络传输和通讯技术，建立起国内第一家达到发达国家先进图书配送模式水平的图书物流平台。近年来，又投资 3.5 亿元人民币建设二期物流中心项目，实现系统高度信息化、订单处理和资金结算电子化、仓储管理智能化，除承担集团和公司所有出版单位的书刊物流业务外，还可为其他本市出版单位提供物流配送服务，并与毗邻的印刷基地建立战略合作关系，为跨国出版集团提供物流服务。物流中心 2009 年初运行后，将以 100 亿元码洋吞吐量的规模、完善的功能、先进的设施和管理，成为全国领先、国际一流的现代化图书物流企业。

在管理平台方面，推进 ERP 项目建设，运用信息技术打通企业业务和管理各个主要环节，在数字化基础上实现企业流程再造。通过 ERP 项目建设，对现有实际业务和管理流程进行规范，对财务、编务、印务、发行、人力资源等管理模块的传统业务流程进行反思和重新设计，力求以规范操作和严格的成本控制、风险控制为基础，进一步提高业务决策准确性、业务成本可控性、预算管理精确性及各项管理工作的规范性。整个 ERP 建设项目 2009 年上线后，集团将建立起一体化、数字化的业务和管理系统，实现全流程信息和资源的共享，从而在国内出版企业中率先完成发展形态的升级转型。

四、着力拓展市场和培育新的商业盈利模式

加快转变经济发展方式，要求我们不但要重视提高要素生产率，而且更要着力于推动产业结构的优化升级。而其中的关键在于探讨数字化条件下新的商业盈利模式的建立。集团一直致力于积极寻求发展机遇，探索新的商业模式，努力拓展市场和盈利空间，使出版企业在出版产业链中居于更为有利的地位。

集团与台湾企业合资成立世纪创荣数字信息科技有限公司，全面进入数字出版领域，利用丰富的基础教育内容资源，开发各学科的电子和网络等增值产品、衍生产品，努力突破纸质出版物单点利润来源，形成以教材为核心，纸质、音像、电子、网络相互配合、互相促进的创新协同模式和多点聚利的新的商业模式，并通过向学校、学生、教师提供网上整体学习教学解决方案等全程增值服务，形成新的价值链，以谋求新的产业突破。集团利用下属上海图书公司在古旧书籍收藏鉴定方面的资源，进入拍卖行业，成立博古斋拍卖公司，充分发挥其知名品牌和专业人才的优势，立足市场定位，既追求多样经营，又突出专业特色。拍卖公司成立以来，已成功举办了多场拍卖会，引起了文博界的广泛关注。集团在动漫产业方面已经进行了 5 年的努力，初步形成了从创作、杂志出版、影视制作到衍生产品开发、形象授权的完整产业链，设计的 50 多个卡通形象有望通过成熟的产业链运作，形成品牌效应，实现 30 亿元的授权产品零售市值。集团 6

年前创办的《理财周刊》被英国权威品牌评级机构 Super Brands 评为“中国超级品牌”。《理财周刊》依托品牌资源，围绕个人理财，已在上海连续举办了 6 届理财博览会，2008 年展位面积达 2 万平方米，数百家国内金融机构参展，盛况空前，三天吸引了近 20 万市民参观。杂志还与各地金融机构和媒体合作将这一品牌博览会办到了北京、重庆、昆明、杭州、郑州、天津、广州、深圳和南京等地，形成了一定规模的会展业务。

集团与世界许多著名媒体集团，如培生、圣智学习、麦格劳·希尔、万代、桦榭、约翰·威立等，建立并保持了紧密的战略合作关系，在合作中扩大内容来源，拓展业务领域，增强综合竞争力。与日本万代集团合资组建了上海世纪华创文化形象管理公司，代理其动漫形象在中国的业务；与法国桦榭集团合作，成功出版了《世界时装之苑 ELLE》、《家居廊》、《名车志》、《伊周》等时尚类杂志。集团积极响应中宣部和新闻出版总署的号召，认真研究和部署实施“走出去”战略，规划实施了对外汉语工程，努力开展针对海外主流教育界的汉语教学图书的出版和推广工作，积极申报国家汉语教育办公室的对外汉语教育工程的立项，将集团的对外汉语教学出版工作融入到了国家的对外汉语教育战略中。集团针对海外市场的需求，与汤姆森学习（现称圣智学习）集团联合推出了“上海系列”图书，引起了全球出版业的重视。在此基础上，进一步策划了用现代经济学方法总结中国改革开放 30 年发展的大型丛书，与圣智学习集团联合在全球推出英文版。最近，还规划了“发现中国”（外文版）大型丛书（100 种），得到了国务院新闻办的首肯，被列入国家“文化走出去”骨干出版工程，正与桦榭国际传媒集团商讨英文版、法文版合作出版计划。集团主动拓展海外市场，与国际著名出版公司洽谈开展战略合作，借用国际出版集团在专业出版方面的资源，拓展在线数据库等新的业务领域，并寻机并购国外出版企业。

十年的改革历程，为上海世纪出版集团初步建立起现代出版企业的框架。面对全国出版业改革发展的新形势，集团将在中宣部、新闻出版总署和上海市委的领导下，在党的十七大精神指引下，坚持以邓小平理论和

“三个代表”重要思想为指导，用科学发展观统领出版、经营和改革工作，继续将改革所建立起的体制机制优势转化为发展优势，全力按照建设现代出版企业的要求打造全国最具影响的出版集团，更好地肩负起为中华民族文化传承和创新提供支撑的责任。

《故事会》与改革开放30年

上海文艺出版集团

《故事会》是上海文艺出版总社主管主办的一本品牌杂志。改革开放30年，这本杂志坚持与时俱进，不断开拓创新，以积极健康的思想内容，清新明快的节奏，生动活泼的风格，亦庄亦谐的美感，赢得了海内外数千万读者的喜爱，取得了令人瞩目的社会效益和经济效益。

30年来，这本32开的小杂志在中国期刊史上留下了许多值得回味的话题：

第一，自1978年改革开放以来，这本杂志发行量始终处于中国期刊发行量的第一梯队，而当年与《故事会》并驾齐驱的众多杂志，大多已悄然退出了历史舞台。

第二，全国故事类刊物不下百余种，然而《故事会》的发行量与排名第二的发行量始终保持10:1的比例。

第三，在中国，在世界的华人地区，几乎都能听到“我是看着《故事会》长大的”的亲切话语。在各种价值观、人生观发生激烈冲突的背景下，《故事会》几十年如一日，通过故事向读者传播着如何做人的道理。

第四，在取得良好社会效益的同时，仅最近10年，《故事会》创造出版利润及广告收入近5亿人民币，至今却没有1块钱的坏账。特别是2008年，由于纸张等生产资料成本、人力资源成本不断上涨，《故事会》杂志持续发展遭遇前所未有的压力，《故事会》于2008年9月，由每本2.50元调整为每本3.00元。同时将这次变动，视作加强营销、提升质量的机遇，其结果，《故事会》杂志逆势上扬，发行量稳中有升，一举超过了2007年的同期水平，2009年的征订数又超过了2008年。

第五，《故事会》已从单一的内容生产，向以“故事文化”为核心的内容产业生产发展，做到出版与广告同步，图书与杂志同步，平面媒体与数字出版同步，为中国社办期刊的成长摸索出了一条改革发展之路。

一本杂志为什么能红红火火30年，始终立于不败之地？当然离不开中国改革开放的大环境，我们只是在这大环境下把握了机遇，摸索出了中国期刊发展的一些经验，比如：一位指挥得当的领军人物，一套行之有效的编辑策略，一支乐于奉献的优秀团队……但有两点值得特别关注，一是她的“上游”产品做得非常好，纲举目张，从而带动了她的“中下游”市场，增强了杂志在文化市场上的核心竞争力；二是杂志做出了品牌，与此相关的文化产品也成为一条紧密相连、良性互动的文化产业链。一本《故事会》变成了数本《故事会》。

30年来，《故事会》的工作重心是与时俱进、不遗余力地锻造期刊品牌，所发展的也无非是内容产业，而归根到底：她为中国老百姓做了一件非常实在的事。

一、加强故事理论研究，建立和完善作者培训机制，占领原创作品的制高点和丰富的创作资源

与国内其他发行量较大的文摘类杂志不同，《故事会》是一本以原创作品为主的大众文学刊物，其内容主要来自作者创作。因此，作者工作是杂志社一切工作的重中之重。如果说，20世纪80年代前后，那些在故事领域叱咤风云的基本上就是《故事会》的作者，那么，现在的形势却发生了根本性变化：故事作者的队伍正处于一种分化、重组的状态，出现了前所未有的不稳定因素。因此，如何以积极的职业精神、正确的编辑思想、得当的引导手段、有效的指导方法，积聚一支队伍，培养一支队伍，带好

一支队伍，就成为当务之急。从1996年开始，为培养一批了解《故事会》风格、理解《故事会》理念的故事作者，《故事会》杂志社免费举办了13届“故事理论培训班”，培养了数以百计从事故事写作的骨干作者。

在理论培训班上，除了请社外的专家外，更多的是编辑人员自己讲课。我们的目标是，一定要把编辑培养成本专业的理论研究者，只有这样，他们才能在业内有发言权，才能在理性的指导下，不随波逐流，且导向正确，事业兴旺发达。今天，我们可以自豪地说，中国现代故事理论研究中心，就在上海《故事会》编辑部。美国及欧洲等世界著名大学和研究会要来中国交流故事理论，必然会找到我们。理论的支撑，也是《故事会》杂志长久不衰的重要原因。

现在活跃在故事文坛上的作者，大多是从这所“故事理论培训班”走出来的。此外，杂志社还在全国建立规模不等、形式不一的“故事沙龙”，有计划、有步骤地团结和帮助当地的文学青年，自觉地走上故事创作的道路，把培养作者、建设队伍的工作落实到基层。并鼓励各地沙龙组织推荐优秀作品，把国内最好的作品发表在《故事会》上。

二、不遗余力地办好品牌栏目，让品牌栏目成为《故事会》杂志的“脊梁”，吸引读者注意力的“连台本戏”

好的栏目能积聚人气，成为一本杂志吸引读者注意力的招牌。为保持活色生香的生活气息，感应时代的发展脉搏，《故事会》每年都要策划、推出新栏目，如“东方夜谈”、“谈古说今”、“16岁故事”、“哲理故事”、“外国文学故事鉴赏”、“百姓话题”、“海外故事”、“名人讲故事”、“3分钟典藏故事”、“中国新传说”、“我的故事”、“情感故事”、“快乐辞典”、“悬念故事”、“游戏空间”、“故事中国网文精粹”、“第一推荐”、“法律知识故事”等。特别是1996年，《故事会》编辑部经过反复酝酿所策划的“百姓话题”栏目，每期围绕着一个中心，组织四五个精彩纷呈的故事，分别从不同的叙事角度，不同的人物背景，不同的情节构思，讲述老百姓自己喜爱的故事。开办以来，“百姓话题”已成了知名度、美誉度很高的栏目。2000 年，《故事会》编辑部经过认真的调查研究和积极准备，开辟了“3 分钟典藏故事”栏目，它要求读者把生活中所见所闻、终身难忘的小故事推荐给刊物，让刊物刊登出来以与其他读者共同分享其中的精彩片断。此栏目推出以后，在社会上得到了一致的好评。不少学生把这个栏目的故事当作自己的课外学习材料。《故事会》杂志社后来集中推出了一本《滴水藏海：300 个 3 分钟典藏故事》，受到图书市场的青睐，现已重印了 8 次。现在，《故事会》每年亮相的新栏目业已成为读者的一种期待、精神大餐。

三、对原创作品内容进行“慢编辑”，在编辑流程中“做加法”，把每一期都当作创刊号来办，从而提高了原创作品的“成色”

在办刊中，《故事会》编辑部始终视质量为生命线，把每期刊物都当作创刊号来办。围绕着作品，编辑部人人把关，层层筛选，并关口前移，制定目前国内还不多见的“集体编辑制”。在挑选稿件方面，除常见的“三审制”外，《故事会》编辑部还形成了自己的非常有特色的制度。如“打分制”，每期稿件，均需有一定数量的高分。再者，《故事会》有创意地实行了“社外审稿制”。这种做法是：《故事会》编辑把经过“三审”过关的稿件，修改、加工后，再把修改稿送交有关人员审核，召开小型座谈会，专门就修改稿提出补充、批评意见。第三，编辑部还创造了一种独特的“会审制”，即所有的编辑人员包括主编集中在一起，共同参与每期故事的“大讨论”。大到情节的设置构思，小到标题的推敲设定，一篇一篇过关，“一个都不能少”。

由于编辑部在编辑流程中每一关节都是在做加法，所以，这本杂志的编校质量也屡创佳绩，在上海文艺出版总社历次编校质量检查中，其差错率仅次于语言文字类杂志《咬文嚼字》。

故事作者的作品也许不如那些名家雕琢得那么圆润，但在他们的作品里所蕴涵的人类智慧的元素，却是惊世骇俗的。我们的编辑，就像一个导演，努力将这些元素精雕细琢，使它们同样有着宝石般的晶莹与光彩。

四、《故事会》不但在内容上求精求新，还在形态上匠心独运，从而与同类故事刊物拉开了一段“审美距离”

20 世纪 90 年代，《故事会》杂志的一个显著标志即是进入品牌化设计历程，努力把普通的东西极致化，平凡的东西精品化。刊物选择“说书俑”作为刊物的标志性符号——刊徽。“说书俑”是汉代说书艺人活动的物质文化的结晶。说书老人，神情幽默，举止泰然，用它作为识别《故事会》的标志，无疑加强了《故事会》整体的文化氛围。可说是既有文化底蕴又有审美情调，极易让人走进、融入《故事会》的文化氛围之中。反粗糙，反粗俗，精品化，精致化，于无细处，显示出超凡脱俗的手笔。在《故事会》封面设计上表现得更为独特，尽管选用的都是平凡的生活图片，但一经编辑的点题，这些原本平淡无奇的图片，顿时变得鲜活起来：“人生路长，故事起步”、“在田野里播种快乐，在故事中收获幸福”、“好日子不在乎钱有多少，有故事就好”、“和谐家庭背后，有一段鲜为人知的故事”等题语，立即吸引读者的眼球，不仅提升品位，并使他们爱不释手。有位北京读者特地从 2006 年至 2008 年春的《故事会》上，选中 40 幅封面集成一册，反复欣赏。

五、利用《故事会》品牌效应，大力开发故事资源。《话说中国》的成功出版，坚定了编辑部“有大刊必有大书”的自信心

《故事会》在编辑杂志的同时，积极利用《故事会》的品牌效应，寻找、激活与此相适应的图书文化市场。“故事会 5 元精品系列”是《故事会》编辑部策划的选题，把“5 元”的价格与“精品”联系在一起，这就是我们的编辑宗旨。10 年来，丛书阵容渐次扩充到 50 多种，计划出版至 100 种。有关统计表明，此丛书深受读者欢迎，其最高印数累计已达 70

多万册。

在出版实践中，《故事会》编辑部渐渐悟出了一个道理：书与刊是互为影响、互为借重的关系，图书可利用杂志的品牌造势，杂志也可以借用图书增加其权威性、影响力。在此编辑理念指导下，《故事会》编辑部大胆采用人们喜闻乐见的体裁——故事方式，演绎中华五千年的文明史和文化史——《话说中国》。

《话说中国》是一套大众历史读物，十几位历史学家为此写作了2年，编辑团队做了整整6年。这6年，《故事会》是在探索与创造一种形式，以求更好地表现内容，适应今天读者的需要。《故事会》以后发优势的战略进行创新，在世界范围寻找新的出版模式，甚至采用杂志、网络及其他媒体的表现手法，使得这套16卷4800面的大书可以从任何一面读起。《话说中国》的出版感动了中国读者，迄今已创造销售码洋1.8亿元的奇迹；《话说中国》也影响了世界，国家主席胡锦涛曾把它作为国礼赠送给世界友人，美国《读者文摘》购买了此书的中文繁体版版权。2009年建国60周年时，我们将推出《话说中国》的现代卷，把故事一直讲到新中国的诞生。《话说中国》的成功说明：如果说改革开放初期还是用多出书的方式满足读者市场的需要，那么发展到今天，就必须通过创新来满足读者市场的需要，通过创新扩大出版物的社会影响力。其中，书刊互动不惟是一条行之有效的品牌发展之路。

六、《故事会》从月刊改为半月刊，再发展到四种杂志的期刊群，再到成立以《故事会》为龙头的文化传媒有限公司，《故事会》的事业如虎添翼，如日中天

2006年，《故事会》在上海文艺出版总社的鼎力支持下，乘势而上，成立了一个以杂志、图书、网络及电子出版等立体发展为载体的新型出版机构：上海故事会文化传媒有限公司。组建2年多来，故事会公司在社会影响力、核心竞争力、企业文化建设等方面取得了令人瞩目的成果。以她为总社所做出的经济贡献为例：仅每年上缴利润即在4000万元左右，加

上2006年出让19%的股份，2年产生的经济效益近2亿元。2007年，是组建公司后独立运作的第一年，在克服了重重困难之后，获得了多方面的业绩，举其要者，如：《故事会》保持月500万的印数，《秀》、《旅游天地》广告收入提高100%以上，完成了《金色年代》的试刊工作，同时出版图书150种，发行码洋3000多万元。对企业形象进行广泛宣传，用优质产品打开市场大门、获得市场认可。图书发行结构呈现科学发展的格局，退货率为6%，远低于16%—20%的市场平均数。在完成纸质媒体的布局以后，建立了新媒体编辑部，相继开通了“故事中国网”、“老爸老妈网”等4个网站，以及手机版《故事会》，尝试将传统纸质媒体与新型的数字媒体结合，为今后进一步开展电子商务打下基础。《故事会》杂志在连续获得三届上海市著名商标之后，第一次获得中国驰名商标的荣誉称号。这是中国期刊界第一个获得此项声誉的企业。

七、故事会公司企业发展方向明确，单一的内容生产正向以故事创作为核心的内容产业发展迈进，用继续改革的精神，去克服体制设置给事业发展带来的矛盾和困难

《故事会》杂志努力把握改革开放30年的大好机遇，在中国期刊界称雄30年，靠的是“情趣向上，眼睛向下”的办刊方针，以及为社会主义服务、为人民服务的大方向；靠的是变化、发展的辩证法思想。也许，正是基于个中原因，《故事会》被学术界认为是“中国新故事中的一派”，引起了国外同行的关注。但编辑部仍感不足：我们把《故事会》当作一项文化产业来看，在实行现代企业的管理体制，在科学性和高效益上，为《故事会》制定了新的发展目标。在产业发展方面，必须走好两步“棋”，一是面向基层发展，深入中国社会的千家万户，今天，是《故事会》真正进入农村的大好时机；二是走向世界，把《故事会》办成华人社会的甚至是世界性刊物，让这本通俗易懂的杂志，成为学习汉语，了解中国的一个窗口。为发展故事事业，编辑部还必须寻找新的经济增长点，争取多种媒体，齐头并进，如在电视、电影、音像、新媒体等方面进行突破，做到杂

志与图书互动，出版利润与广告收益互动，传统纸质媒体与数字媒体互动，单一的内容生产正向以故事创作为核心的内容产业发展迈进，不断开拓故事产业的空间，占领故事的精神高地。

毋庸讳言，公司目前在发展中仍存在不少机制性、体制性难题，比如:《故事会》不仅积累了期刊编辑的经验，有一定的经济实力，更有一流的图书编辑能力，书刊互动方面可以做得更加出色，但她却没有自己的书号资源。当然，在上级领导的支持下，书号问题肯定能解决。不过借用其他出版社的书号出版，非常不利于《故事会》整体的品牌打造，影响了《故事会》这个面向市场经营的文化实体的建设。但我们深信，只能用继续改革的精神，去克服体制设置给事业发展带来的矛盾和困难，来解决发展中碰到的各种问题。

纪念改革开放30年，其目的是为了更好地发展我们的事业。昨天的故事很精彩，但昨天的故事绝不会重复。我们珍惜改革开放30年的成果，但我们更要以改革开放的精神去把握新的聚焦点。在科学发展观的指导下，努力扩大故事文化的社会影响力，攀登又一个文化产业的制高点，向中国、向世界讲述更多、更精彩的故事。

继往开来　再铸辉煌

上海新汇文化娱乐集团

1997年9月1日，上海新汇文化娱乐集团（原名上海新汇光盘集团）由中共上海市委、市政府直接牵头，在整合上海声像出版社和上海音像公司等国内知名音像出版单位的基础上组建而成，是市委宣传部直接主管的以音像为主业的跨媒体文化产业集团。新汇集团的成立，是我国音像业集团化、产业化改革的一大成果。

经过10多年的发展，新汇集团现拥有16家全资成员单位及控股、参股公司，已初步形成了节目内容开发制作、音像制品出版发行、光盘载体复制生产、衍生产品批发零售的产业链，并逐步向影视、动漫、演艺、网络等领域拓展。

新汇集团的成立虽然只有短短的10多年，但集团旗下的音像出版单位已有近30年的发展历史。30年来，新汇集团和下属单位始终伴随着改革开放的脚步向前发展。回顾30年的发展历程，可以这样说，没有改革开放就没有今天的新汇集团。

一、回顾发展历程

20世纪80年代初，现集团旗下的上海音像公司和上海声像出版社（当时名为上海有声读物公司）相继成立，成为改革开放后首批成立的音像出版单位。创建之初，两家单位规模都很小，如有声读物公司仅从 1 万元起家，靠着几台“601”始产，30 多名员工挤在一幢旧式大楼顶上搭建的几间简易活动房内，开展编辑、制作、出版、发行等工作。夏日，热得汗流浃背，满身痱子；冬天，冷得手脚麻木，浑身颤抖。就是在这样艰苦的环境里，出版发行了一大批群众喜闻乐见的音带，满足了改革开放之初群众对音乐文化的急切需求。

到 90 年代中期，上海声像出版社已在全国 300 多家音像出版单位销售收入排名中位居榜首，上海音像公司紧随其后，两家单位的销量之和几乎要占到全国音像市场的半壁江山。《我爱五指山，我爱万泉河》、《在那桃花盛开的地方》、《吐鲁番的葡萄熟了》、《走进新时代》等一大批优秀歌曲，通过上海声像出版发行的音带和 CD 传遍神州大地。上海音像投入百万巨资、耗时 20 个月制作出版的原创音乐 CD《阿姐鼓》，不仅在国内优秀音像节目评选中名列榜首，更被国际唱片界誉为“在全世界范围内真正有影响的第一张中国唱片”，至今仍畅销于世界 50 多个国家和地区。在大力弘扬我国优秀民族文化的同时，两家音像出版单位还与环球、华纳、百代、索尼、BMG 等世界 5 大唱片公司建立了良好的合作关系，成功地引进了许多海外优秀的音乐作品。90 年代中晚期，是我国改革开放后音像出版业的黄金时期，为了进一步做大做强我国音像产业，应对加入 WTO 后可能出现的各种挑战，音像单位开始探索集团化、产业化发展之路。新汇集团正是在这样的背景下，在社会各方的关怀和支持下应运而生的。

新汇集团的成立，使其竞争力大幅度提升。在音像和电子出版方面，集团旗下的上海声像出版社、上海音像公司、上海电子出版有限公司和上海声像电子出版社等出版单位，相互合作，承担了几十项“九五”、“十五”、“十一五”国家重点音像和电子出版规划项目，出版发行了近万种既有社会效益又有经济效益的音像制品和电子出版物，40 多次荣获“中国金唱片奖”等大奖；在光盘生产方面，集团与中国科学院合资建立了“光盘及其应用国家工程研究中心”，成立了上海新汇时代光盘技术有限公司、上海金像光盘制作有限公司，以及与 Sony DADC 合资的上海新索音乐有限公司光盘复制生产厂，3家光盘复制公司拥有国际先进的母盘开发、生产、测试系统和29条子盘复制生产线及国内第1条蓝光（BD）复制生产线，子盘复制年产能达2亿多张，BD复制月产能达50万张，一张单层BD光盘可存25GB的数据容量，产品多次荣获"中国出版政府奖"等大奖；在产品营销方面，集团节目发行中心建立了覆盖全国的营销网络，并开通了网上BtoB、BtoC销售平台，编辑制作与音像制品出版发行相互动的"声像天地"广播节目（1小时/周），在全国近70家电台播出，集团与Sony合资成立了首家获准音像制品分销许可的中外合作音乐企业——上海新索音乐有限公司，与上海今申影音软件有限公司及旗下40多家音像连锁店建立了战略合作伙伴关系，在上海地区音像零售市场上起主导作用。

从无到有，从小到大，今日的新汇集团已非昔日"几间简易活动房"，一座座现代化的办公大楼和生产基地平地而起，成为集编辑、出版、生产、发行、零售于一体的音像产业集团。

二、实行全面改革

随着数字时代的到来，全球唱片业不断下滑，中国音像业举步维艰。新汇集团的发展也面临了前所未有的多方挑战，遭遇了超乎想象的各种困难，不仅受到盗版音像制品和网络非法下载的双重夹击，而且还要面对迅速发展的新媒体和新技术的挑战。面对严峻的局面，集团以科学发展观为指导，以改革求发展，在充分调查研究、发扬民主、集思广益的基础上，于2007年拉开了全面改革的帷幕。

（一）整合资源，进行集约管理

在统一思想的基础上，集团积极探索优化资源配置，进行集约化管理的新路子，详细制订改革方案，具体组织改革实施：保留上海声像出版社和上海音像公司2块牌子，将集团资源与这2家子公司资源进行重组整合，改变了过去同质竞争，资源浪费，成本高，效率低的局面，对人财物实行资源共享和统一运营管理，实现了集团体制机制改革的新跨越。

（二）人事改革，实行竞聘上岗

在集团进行结构性调整、重新设置组织构架的同时，各项人事制度改革也同步启动，有序推进。在干部制度改革方面，实现了由领导干部向经营管理者的身份转变，由终身制向聘任制的转变，对集团各职能部门的负责人全部实行公开招聘，竞争上岗；在用工制度改革方面，实现了由传统的劳动人事管理方式向建立现代人力资源开发管理体系的转变，对集团各职能部门进行定岗定目标定薪酬，人人竞聘上岗，实行全员聘任制；在分配制度改革方面，实现了由传统的企事业工资制度向建立现代企业薪酬体系的转变，集团从总经理到所有员工原有的各类工资标准一律进入档案，全部实行以绩效为核心，兼顾公平的薪酬制度，经营管理者实行目标薪酬制，编辑人员实行年度利润提成薪酬制，发行人员实行回款提成薪酬制，行政管理人员实行岗位绩效薪酬制，基薪随岗位，薪酬随绩效指标的实现情况而上下浮动。同时，充分体现能人政策，对特殊贡献者给予特殊奖励。

（三）建章立制，规避决策风险

为了确保改革的顺利进行，规避变革可能带来的风险，集团从改革之初，就以制度建设为抓手，对多年前订立的制度进行全面梳理，建立健全各种规章制度。在管理体制方面，由集团统一管理包括合规风险在内的各类风险，严把预算编制、资金流向及理财、监督、核算等经济资源关；在编辑出版方面，加强对选题的市场调查和科学论证，加强三审制，坚持正确导向，把好出版复制内容关；在制度建设方面，先后制定了集团及所属单位《上岗合同实施办法》等 10 多项管理制度，有效地提高了制度的完整性和科学性，促进了合规建设；在运营流程方面，着力从以下几个方面下工夫：一是贯彻“内控优先”的理念，根据业务发展和监管需要不断完善制度和编产销一体化操作规程，将合规性要求覆盖到各项业务及各个重要环节；二是请主管部门的专家和领导上课，加强培训提高执行能力，避免“糊里糊涂”的违规现象；三是通过奖惩考核提高执行动力，将责任明确到具体部门和个人；在组织形式方面，组建集团工会委员会、职代会，使集团的战略决策更趋于科学和民主，有效地规避各种风险。

（四）关停并转，堵塞经营漏洞

集团还着手对旗下子公司进行全面梳理，通过关停并转，清理了管理盲点，堵塞经营漏洞。

三、创新发展路径

经过全面改革，集团优质资源重新配制，综合实力明显提升，确立了“创新文化，融会精品”的新理念，集团名称也由“上海新汇光盘集团”正式更名为“上海新汇文化娱乐集团”，开始向以音乐出版为核心的综合性文化产业集团转型的新征程。

（一）加强原创力度，做好音像出版

新汇集团以党的十七大精神为指导，自觉担负起提升文化软实力的责任，加大对中华传统文化的出版和原创产品的开发制作力度，努力从出版上游做起，制作出版了大量弘扬中国传统文化的优秀产品，如《中国民族器乐典藏》（全集 22 张 CD 及 150 万字的名家文选）、《剧坛瑰宝——上海市传统表演艺术整理抢救作品精粹》（上海重点文化工程）、《万物生》（获第 6 届中国金唱片奖、2008 年 BBC 世界音乐奖）、《嘎达梅林——马头琴室内乐》、《西部之旅——胡琴》、《筝·王》及 52 集原创儿童科幻电视剧《金甲战士》等。

除了在节目策划上动脑筋，集团还在产品包装上下工夫，对有市场需求的长销产品进行重新定位定价，在保证内容质量的同时，注重产品的外包装，力争做到环保、多样和精美，以适合消费者对产品的多种需求。

在营销方面，通过对销售业务部门的调整，加大绩效考核和监管力度，充分提高发行人员的积极性，加强与客户对账，缩短账期，减少坏账，逐步形成讲诚信发行的良性循环。积极拓展终端销售网点，通过与上

海今申音像广场及40余家连锁店建立合作关系，与华东地区1,500余家门店的“可的”便利店进行直销售试点，从而立足上海辐射华东及全国。另外，集团还加强与卓越网、当当网等的合作，共筑网络销售平台。目前，集团在全国的销售网点已近3,000家，确保了产品的市场占有率和迅捷、高效的市场信息收集。

通过上述措施和努力，集团逆势而上，在全球唱片业大滑坡的背景下，2008年上半年主营业务收入同比增长40%。

（二）加强内外合作，开展数字出版

为适应数字时代潮流和文化发展的要求，新汇集团成立了中美合作的上海新汇原创文化科技有限公司，积极实现传统出版与网络出版业务相结合，倾力打造中国数字音乐第一品牌。原创公司整合国际音乐资源、世界艺人曲目编辑及录音制作团队，配合集团庞大的发行网络，研发出世界首创的强力音像娱乐电子商务平台——品牌管理系统（Label Management System，LMS）。该系统的主要功能包括：清晰透明的版税计算系统，保障著作人的权益；商务智能数据分析，可洞见市场需求与消费者动向；方便有趣的影音剪辑软件与合法授权机制，鼓励创意与个性，实现数位产品同步串联分享等。该系统集世界领先技术与商务理念，将为中国数字音乐及出版产业的发展开辟广阔前景，有利于传播民族音乐文化，推动了中国音乐产业与国际接轨；有利于集团实现跨媒体经营与产业链操作，加快中国音乐和文化“走出去”的步伐。

（三）发展动漫产业，打造原创精品

新汇集团非常重视动漫音像制品的出版，旗下的上海声像出版社很早就与中央电视台、上海美术电影制片厂等合作，先后出版发行了《大头儿子和小头爸爸》、《宝莲灯》、《封神榜传奇》等近百部动漫音像制品。“十一五”期间，上海声像出版社还承担着国家重点音像出版规划项目“中华新动画”系列的出版发行，将出版发行100多集国产优秀动画音像制品。

在原创动画片拍摄制作方面，新汇集团与上海世博会事务协调局共同

策划，总投资约5000万元人民币的三维动画电影《世博冠军——湖丝仔》（上海市重大文艺创作项目），将于中国2010年上海世博会前推出，在妙趣横生的情节中传播世博理念，弘扬创新精神。集团与上海示政企业管理咨询有限公司等联合摄制的52集大型儿童科幻电视连续剧《金甲战士》已在全国各大电视台上映，音像制品也已面市，受到小观众与家长的广泛好评。

（四）探索演艺会展，推动产业链延伸

2007年，集团参与主办了"'感·动'新视觉电子音乐会暨2007上海电子艺术节开幕式"，以中国传统音乐文化为基本元素，利用高科技电子及视频技术，给观众以"音乐视觉化"的艺术享受，受到国内外主流媒体的广泛关注和好评，英国《独立报》将音乐会称作"中国新文化变革的开始"。

2008年7月，集团成功举办了比利时钢琴大师尚·马龙与上海昆剧领军人物张军联袂演出的《当爵士遇上昆曲》。这是上海新汇集演出、传统出版、数字出版以及文化产品"走出去"为一体的全新尝试，获得政府和文化界高度关注。演出实况已经在欧洲和澳洲多个国家进行播放，并受邀于2009年赴海外演出。

8月，集团成功主办了"2008上海书展"音像电子和网络产品展，在设计风格与管理上首次尝试大音像概念，给消费者奉献了一场全国音像精品的盛会，展示了集团形象，创造了销售佳绩。

9月，集团艺人林宝成功赴厄瓜多尔演出，成为中国走得最远的音乐艺人，用音乐向中美洲人民讲述神秘的东方故事。12月，林宝又代表集团赴武汉参加了韩国"第四届IEF2008国际数字娱乐嘉年华"大型开幕式文艺晚会，与李贞贤、郭峰、何洁等中韩知名艺人同台演出，获得圆满成功。

2009年，集团将举办"亚洲音乐节"和"国际文化高峰论坛"，为繁荣中国原创音乐、推动演艺事业、搭建中外文化交流平台做出贡献；集团自主创作的上海老歌音乐剧《都市之歌》（上海市重大文艺创作项目）将

以全新的创作理念打造中国最经典的音乐剧，迎接2010年世博会的召开，展现上海百年变迁和改革开放30年辉煌的文化成就。

（五）寻找海外市场，积极实施“走出去”

集团2008年初参加了法国“戛纳国际音像展”，与国际同行建立了广泛合作关系；4月，与德国Edel Classics GmbH公司合作，输出集团拥有自主版权的民乐54首，作为《中国文化百科》系列丛书之“中国音乐”部分的图书专用配套光碟推向海外；6月，在英国“伦敦呼唤”（London Calling）（第四届）音像展上，新汇集团与德国Unlimited Media GmbH公司达成首期500万美元销售额的合作意向，且总销售额之60%为中国音乐的输出，40%为海外音乐输入，改变了音像贸易长期逆差的局面。

通过参加多种国际会展，集团与多家海外公司达成合作意向，合作内容不仅包括将中国原创音乐、戏曲、少儿、教育及其他优秀文化产品以实体与数字形式推介到欧美市场，而且包括艺人的发掘与培养、演艺经纪、电影原声带、商业广告及电视节目的配乐销售等。

另外，自2008年起，集团引进的欧美专辑的出版范围全部延伸到我国香港、澳门和台湾地区，打破了音像出版几十年来“仅在中国大陆（港、澳、台地区除外）出版发行”的惯例。

（六）整合音乐资源，打造中国首个音乐创意产业园区

新汇集团通过改革创新，充分发挥自身优势，积极探索发展之道，努力寻找新的增长点。筹备中的上海音乐创意产业园区拟通过危旧厂房的改造和集团在发展音乐产业方面的各种资源优势的整合，建设具有国际最先进设备的音乐制作中心，引进业内领军人物和企业，形成园区核心的专业制作和服务功能；通过建设总部基地，重点引进海内外著名音乐公司、音乐人工作室及策划、咨询、法律、版权代理、艺人经纪、音像出版发行、融投资中介机构等，形成国内首个行业节点聚合功能；通过建设音乐演出、唱片展示中心，举办小型音乐会、高峰论坛、唱片发布会等传播展示活动，形成园区品牌传播、信息交流、展示展览、交易促进功能；利用音

像制品集散地的优势，开拓音乐衍生产品市场，推动产业链延伸，形成园区一业为主、多元发展的功能。

改革开放30年来，新汇集团充满活力。目前，集团正以党的十七大精神为指导，坚持科学发展观，把握正确出版导向，提高自主创新能力，拓展多种合作领域，努力实现向音乐出版为核心的综合性文化产业的转型，延伸音乐产业链，实现跨媒体、跨地区经营，争取为我国文化大发展大繁荣做出新的贡献。

打造精品　创新“业态”
快速发展知音产业

湖北知音传媒集团

《知音》杂志创办于1985年1月，当时靠3万元起家。现已成为总资产7亿元、年利税1.6亿元、年净利润及收入近1亿元的大型传媒产业集团。《知音》杂志月发行量600余万份；《知音》曾多次荣获中国期刊出版最高奖——全国优秀社科期刊奖、国家期刊奖和中国出版政府奖。知音集团的产业规模和经济实力在全国所有杂志社和期刊集团中稳居前列。2006年8月，经中宣部同意、新闻出版总署正式批准知音组建“湖北知音传媒集团”。知音改革和发展的成绩得到了中央领导的充分肯定。2007年9月5日，中共中央政治局常委李长春同志来知音集团视察时指出：“知音的经验证明，早改革，早发展，早主动。”“知音大有可为！”中央政治局委员、中宣部部长刘云山同志作出重要批示：“要很好总结知音的经验，培养更多的期刊集团。无论是抓宣传导向还是发展产业，必须改变目前期刊散、小、弱的状况。知音为我们做出了示范，提供了经验。”

一、以核心产业为先导，打造优势品牌

现任香港特首曾荫权在财务司长任期内所作的最后一份预算案的篇名为“秉要执本，常勤精进”，意思是坚持强项、紧抓根本，勤奋不懈、精益求精。在产业发展中，我们坚持以核心产业为先导，始终抓住《知音》

这个强项和根本，不断提升其核心品牌地位和作用。《知音》的品牌影响随着内容质量和发行量的提高而不断提升。

《知音》内容质量的第一次攀升：突出“人情美、人性美”质量特色，确立《知音》的品牌地位。

《知音》杂志创刊时，就把创造鲜明的质量特色作为发展自己的战略，率先在中国期刊界推出了具有哲学理念的“人情美、人性美”办刊宗旨，力求把最新颖、最真实、最动人的人生故事奉献给广大读者，歌颂劳动、创造、爱心以及生命与人性的美好，把平凡生活中折射出的生活哲理和人生真谛最及时、最充分地展示给读者，激励读者去创造更加充实、美好、有价值的人生。《知音》以其人本精神的光辉和贴近读者的全新形象令人耳目一新，创刊号发行量就达到了 40 万份，当年月发行量突破了 100 万份，第三年达到了近 140 万份，从而确立了自己的品牌地位。

《知音》内容质量的第二次攀升：坚持“篇篇可读、期期精彩”的质量标准，重塑知音品牌形象。

从 1987 年下半年到 1990 年，《知音》发行量开始大幅度下滑，最低期发行量不到 50 万份，原因是编辑们随着时间的推移，失去了创业初期的热情，身心和意志出现疲惫，稿件质量不断下降，因而背离“人情美、人性美”特色越来越远。为了重塑知音的品牌形象，我们提出了“篇篇可读，期期精彩”的质量目标，并充实编辑力量，加强和改善对编辑的管理。随着刊物质量的不断提高，“期期精彩，篇篇可读”几乎成了读者对《知音》的由衷评价，“人情美、人性美”的特色越来越突出，正如时任中国期刊协会会长张伯海先生所评价的那样：“《知音》是以道德和良知打开读者的心扉。”《知音》月发行量 1994 年重新突破 100 万大关。这不是一般数字意义上的重新突破，还标志着知音人真正从第一次挫折中站起来了！紧接着只用了 2 年时间，《知音》月发行量突破了 200 万份，又接着只用了 2 年时间，知音月发行量突破了 300 万份。为了应对全国各地都市类报纸的崛起与激烈竞争，1999 年 1 月我们在全国同类期刊中率先将《知音》改为半月刊，改刊第一个月的发行量就突破 400 万份，年底达到了

430 多万份。

《知音》内容质量的第三次攀升：期刊质量与读者的审美需求同步提高。

从 2000 年到 2002 年，知音的月发行量始终徘徊在 400 万份左右，我们认为这是因为刊物质量的提高落后于读者阅读需求的变化，于是提出了更高的刊物质量标准："期期有重点、篇篇是美文"，就是要求每篇文章题材的选择和内容的表达要最大限度地贴近读者，最大限度地给读者以美感。同时要求每期刊物都要有几篇重头文章，能给读者以心灵的震撼或深深的感动。为此，我们还下更大的力气去抓编辑队伍的管理和建设，改革编辑流程。2003 年《知音》的月发行量恢复到历史最高水平 430 万份，现在月发行量达到 630 万份。

尽管《知音》杂志近年的增长幅度比较高，但离我们所要求的"篇篇是美文，期期有精品"的质量标准还有很大的差距，因此，《知音》的内容质量还有着很大的提升空间。况且随着刊物质量及发行量的不断上升，我们对刊物编辑质量规律的认识又会上升到一个新的高度，事业的胸怀会更宽广，眼光会看到新的远方，从而引领杂志攀登新的品牌质量高峰！

二、延伸品牌资源，实现规模化发展效应

从 1996 年的下半年到现在的近 12 年，我们在提升《知音》杂志品牌质量的同时，延伸品牌资源优势，跨行业跨媒体经营，又先后新创办了 7 种期刊、2 份周报、4 个子公司、1 个网站、1 所学院，形成了以《知音》杂志为核心的多元产业格局。通过品牌资源延伸发展相关性产业，大大降低了投资风险和开发成本，实现低成本扩张，较快达到了产业发展目标和效益预期。

知音创办的第一份子刊《知音·海外版》，其"人情美、人性美"的特色与《知音》一脉相承，是《知音》内容的自然延伸，创刊第一期就实现盈利，现在期发行量达到 30 多万份。2000 年 11 月创办的《打工》杂志，由于其文章的写作编辑包括标题的制作风格都与《知音》相似，因此

有“小知音”之称，其创刊号发行量就达到10万份，现在月发行量达到50万份，创办这本杂志仅投入50万元，现在年利润达到了300余万元。

随后推出的其他子报子刊虽然在内容上不像《知音·海外版》、《打工》那样与《知音》拥有如此紧密的亲缘关系，但集团不断增强的编辑出版经营实力，仍能为这些子报子刊的发展提供充分的资源条件，目前，集团的所有报刊均处于良好的运营状态，全部实现盈利。如全彩时尚生活刊《好日子》，因为印刷装帧成本高，一般需投入数百万元甚至上千万元才能在期刊市场站稳脚跟，而我们仅投入100多万元后便开始盈利，期发行量10多万份。2006年9月创办的《新周报》，是一份综合性的文摘周报，其宗旨是“与智者对话”，现期发行量近40万份，成为知音集团旗下又一份月发行量过百万份的纸质媒体，其中仅湖北省期发行即达8万多份，发展势头强劲。

2006年1月份创刊的《知音漫客》，是中国第一本全彩生活原创漫画杂志，深受读者欢迎，2008年获新闻出版总署“中国原创动漫作品扶持项目”第一名，是全国唯一获得此项扶持的漫画杂志。《知音漫客》2008年10月推出旬刊，月发行量70多万份，明年将出版周刊，突破百万份指日可待。同时还利用《知音漫客》已刊登的作品资源，开发《知音漫客丛书》，2008年已出版发行26种、160多万册，市场反响热烈。下一步还将开发动画、游戏等高端衍生品。毫无疑问，随着知音动漫这一新的产业业态的形成，知音集团将获得除知音杂志以外的又一带动产业快速发展的强劲动力引擎。

知音延伸品牌，创新业态，不仅表现在办刊办报上，更体现在发展多元产业上。为了更加深入利用和挖掘广告、发行、印刷等业务资源潜力，我们从1996年下半年开始，先后创办了广告、发行、印务三个股份制公司，充分调动了各个方面的积极性，大大促进了知音产业的快速发展。这三家公司成立时总注册资本只有300万元，截至2007年，净资产达到5000余万元。知音广告公司成立后，《知音》四封彩色广告每版价格很快由3万元提高到12万多元，并在全国首创由广告客户出资印刷增加广告彩插的经营模式，同时，知音集团的广告收入由1995年的233万元上升到现在的8000多万元。知音发行公司成立后独家承担《知音》延伸产品和《知音·海外版》及其他子刊的发行，在全国建立了16个分印点、24个分发点以及二级批发商数百家、终端网点上万家的全国期刊界最健全有效的发行网络，增强了杂志社在发行业务上的抗风险能力。知音印务公司不仅承印了部分《知音》杂志以及系列刊，还对外承接了《中国监察》、《学英语报》、《读、写、算》等20余家中央和省级报刊、图书及宣传品的照排、印刷业务，成为湖北省最大的期刊印刷基地，其中一些产品获得国优和省优，年产值由公司成立初期的1000多万元上升到15000多万元，年利润由40多万元上升到700多万元，另外，印务公司与造纸厂家研究定制的"知音专用纸型"，已被全国多数期刊采用，淘汰了传统的期刊用纸，为普遍提高中国期刊的用纸及装帧质量做出了贡献。

相对于广告发行和印刷等经营产业，知音启动物业和教育业等战略性项目，不仅投资规模大，而且风险管理难度高，但知音的综合实力为这些项目的发展提供了坚实的基础。是通过规模化发展使人才、管理水平、经济实力的积累达到了一个新的层面的产物，是品牌延伸新的里程碑。知音2000年创办的"武汉信息传播职业技术学院"，具备大专学历教育和秋季全国正规招生资格，创办3年后就开始实现收入结余，获得自主持续发展的能力，近年来招生数量和办学规模逐年扩大，2008年招生2000余人，现在校生近6000人，2007年实现收入结余2000余万元，预计还有四年便可收回全部投资。2000年开始启动的知音物业公司，先后成功完成投入3亿元、建筑面积16万余平方米的项目开发任务；为建设"知音文化科技园"购入450亩土地，目前土地价格增长了一倍多，地产价格由1800万元增长到4000多万元；2006年投资近2亿元购入东湖71亩土地，土地升值空间很大；刚刚启动的位于武昌核心地段的"知音广场"办公楼项目总建筑面积38000平方米，总投入1.4亿元，建成后预计增值1亿元。经营以上战略性投资项目的成功，从整体上提高了知音传媒产业的实力和抗风险能力，增强了更大规模持续发展的后劲！

三、创新“管理模式”，不断增强产业发展的内在推动力

知音吃的是改革饭，走的是创新路。知音从创办时起就实行自主经营，自负盈亏，是湖北省最早实行这一经营体制的文化事业单位。当时，面对市场生存压力，知音在全国期刊界率先实行了多项改革，如实行全员聘用制，建立工资奖金与业绩挂钩的分配激励机制，有利人才发展的考核竞争机制和科学完善的行政管理制度等。尤其是在1992年建立了将主要负责人的收入与杂志社的社会效益和经济效益直接挂钩的目标责任制，这标志着知音创办以来管理制度的改革创新实现了阶段性的系统完善，形成了为全国报刊界所推崇的独具特色的“知音管理模式”，赢得了知音产业出人意外的发展速度。从1992年到1999年，《知音》月发行量由60万份上升到400万份，增长了6倍多；年利润由近100万元上升到6800万元，增长了60多倍。

到了2000年，知音的多元产业发展进入了一个新阶段，我们将其称之为“知音的最好也是最危险的瓶颈时期”。所谓最好的时期体现在经济实力、产业规模、品牌优势、人才资源等方面都处在历史最好的时期，所谓最危险的瓶颈时期体现在产业发展速度放慢以至在某一个水平上徘徊不前。知音的发展理念是“以发展求生存，以实力求地位”，没有发展就会倒退，就意味着危机的开始。我们及时冷静地反省和分析了出现危机的根源，这就是管理水平及效率的提高远远落后于产业的多元化、规模化发展速度，甚至某些方面存在不同程度的失控。为此，我们在体制上进行了深入改革，当年报请省政府批准成立了湖北知音期刊出版实业集团有限责任公司，率先在全国报刊界由事业单位转制为企业，全面实行企业化管理和经营。同时在内部管理上实施了一系列配套改革措施：首先是将集团公司的“塔形”管理改为“扁平式”管理，强化了基层部门负责人的工作责任和作用，增强了集团管理的宏观调控能力。其次是进一步完善和建立适应规模化发展的以财务管理为核心的内控管理制度，如规模化财务会计管

理系统的构建以及与之相适应的审计审批制度的建立等。再次是建立和完善科学、透明、公正的岗位考核以及奖惩激励制度和人才的引进培养制度等，如将原来对编辑单一按完成版面数量进行考核管理即“版面工资奖金制度”，改为全程跟踪、全方位考核、全面培养提高的“三全”管理方式，着眼于编辑综合素质的提高。管理体制和制度的创新带来了集团化运作的高效率，促进了知音产业的更快速发展。从2000年到2007年，《知音》月发行量由400万份增长到630多万份，增幅近60%；集团下属刊物由2种增长到8刊2报；集团年利税由7500万元增长到1.6亿元，增长了一倍多。

知音发展到今天，又面对着新的瓶颈时期，主要表现在核心产业以及整体效益规模的发展出现新的停滞，同时还面临着当前经济危机的冲击和国外媒体巨人对中国市场咄咄逼人的推进。尽管知音人既有着客观清醒的危机意识，又有着知难而上的不屈意志，但仅凭这一点是远远不够的，还必须依靠管理体制的进一步的更彻底的改革。这就是通过改制上市，实现投资主体多元化，建立完全适应社会主义市场经济的经营管理体制。实现这一目标我们有着优良的自身条件，首先是经过二十多年市场风浪的洗礼，知音有了一整套与市场接轨的科学完善的内部管理制度；其次是知音在产业发展方面作好了充分准备，制定了“一体两翼”的系统发展战略，在多个发展前景广阔的拳头项目上夯实了发展基础，同时，在人才资源的积累方面也达到了前所未有的水平。我们坚信有各级领导的重视和支持，知音一定能实现改制上市、做大做强，实现在五年左右时间再造二到三个知音的宏伟目标，为壮大我国民族文化出版事业做出应有的贡献！

在改革中完善　在探索中前进

上海新华发行集团

上海新华发行集团是以上海新华书店为主组建的集团公司。改革开放30年来，上海新华的图书发行事业发生了翻天覆地的变化：1978年，全市新华书店网点66家，年销售各类图书4300万元；2008年，门店达到140余家，年销售约12亿元。以下从四个方面来回顾上海新华所走过的改革发展之路：

一、放手搞活经济，探索集约道路

经过十年动乱，各行各业百废待举。根据上级有关企业整顿的要求，上海新华书店从1983年6月起，用三年时间，从调整领导班子、完善经营责任制、整顿劳动纪律、健全财会制度、加强全员培训五个方面进行了全面企业整顿，企业各项工作逐步走上了正轨。为了进一步调动干部职工的积极性，继农村推行联产承包责任制后，全国城镇工商企业也逐步推行了各种形式的承包经营责任制。通过试点，上海新华书店采用“基数承包”和“目标承包”两种形式，全面推进承包经营责任制。为适应承包经营，市店专门颁布了“放权十条”；中国科技图书公司和音乐书店相继独立建制，直属市出版局管辖；各所属基层店也获得了独立进货权、用人权、收益分配权等各项经营权。对于长期在计划经济体制下运作的新华书店干部职工来说，从“领导叫干啥就干啥”到自己到市场经济的风雨中经风雨，见世面，这是一个重大的改变。实行承包经营、放开搞活以后，为了提高经济效益，市店和各基层店在保持图书主业稳步发展的同时，纷纷发展和图书相近相关的多种经营，从经销8元一只的电子计时器，到几千元一台的空调、电冰箱；从出租柜台到门店易地调整；“新兴服务公司”、“南东科教文”、“批发书店”等30多家“三产”如雨后春笋般地冒了出来。在办“三产”的过程中，既有成功的喜悦，也有失败的苦涩，但总体来说，放开搞活的结果，是企业的活力得到了充分的发挥，经济效益得到稳步提高，干部职工在市场竞争的潮流中得到了锻炼，职工的收益稳步提高。

据统计，到集团成立前，仅仅上海新华书店就有50多家法人单位，加上新成立的上海书城以及归属出版局的中科图和音图公司，上海的国有发行企业力量极度分散。这些企业有活力，但后劲不足，小富则安，缺乏与世界上大型发行企业一决高下的竞争能力。从1997年下半年开始，一场以集约化、规模化为主要特征的集团化改革在上海新华系统悄然兴起。首先，借助上海书城成立，上海最大的两家书店——南京东路新华书店和淮海路新华书店并入了上海书城，形成了大型书城连锁经营的格局。接着，上海书城又借助新华书店上海发行所的配送力量，实行零库存管理，开创了大型书城崭新的管理模式。为充分发挥上海书城、上海新华书店和上海发行所的各自优势，从1999年起，以上海新华书店为主体，以上海书城和上海发行所为两翼的“一体两翼”经营格局逐渐成形。通过整合系统内的资产，把计划经济时代小型、独立、分散的国有企业通过行政力量迅速整合起来，以此增强企业的市场竞争能力，并催生了上海新华发行集团的诞生。

2000年6月，由上海新华书店（新华书店上海发行所）及其下属各区县店、上海书城、中国科技图书公司、上海音乐图书公司等企业组成的上海新华发行集团正式挂牌成立。集团成立后，一是整合了上海原属新华书店的大部分国有发行资产；二是统一了财权、人权、事权，为企业整体改制做好了准备，同时也为经营管理的网络化以及发展连锁经营，建立连锁配送体制奠定了基础。次年8月，上海新华发行集团被列入新闻出版总署确定的试点发行集团。集团致力于发展多种形态的连锁经营，先后组建了上海书城连锁、东方音像连锁、西区图书连锁等，从根本上改变了新华书店分散经营带来的市场风险，提高了企业抗风险能力和在图书市场上的话语权。

二、深化体制改革，成功借壳上市

组建集团虽然达到了资源共享、优势互补的目的，但国有独资企业体制、机制上的缺陷，制约了企业竞争能力的进一步提升。通过企业改制，实行投资主体多元化，引进合作伙伴和先进的经营理念及机制，获取更大发展的资源和空间，成为新世纪上海新华的一项重要任务。

2003年，党中央、国务院开始全面推进文化体制改革，并确定了一批我国文化体制改革的试点集团。上海作为全国文化体制改革的综合试点地区，企业改制全面提速。从2004年4月份起，在上海市委宣传部的领导下，上海市新闻出版局和上海新华共同组建了改制领导工作小组，起草了《上海新华发行集团改制方案》。“方案”在规范操作程序、保障职工权益方面始终坚持了依法办事、保障职工就业和保持企业稳定发展以及让职工充分发表意见的原则。在保障职工权益方面则体现了四个到位：一是企业党组织政治核心和保障作用到位。二是工会和职代会制度的组织建设到位。三是职工民主参与和协商到位。四是专项资金筹集、使用和管理到位。《职工权益保障方案》在提交职代会讨论过程中，先后四易其稿，并根据“利益均衡，科学保障”的精神，兼顾了方方面面的关系。《改制方案》顺利通过后，上海新华用了不到三年的时间，率先完成了企业改制“三步走”：第一步，从国有独资企业改制成国有多元企业；第二步，通过股权转让，建成混合所有制企业；第三步，发起成立上海新华传媒股份有限公司，借壳华联超市于2006年10月在上海证交所成功挂牌上市，成为中国出版发行业第一家上市公司。

据统计资料显示，改制前，上海新华的账面净资产仅2.1亿元。通过产权交易、资产重组和增资扩股，现上海新华的实际价值已经达到了近百亿元，真正发现与提升了上海新华作为文化企业的价值。公司上市后，在证监委的监督下，首先，按现代企业制度要求建立健全了现代企业的公司治理结构。其次，利用募集资金加强了对主营业务的投资，其中，东方书城和新物流中心的建设费用就是利用募集资金完成的。为充分发挥资本市场的优势，快速实现公司在文化传媒领域的扩张，新华传媒又报请中国证监会核准，向特定对象解放日报报业集团和上海中润广告有限公司定向增发。此次定向增发于2008年1月正式实施，公司的业务结构也由图书及音像制品发行业务为主延伸到报刊经营、报刊发行、广告代理、时尚媒体衍生开发等，为公司打造内容、渠道和广告的文化传媒产业链，从而成为出版传媒领域的流通中心奠定了重要的基础。

三、发扬优良传统，倡导规范服务

新华书店有许多优良传统，其中“为读者找书，为书找读者”、“竭诚为读者服务”的理念影响了几代上海新华人，在上海新华制定政策，规划企业发展时，得到了很好的体现。从20世纪80年代起，上海新华先后涌现了谢翠凤、沈文凤、王寄根、尹鹏、王绮玉、赖友炯等上海市和全国的劳动模范、先进工作者。

为了满足读者购书需求，上海新华成为全国最早发展专业书店的地区。改革开放以后，随着各地出版事业的飞速发展，出版品种急剧增长，为方便读者购书，急需改变“千店一面”的现象。从1979年起，上海先后开设了音乐书店、科技书店、艺术书店、工具书店、教育书店、学术书店、医学书店、省版书店、沪版书店等18家专业和特色书店。1982年，新华书店总店《经理通讯》专门向全国新华书店推介了上海新华书店发展专业书店的做法。这些专业、特色书店由于专业图书品种齐全，服务到位，较好地满足了读者多层次购书需求。其间，缺书代办、新书预定、代邮代购、流动供应、送书上门等新华书店传统的服务方式也得到了很好的发扬。

读者的需求是多种多样的。有些读者逛书店乐在一个“逛”字，在购书基本需求得到满足以后，读者对书店“购书氛围”的苛求，促成了上海新华书店对购书环境的改善。而首当其冲的就是将闭架售书改为开架售书；营业员由坐堂卖书改为站立服务。上海开架售书始于20世纪80年代，但全部推开则要到90年代末期，特别是1996年上海书市首次实行营业员站立服务，此后又在全店范围内推广规范服务后才得以全面实施。

1997年，在上海市新闻出版局的指导下，全市图书销售行业开展了行业规范服务达标活动。上海新华在这项活动中先后涌现了一批典型人物。包括普陀区店宜川门市的尹鹏，他“辛苦我一人，方便给读者”以及千方百计满足读者购书需求的服务精神，感染了全市3000多名新华的职工，为读者提供优质、规范服务成为全市新华书店员工的自觉行动。尹鹏后来被评为上海市劳模和全国先进工作者，成为上海图书销售行业的一面旗帜。另外还有宝山区店牡丹江路门市部主任洪翠莲，她总结门市规范服务工作的经验而形成的一套切合实际、行之有效的“门市服务管理艺术”，对于解决门市服务工作中的“疑难杂症”，提高服务质量有较高的应用价值。上海市新闻出版局规范服务达标领导小组1999年7月专门发出通知，要求在全市图书销售系统开展学习“洪翠莲门市服务管理艺术”活动。

为了满足上海郊区农民的文化需求，从2001年起，上海新华以“文化进社区，图书进家庭”为宗旨，率先在全市相关乡镇文化设施中创办了30多家“新华书苑”，受到了乡镇居民的欢迎。新华社、《人民日报》、《解放日报》等主流媒体于2005年7月对此举进行了长篇报道。作为上海市文明窗口行业，上海新华近几年来始终坚持推行规范服务，并采取了一系列长效管理措施，门市服务质量和服务水平得到稳步提高。公司上市后，又推行了星级服务管理措施，在全市文明窗口行业的历次检查评比中，均获得好评。

四、运用信息技术，优化经营管理

上海新华在推进企业现代化的过程中，在运用科研成果，加快科技创新方面进行了艰苦的探索。新华书店上海发行所曾经是全国大型图书批发企业之一，1980 年代，其发货量约占全国的 10%，每年向全国发货的制票量约在 250 万份。从 1979 年起，上海新华书店（新华书店上海发行所）就专门成立了“技术革新小组”，从研制制票机着手，拉开了企业技术开发的序幕。1980 年，市店自行研制的数字式电子击打制票机问世，此举大大减轻了劳动强度，提高了工作效率，北京、天津等地新华书店闻讯后纷纷前来参观取经。

1987 年，市店在“技术革新小组”的基础上成立了计算机室，进一步加强了技术创新的步伐，提出了推广使用计算机并建立初级网络的设想。1990 年 5 月，市店自行研制的“图书订发货计算机管理系统”投入全面运行。同年 10 月，该系统通过了由上海市新闻出版局组织的鉴定委员会的鉴定和评估，并于翌年被新闻出版署评为“科技进步三等奖”。

1996 年 10 月，南京东路新华书店建立了书业最早的网上书店。1998 年 12 月上海书城成立，南京东路新华书店归入上海书城，网上书店也因此更名为上海书城网上书店。上海书城网上书店经过一系列技术更新，是当时全国首家实现网上支付的书业网站。据记载，当年《个人电脑》杂志曾对全国购书网站进行了近一个月的测试。在被测试的购书网站中，上海书城网上书店在综合排名中名列第三。2006 年 12 月，上海书城网上书店更名为“新华淘书网”。2008 年 7 月，经整合，以“一城”命名的新网站正式上线运营。新颖的运作方式，便捷的支付手段，很快就获得了读者的认可。在 2008 全国出版业网站年会上，“一城网”荣获“2008 全国 10 大发行企业网站”称号。目前，“一城网”已发展网站会员超过 60 万，成为读者购书、购物的一个十分便捷的通道。

除了网站建设，上海新华还对企业信息化工作倾注了大量的心血。2001 年 12 月，上海新华联合四川、辽宁、江西四家发行集团以及上海陆家嘴集团公司合资组建了东方出版交易中心和“中国出版交易网”。东方出版交易中心开创的营运模式得到了许多业内人士的肯定，并在全国许多省级店得到了推广。该交易中心还研发成功了“东方图书报告”，该报告的图书市场信息权威、准确，被业界誉为“可靠的市场数据”，目前已在《中国图书商报》上定期发布。为提升企业管理信息化水平，2005 年 6 月，上海新华自行设计开发的“网上查询订货系统”正式投入运营。从 2007 年起，公司利用自行开发的 B2B 网站，先后与全国几十家大型出版社建立了信息对接的交互平台。2008 年初又建立了决策型、分析型、管理型的 ERP 信息处理平台，使企业信息化建设迈上了一个新的平台。在新一轮信息化建设中，公司的三大信息系统——财务系统、商流业务系统和物流业务系统，以及与供应商业务联系的 B2B 平台构建了一个较完整的图书发行企业管理系统，为业务发展和精细化管理奠定了基础。

发展源于新思路

解放日报报业集团

解放日报报业集团坚持以科学发展观为指导，积极探索发展的新思路，通过准确定位突破同质竞争，通过资本市场突破增长束缚，通过产业融合突破单一增长方式，通过精细管理突破成本压力，通过新媒体突破传统媒体局限，核心竞争力不断提高，传播影响力不断增强，连续保持两位数增长，资产优质良好，回报率较高，综合经济实力在全国报业处于领先地位，先后被评为中国十大创新传媒集团、十大领军报业、全国最具竞争力报业集团。解放集团在报业寒冬中逆势上扬，实现了社会效益和经济效益共同增长，成为业界关注的“解放现象”。

一、打造合理的报业结构，推动主业稳定发展

报业是解放集团的主业，也是集团履行使命的根本。面对需求日益细分化、种类日益多元化、竞争日益白热化的报业市场，解放集团不盲目追求报刊规模，而追求报刊影响力和效益；不是追求报刊数量，而追求报刊质量，目的是打造科学合理的报业结构，推动主业稳定发展。集团对各报刊实行定位管理，根据差异化的定位在相应领域推行品牌战略，既能最大限度挖掘报刊品牌价值，又能有效避免同质竞争引起的冲撞。目前，解放集团共有十报四刊，其中既有《解放日报》和《支部生活》这样的党报

党刊，也有上海早报市场第一品牌《新闻晨报》和全国娱乐性周报第一品牌《申江服务导报》，还有新中国成立后创办的第一张文摘类报纸《报刊文摘》、在全国名列前茅的专业类报纸《房地产时报》和《人才市场报》、中国大陆第一张地铁日报《I 时代报》、极具增长潜力的《新闻晚报》等。这些报刊定位清晰，错位互补，各具特色，在不同的领域都做出了影响，做出了精彩，而且全部盈利。

二、坚持以轻资产撬动重资产，推动非线性发展

经过几十年的积累，以解放日报为龙头的集团各报刊已经树立起了主流媒体的良好形象，形成了巨大的影响力和深厚的公信力。经专业公司评估，仅“解放日报”四个字的品牌价值就达到 46.3 亿元。解放集团高度重视品牌影响力对事业产业的拉动作用，依托品牌影响力价值，通过创意、思想、文化等可复制的非稀缺资源进行轻资产投入，用虚体资源带动实体资源，逐步改变单纯依靠重资产投入的线性发展方式，从而赢得新的发展空间。例如，依靠创意和品牌，集团在新媒体领域没有投入重资产就吸引了合作方，既完成了新媒体项目布局，又成功规避由于巨大的不确定性而带来的风险。解放日报随“神六”上天，成为全球第一张太空报。飞上太空的解放日报成为广告客户的宠儿，太空报实现广告净收入 300 万元。集团从 2005 年开始邀请国内外高端人士，连续举办“文化讲坛”，打造了一张有影响力的文化名片。通过实施“以轻资产撬动重资产”战略，解放集团将无形资产有效地转化成为实实在在的发展助力，从而实现了非线性发展。

三、尝试进入资本市场，推动跨越式发展

传统报业完全是实体经济，单纯依靠广告、发行等收入的缓慢积累进行内生式增长，难以靠自身的力量快速做大做强。而且在这种增长模式下，报业的盈利能力已经接近极限。为了改变这种局面，解放集团一直在探索对接资本市场的路径，曾有海外上市的尝试，之后又在上级主管部门

的指导和帮助下，抓住机遇控股新华传媒，成为首批在大陆A股市场上市的报业集团之一。通过资本市场的融资和溢价功能，解放集团不仅实现未来收益在当期兑现，总资产获得高速增长，而且拥有了自己的资本平台，可以引入外部资金对接和培育有发展潜力的项目，实现从内生式增长向外推式增长的转变。此外，解放集团还在积极筹划进入产权市场，与有关方面合作成立上海第一个文化产权交易所，并参与创办创投基金，争取吸引风投基金。当资本市场和产权市场进行互动的时候，资本平台可以装载的资源就不仅仅包括传媒，而是将延伸到动漫、游戏、旅游、体育甚至IT产业等所有与文化相关的领域。解放集团的战略考虑是使新华传媒成为一个开放的资本平台，不是地区的而是全国的、不是宣传的而是文化的、不是行业的而是产业的，整合更多资源，产生更多收入，从而支撑集团的跨越式发展。

四、精心培育潜力项目，推动事业整体发展

解放集团把项目作为支撑和推动集团整体发展的支点，在新媒体、房地产、时尚产业、文化娱乐、教育培训等领域精心选择和培育一批具有发展潜力的项目。例如，与中国移动、荷兰irex等四家公司合作发展4i新媒体项目；与东渡集团合作建设“解放大厦”、“申大厦”实业项目；与上海纺织控股合作开发创意园区项目；与新浪开展网络社区项目合作等。这些项目不仅自身能够产生效益，而且还为集团整体发展提供了四个平台，产生了良好效果：一是合作交流的平台。通过与知名企业的合作，吸取对方在专业领域的先进理念、先进技术和体制机制上的优势，打破自身局限，壮大自身实力。二是资源整合的平台。通过项目需求的牵引，将分散在各处的资源重新积聚组合到一起，实现资源高效配置。三是创意生成的平台。通过思想碰撞和实践检验，在克服困难、解决问题的过程中产生了一些行之有效的新思路、新经验、新做法。四是锻炼团队的平台。通过项目运作，集团获得了一批具有实际操作经验的经营管理人才、新媒体人才和复合型人才。

五、预先布局三种资产，推动可持续发展

传统报业经济结构单一，广告收入所占比重过大，在平面媒体广告市场整体下滑，广告分流不断加剧的情况下，不仅难以继续支撑集团可持续发展，而且蕴涵着巨大的风险。为此，解放集团以经济效益最大化为原则，整合集团和社会资源，推行“借势而为、用市有度、改制先行、融资做大、创意为王”的新5i文化产业战略，在多个领域谋划部署，积极探索产业框架合理化。经过多年探索，解放集团已经初步构建起了三种资产平衡的合理发展布局。第一种资产是成熟期资产，即传统的目前仍为主要经济支柱的广告收入。解放集团通过灵活调整广告经营模式、稳定发行支撑广告、整合资源控制成本等一系列措施，在外部环境很不理想的情况下，有效地减缓了这一块资产的下滑速度，使之在未来几年依然能够支撑集团平稳发展。第二种资产是增长期资产，主要是实业项目。预计这些项目将在未来三到五年陆续产生效益，可为集团带来数十亿净资产增长以及可观的收入。第三种是潜伏期发展期资产，主要是以互联网为特征的新媒体项目。有的项目，如集团研发的手机报，其盈利模式已经清晰。有的项目则代表报业未来的发展趋势，如电子报可成为未来的增长点。有的项目蕴涵可观的盈利潜质，如集团打造的公共视屏。目前，集团正在有重点、有计划地深入推进在这些领域的探索。今后这些项目还有可能通过集团控股的上市公司从资本市场上获得资金喂养，从而产生意想不到的新的增长点。在三种资产布局中，处在增长期的资产，可以在未来弥补其他资产开始衰弱带来的亏损。三种资产相互支撑、梯次发挥作用，形成一种动态平衡，将在未来一段时期确保集团总体上的可持续发展。

六、勇于制度创新，推动规范有序发展

随着集团快速发展，体量越来越大，结构越来越复杂，面临的不确定因素越来越多。为了提高运行效率，确保发展质量，解放集团按照现代企业制度的要求大力推动制度创新，强化集团内部科学管理，建立了近百项

制度，覆盖集团主要工作和领域。通过建章立制，各项工作有据可依，各个环节责任明晰，形成了有报业特色的较为完整的精细化管理体系，主要包括以下八大部分：一是目标管理。集团每年与基层单位签订任务目标责任书，把集团的整体目标分解到各单位，明确每个单位的责任和要求，同时明确奖惩措施，把任务目标完成情况与各单位分配总量及主要负责人奖惩直接挂钩，责权利明晰，激励作用明显。二是合同管理。集团制定了合同管理办法，特别是针对以往薄弱环节，建立了合同“授权委托制”、“责任人承诺保证制”、“审核会签制”，在重大工程项目和对外合作中有效避免了比较大的风险。三是采购管理。集团为降低成本，对所有大宗采购实行统一采购，统一招投标，严格规范采购流程。实行“阳光采购”以来，每年都节约大量成本。四是资产管理。集团规定对所有固定资产都进行清产核资，实行数据库化管理，从而为资产配置和资源整合创造了条件。五是预算管理。预算做到了横向到边（含所有单位）和纵向到底（含每项收支），而且坚决落实到底。六是成本管理。面对纸张价格大幅上涨等因素带来的巨大成本压力，集团采取了有效措施，制订了专门的控版控彩办法，确保在可控范围内增长。七是产权管理。针对出资公司比较多的情况，集团加强出资资产及产权的监管，每年都对派出董监事进行考核，及时掌握出资企业的重大经济信息。八是财务管理，在集团层面建立统一的资金管理平台和投资平台，重大投资项目都经党委集体讨论。

七、改变落后的传播方式，推动新媒体与传统媒体互动发展

面对新媒体带来的巨大冲击，解放集团未雨绸缪，主动应对，一方面在技术上追踪和利用信息技术发展的最新成果，加快推动集团内容生产和传播的数字化转型，努力构建融合各种媒体的立体传播体系，另一方面重视研究新媒体传播规律，寻求新媒体与传统媒体相互拉动、相互补充之道。经过两年多的努力，以“解放网”和4i项目为代表的新媒体布局已经完成，有的项目已经取得突破。其中，“解放网”尝试摆脱“报纸电子

版”的狭隘发展思路，由简单的报纸电子版面录入转为内容原创、稿件精加工、专题策划和版面设计，形成了一批符合网络传播规律的主打栏目，初步具备了内容整合、网报互动、网络社区、信息反馈等功能，目前正在努力成为内容整合平台。i-paper 电子报项目正在突破传统媒体只能由编者驱动的局限，尝试由编者和读者同时驱动的内容生产方式，并在装载传统报纸版面的同时，积极配置具有新型移动阅读器特征的报纸版面。i-news 手机报项目的彩信用户已经达到十万，加上便民短信已经达到 100 万规模，形成了清晰的盈利模式，实现年盈利 300 万元。与此同时，正在开发应用新闻搜索分析平台、多通道复合数字出版平台、智能手机新闻互动服务平台，加快推动内容流程再造。随着具有信源聚合、渠道共享、受众个性、传播互动等特征的新流程逐步推广，不同类型媒体之间的隔阂渐渐被打破，新媒体对传统媒体的拉动作用和对报刊传播能力的提升作用已经开始显现。在“神七”报道、“奥运”报道等重大报道战役中，集团各报刊与“解放网”、手机报等新媒体紧密合作，在即时性、互动性和数据反馈等方面取得突破性进展，产生了良好的社会影响。

八、坚持以人为本，推动人力资源优先发展

解放集团把“以人为本”的理念贯彻在队伍建设的全过程，科学规划人力资源，正在构建一支既有新闻人才，又有经营人才；既有专业型人才，又有复合型人才的均衡人才队伍，为集团可持续发展打牢基础。主要做法有：一是坚持总量控制，实行严格的招聘制度，在集团层面统一把牢人员进口，以应对巨大的人力成本压力。二是通过各种途径加大紧缺型人才的引进力度，引进发展急需的财务、法务、经营等专业高端人才，及时调整优化人才队伍结构。三是设立虚拟组织，在不动现有体制编制的情况下，人员采取兼职方式，围绕项目运作实行柔性组合，构建复合型人才培养平台，从而激活人才队伍活力，经过虚拟组织锻炼的年轻人在工作岗位上发挥了重要作用。四是设立“首席制度”。首席岗位不同于行政职务或专业技术职务，而是重点面向采编一线业务带头人的关键业务岗位，一年

一聘，目的是推动新闻队伍多出精品力作。五是开展全员竞聘。集团全体员工都竞聘上岗，通过科学合理的岗位设置和工作流程盘活存量，实现人尽其才，人尽其用，充分挖掘人力资源潜力。

在报业市场整体下滑的大环境中，解放集团正确处理改革发展中的各种关系，采取积极有效的应对措施，克服一个又一个困难，突破一个又一个瓶颈，保持良好发展势头。集团将继续深入学习实践科学发展观，加快从传统增长方式向可持续发展模式转变、从单一增长成分向多元增长结构转变、从落后传播方式向现代化立体传播体系转变，争做文化领域战略投资者，努力建设成为导向正确、结构合理、人才充足，具备强大传播力和市场竞争力的综合性传媒集团。

背景资料：

解放日报报业集团成立于2000年10月9日，是以解放日报为主报组建的一个综合性媒体集团，目前拥有十报（解放日报、新闻晨报、新闻晚报、申江服务导报、报刊文摘、人才市场报、房地产时报、I时代报、上海学生英文报、上海法治报）、四刊（上海支部生活、晨刊、新沪商、倡廉文摘）、一个门户网站（解放网）、一家出版社（上海三联书店）、一家文艺院团（上海沪剧院），共有职工1683人，其中采编人员687人，副高职称以上217人。集团作为决策领导主体、人事分配主体、财务监管主体、资产管理主体和投资发展主体，对系列报刊实行“六统一、四独立”的管理原则，即在报刊的宣传导向、发展规划、报纸定位、资产管理、干部任免、财务监管六个方面，由集团统一管理；同时对各系列报刊实行独立建制、独立编制、独立采编、独立核算。

广州日报报业集团挺立改革开放潮头

广州日报报业集团

具有划时代意义的1978年，《广州日报》开始进行新闻改革，先是提出增强新闻报道的口号，次年又提出“报纸应以新闻为主”的新闻理念。

《广州日报》的改革与时代相呼应。这一年，整个中国都在重新上路，从封闭到开放、从计划到市场、从一元到多元、从僵化到灵活……30年来各行各业经历着当初意想不到的历史性变化。

回首改革开放30年来中国报业发展历程，不难发现一条清晰的演变轨迹：由无竞争状态，转变为竞争激烈的白热化市场格局；由单纯国家财政拨款转变为依靠产品的社会效益和经济效益所带来的利润；由单向的灌输式宣传，转变为多目标、多角度的新闻诉求；由机关报为主格调、“日报+晚报”的二元格局，转变为报纸、新媒体多种类报刊的百花齐放……

正是在这30年中，广州日报报业集团锐意创新，以敢为天下先的精神，从一张名不见经传的市级党报发展为中国最有影响力的主流大报之一，从由国家财政拨款的事业单位发展为拥有1张主报、14家系列报、5家杂志社、1家出版社、2个网站的经济规模、经济效益俱佳的大型报业集团。在报业改革上，《广州日报》多次走在全国同行前列，创造了国内多个报业奇迹：1987年，在全国地方报纸中最先由4版扩至8版、随后12版、16版……1997年为纪念香港回归祖国出版97大版特刊，2000年为纪念新世纪的到来出版200大版特刊，均创国内新闻出版历史的纪录；是全国最早自办发行的报纸之一；是国内最早实现全彩印刷的报纸；拥有国内印刷速度最快、亚洲最先进、世界一流的印务中心，每小时印报能力可达654万彩色对开张；目前日均出版60大版，日均发行量185万多份，其中50%在广州市，45%在珠三角地区，85%以上是读者个人订阅。

回顾广州日报报业集团改革开放30年来的发展历程，可分为三个阶段，即1978年，集团主报《广州日报》的运作与改革；1996年，中国第一家报业集团的成立与发展；2005年，新形势下报业集团的创新与价值创造。

一、改革排头兵：首先扩版，最早开始自办发行

《广州日报》创刊于1952年12月1日，毛主席题写报头。自创刊以来，《广州日报》经历了三落三起的命运，先后与《南方日报》、《羊城晚报》合并，三次停刊又三次复刊。从创刊到70年代末80年代初，报纸4个版的版数可谓是“三十年不变”。广州日报的扩版是报纸本身发展的一种内在驱动，同时也是外部因素作用的结果。从1981年开始，《广州日报》一边通过改革专刊、专栏扩大报道面，丰富版面内容，一边摸索宣传报道如何适应改革开放和商品经济发展的形势，从局限于本地行政区域的封闭办报模式，改变为走出行政区域的界限，有序扩展的模式。

1981年，报社提出了“立足广州地区，适当兼顾省内中等城市和省外与广州有密切经济联系的城镇”的报道方针；1983年春先后在深圳市、佛山市、珠海市、厦门市等地发展通讯员，开展经济特区和珠三角地区的报道工作。

1985年编委会制定了16个字的办报方针：立足广州，服务珠江，面向全国，走向海外。整个报道思路体现了开放兼容的眼光。1985年10月，珠海记者站成立，同年12月，上海记者站成立，北京记者站、海南记者站等也随后相继设立。一系列的改革取得了初步的成果，从1982年开始，发行量逐年回升，到1986年，平均日发行量回升到27.3万份，比1981年

增长46%。

1987年1月1日，《广州日报》在全国地方报纸中第一家打破几十年一贯的版面格局，从4版扩到8版；1990年元旦，《广州日报》成立了隶属于报社的发行公司，开始自办发行；1993年，率先在国内报纸中推行广告公司代理制，《广州日报》1994年的广告经营额跃居全国报业第一位，并从此牢牢占居榜首的位置，至今已经长达14年。

随着报业竞争的加剧，"邮发合一"已成为制约报纸发展的瓶颈。《广州日报》在1990年自办发行并取得了巨大的成功，已经在广州和珠三角地区建立起高效完善的发行和品牌展示与服务网络，包括分布在珠三角大街小巷的上百家连锁店和发行站，加上专职投递员队伍，营销人员超过3000人。包括珠三角各地市民在内的读者在那里不仅可以订阅、购买《广州日报》，办理刊登分类广告，还可以购买书籍、报刊、音像制品、文具制品和日常生活用品，连锁店带有便民商店的性质，其营业额也稳步上升。

建立广告公司代理制。1993年，《广州日报》开始推行广告公司代理制，在制定了标准的广告价格后，同意给广告公司15%的代理费，报社不再直接向客户批折扣。在推行广告代理制的同时，报社同时发文，规定编辑记者不得直接拉广告，采编与广告彻底分开，这有效地杜绝了有偿新闻，而且大大提高了报纸的公信力。

二、锐意进取：开创厚报时代，集团化管理

1996年，经中宣部同意、国家新闻出版总署批准，广州日报报业集团成为中国第一家报业集团。同年12月1日，首期投资达10亿元的广州日报印务中心奠基，并于1998年11月开始正式投产，为广州日报报业集团在后来10年跨越式的改革发展奠定了坚实的基础。

1997年7月1日，《广州日报》出版精心策划的香港回归97版纪念特刊，引发广州市民抢购风潮，引领中国报业进入"厚报时代"；1999年12月，《广州日报》在广州日报网络版的基础上创建了大型综合性门户网站

——大洋网（www. dayoo. com），开始大力推进《广州日报》纸媒及各系列报在互联网以及无线网的数字出版业务；2000 年，《广州日报》在全国媒体行业率先全面实施基于 SAP 系统的 ERP 管理工程，使资产整合更加有效，企业经营更加完善；2003 年 8 月 12 日和 2005 年 3 月 1 日，先后与星岛日报集团和明报集团合作，推出《广州日报·澳洲专版》和《广州日报·美洲专版》。

在新闻改革的同时，广州日报报业集团原有的体制架构也由单个媒体运作向集团化管理迈进。1995 年 12 月，《广州日报》从原来编委会领导下的总编辑负责制改为社委会领导下的社长负责制，并开始实行新的报社运营机制，促使编辑委员会和经营管理委员会分开，一方面既加强了报社对经营管理工作的领导，另一方面也确保了新闻报道的公信力，从而从体制上为报社走向集团管理和集团经营打下了良好的基础。

在现代企业管理制度方面，对系列报和系列公司进行了改革。广州日报报业集团经过多年的发展，在多种经营的过程中，下属系列报刊和各种全资、参股、合资的经营性公司越来越多，规模越来越大，资金运作越来越复杂化。广州日报报业集团在实践中制定出了一系列规章制度，按照责、权、利相结合的原则，按现代企业管理制度对系列报和系列公司进行了改革，有效地保证了国有资产的保值和增值。在人事管理上，主要骨干由报业集团任命，其余员工的人事权则下放给二级机构自行负责；在目标管理上，对各部门建立一整套经营指标考核体系，实行工效挂钩；在财务管理上，实行“统一管理，二级核算”，由集团财务管理部门制定统一的财务监管制度，财务负责人由集团统一委派，直接对集团负责，由集团财务部门和所在机构双重管理，在此前提下，各下属机构拥有充分的财务自主权；在内部资源上，实行优化配置，资源共享。

在实行集团化管理之后，集团属下的主报及子报各报社纷纷对存量资产进行有力的整合，尤其是主报与子报之间实现资源共享，如办公场地统一调配，印刷厂、发行网络同时使用，资金运作在集团内统一调配，实行内部银行结算，人才集团内互用……总之大大节省了人力、财力和物力。

三、挺立潮头：创新创造价值，追求最出色的新闻

改革开放以来，为了在报业竞争中占据优势，各家报纸均对采编业务、报纸经营和品牌管理战略投入了空前的热情，报纸新闻质量和数量有了明显提高。这一过程中，创新和突破成为广州日报报业集团持续发展的强大动力。

2006年，《广州日报》在业界首创《导读与索引》版。结合了网站首页与搜索概念的《导读与索引》版，为读者的快速阅读提供了极大的方便；2007年6月，《广州日报》在全国率先成立了滚动新闻部，以促进传统媒体与新媒体的融合，在“6·15九江大桥坍塌事故”的报道中，以及时、互动的新闻信息发挥了巨大威力；同年8月1日，广州日报报业集团正式推出全国第一家以报刊分叠、多媒体、互动等形式展现的第二代数字报刊——广州日报多媒体数字报刊；2007年，广州日报报业集团控股的广东九州阳光传媒股份有限公司（股票简称“粤传媒”，股票代码002181）在深交所正式挂牌上市，成为第一家经过国家新闻出版总署批准的在境内主板上市的传媒公司，同时也是首家成功由三板转到主板的公司；2008年率先向社会公布《广州日报采编行为准则》……实事求是地说，在报业竞争如此激烈的今日，广州日报能达到日均185万份发行量，年20亿元的广告收入、64.75亿元的品牌价值，是与这一路走来的创新之举息息相关的。

党报走向市场做大做强，极大地增强了党报的影响力和宣传能力，这已经在改革开放30年来的新闻改革中得到证实。社会效益是报纸的骨骼和骨髓，经济效益是报纸的血脉。在我国，具有中国特色的社会主义主流价值观、党的方针政策是报纸的骨骼和骨髓，支撑着报纸的权威性和公信力。《广州日报》在这方面有着深刻的体会，对坚持正确舆论导向从来坚定不移。2008年，广州日报报业集团倾全集团之力，深度报道南方冰雪灾、汶川大地震、北京奥运、十七届三中全会、改革开放30周年纪念、“神七”太空行走、全球金融危机等重大新闻时，所追求舆论导向和所坚持的价值取向，都充分体现了党报的立场，受到了国家有关领导的肯定。

在品牌推广方面，广州日报报业集团一直坚持把报纸的发展和广州这座城市的发展结合在一起，以高起点、前瞻式的推广提升广州、广州日报报业集团的形象。2007 年 4 月起在央视等全国媒体播映的《新广州　大未来》公益形象宣传片，把广州包容、开放、进取的城市性格演绎得入木三分，同时也把《广州日报》和广州未来愿景紧密联系。同年 4 月举办的“中国经济 50 人论坛广州会议”，以“亚洲金融危机十周年回顾与反思”为题，汇聚了国内重要的经济学家，结合当前财经形势，为广州市民、全国读者奉献了一场高质量的观点交锋，也使彼时的广州成为全国关注的焦点。7 月，香港回归十周年之际，“跨越九七、十年辉煌”系列活动在“高端访谈”等报道的配合下，风行全城，成为回归十周年活动的亮点。而同期进行的香港回归百版特刊的广告招商工作也取得了极大的成功，这再次证明了党报在报业市场上具有很强的生命力和竞争力。同年 12 月，《广州日报》利用社庆机会，推出“我爱广州”系列活动，这也是立足广州、宣传广州的一次同时是成功推广报纸品牌的活动。

在多年的市场化运作中，广州日报报业集团采取“内容、发行、印刷、广告、品牌、团队”组合式运作，全力转动市场魔方。《广州日报》的核心竞争力由内容、发行、印刷、广告、品牌、团队六个方面构成，在不同的时期和面对不同的情况，我们会以其中一个方面为主，辅以其他方面的配合，从而形成一股强大的市场竞争力量。如 2008 年，在内容上，《广州日报》先后推出了“寻找最可爱的大兵”系列报道、“以新一轮思想大解放推动新一轮大发展”大型专题、汶川地震系列报道、策划纪实等；在品牌上，推出了“全球次贷风暴大扫描”跨国高端访谈、“奥运中国大扫描”、“进军全球奥运城”等大型跨国访谈；在团队上，我们在奥运报道中首创“编辑部前移”报道模式，有效实现京穗两地采编团队的便捷沟通。如果用一种形象的比喻去说，内容、发行、印刷、广告、品牌和团队就是“市场魔方”的六面体，我们会根据市场的变化和竞争的需要不断地扭动“魔方”，从而形成不同的组合，并以组合的优势在激烈的竞争中脱颖而出，最终占据了报业的潮头，从此长盛不衰，这些都在《广州日报》多年来的发展中得到了验证。

30 年来，在改革开放的大潮中，广州日报报业集团始终坚持正确的舆论导向和价值取向，坚持“创新创造价值”理念，屹立改革创新的潮头。“追求最出色的新闻、塑造最具公信力媒体”是广州日报永恒的信念，我们将在前进的道路上全力探索，永不停步。

服务教育　服务学术　服务社会

中国人民大学出版社

2008年是我国改革开放30周年。中国人民大学出版社伴随着改革开放和现代化建设事业以及高等教育事业的发展，30年来同样走过了蓬勃发展的光辉历程，已经发展成为我国出版业的重要组成部分和生力军。

一、改革开放赋予人大社新生

中国人民大学出版社（以下简称人大出版社）成立于1955年，是中华人民共和国建立后成立的第一家大学出版社，开创了新中国大学出版事业的先河。但在"文革"期间，人大出版社不幸被迫停办。1978年，正是在邓小平的关怀下，随着中国人民大学的复校，人大出版社得以复社。可以说，没有改革开放，就没有人大出版社的新生。30年来，我们把"出教材学术精品，育人文社科英才"作为自己的出版理念，把服务教育、服务学术、服务社会作为自己的根本任务，累计出版图书一万余种，在全国出版界形成了响亮的品牌和鲜明的特色。经过长期的积累和几代人坚持不懈的努力奋斗，人大出版社已发展成为具有图书、期刊、音像、电子和网络出版物等多媒体兼营的大型综合性出版社，成为我国哲学社会科学领域最具品牌影响力的出版社之一。

二、用优秀出版物为改革开放贡献精神食粮

回首过去的30年，我们深深感受到，人大出版与改革开放同呼吸、共命运，沐浴着改革的春风成长，受益于开放的润泽壮大，正是改革开放为我们提供了广阔的出版空间和发展机遇。人大出版社也一贯坚持正确的出版方向和办社宗旨，紧紧围绕我国改革开放和现代化建设的实际，始终不忘自己肩负的社会责任、历史使命和出版荣誉，出版了大量优秀的教材精品、学术精品和大众精品。

以服务社会为己任，坚持传播先进文化，组织出版了一大批探索中国特色社会主义、研究改革开放与现代化建设重大问题的理论著作。立社之初，人大出版社就牢记党和国家赋予的历史使命，为宣传、普及和研究马克思主义做了大量卓有成效的工作，成为我国宣传和传播马克思主义的重要出版阵地。步入新世纪，我们继承了优良传统，策划了一批颇具特色的党和国家领导人著作，如李瑞环同志的重要著作《学哲学·用哲学》、《辩证法随谈》，李铁映同志的《论民主》、《改革·开放·探索》和《中国经济体制改革研究丛书》，以及《成思危论金融改革》、《中国经济体制改革与发展研究》和“邓小平理论和‘三个代表’重要思想研究译丛”、“历史新起点丛书”等。人大出版社因此获得了同行、社会“红色出版社”的称号。

以服务学术为己任，立意学术传承，弘扬民族文化，实施优秀学术精品的建设工程，组织策划了大量有文化积累价值和社会影响力的学术著作。人大出版社有浓厚的尊重学术的风气，许多编辑人员也有很强的学术情结，这都是我们做好学术著作出版的良好条件。改革开放以来，我社出版的《中国佛教哲学要义》（方立天）、《中国新闻事业通史》（方汉奇）等，以及《经济科学文库》、《管理科学文库》、《法律科学文库》、《中国审判案例要览》、《清史研究丛书》、《康有为全集》等十几套大型学术专著系列已经成为学术研究的标志性成果。特别是《梁启超全集》、《吴晗全集》、《饶宗颐20世纪学术文集》、《谢无量文集》、《敦煌遗书总目录及其

配套文献》等具有里程碑意义的大型出版物，也将在近期推出。累积、传承、弘扬、珍藏学术名家的学术思想，为中华学人展现自己的学术理想提供一个广阔的出版平台，是我们不懈的追求。

以服务教育为己任，引领中国高校文科教材建设潮流，更好地满足我国高等教育事业发展的需要。20 世纪 80 年代以来，我社出版的教材《辩证唯物主义和历史唯物主义原理》（李秀林等）、《中国革命史讲义》（胡华等）发行量达到几百万册。90 年代我社规划出版了“21 世纪系列教材”，目前共涉及 30 多个系列达 600 余种，是我国哲学社会科学高等教育领域规模最大、体系最全、内容最新的一套教材，其中如《西方经济学》（高鸿业）等更是在我国高等教育中占据了不可替代的位置，哺育了几代学人。步入新世纪，我社开发了 140 门核心课程的双语教材，广受师生欢迎。我社还承担了 90 余种“十五”国家级规划教材和近 50 种职业教育推荐教材的出版任务；“十一五”期间，我社有近 300 项国家级规划教材和北京市精品教材的申报获批。围绕“实施科教兴国战略和人才强国战略”，抓住教育大发展的机遇，积极服务我国教育事业的发展，已经成为我们的战略目标。

传播优秀文化，开展学术交流，促进版权贸易，实施“走出去”战略。20 世纪 90 年代我社推出以《经济学》为代表的“经济科学译丛”和以《管理学》为代表的“工商管理经典译丛”，掀起了汉译国外经济学名著的新浪潮。之后，我社相继推出“公共行政与公共管理经典译丛”、“新闻与传播学译丛”、“马克思主义研究译丛”，以及《亚里士多德全集》、《康德著作全集》、《罗兰·巴尔特文集》、《蒯因著作集》、《列维－斯特劳斯文集》、《詹姆逊文集》等一系列名家大型译著，都获得了广大读者的好评。我们多年来精心涵养的“当代世界学术名著”系列已经积累了 200 余部当今世界的重要学术著作，今明两年将以崭新的面貌隆重出版。同时，我社响应国家“走出去”战略，积极弘扬中华文明。一是加大与国外著名出版机构的合作力度，例如，人大出版社 2003 年与牛津大学出版社同时分别用中英文出版成思危先生的著作《中国经济改革与发展研究》；二是加大版权输出力度，仅2007年就输出版权69种（包括李瑞环同志重要著作《学哲学·用哲学》英文版），比2006年增长了60%；三是与国外华文营销机构合作，把人大出版社的出版物直接在海外销售。2007年11月，我社被授予2007—2008年度“国家文化出口重点企业”证书。

为丰富和提高人民群众的精神生活水平和层次，实现人的全面发展，出版了一系列贴近读者、贴近社会、贴近生活的图书和音像精品。我们近年来推出了《写给大众的人文艺术丛书》（12种）、《文化要义丛书》（13种）、《国学基础文库》（27种）、《西方艺术史论名著》（23种）等一批可读性强的文化艺术类图书和“百家讲坛”（42种）、“这里是北京”（4大系列26种）等体现中国传统文化魅力的音像精品。同时，我社面向企业经理人的经管类畅销书的品牌优势进一步巩固，与公司合作的《影响力》连续数月蝉联各大书城排行榜，《牛奶可乐经济学》上市两个月销量超过10万册。这些图书和音像制品为民众在学术出版和大众出版之间架起了一座沟通的桥梁。

人大出版社高举人文社会科学领域出版的大旗，恪守质量第一、读者第一的信条，30年来形成了自己的出版特色与出版优势，巩固和加强了自己的品牌影响力。我社历获国家嘉奖和荣誉，1982年被教育部确定为全国高校文科教材出版中心，1993年被国家教委评为教材出版管理先进单位，1998年被中宣部、新闻出版总署评为良好出版社，2007年荣获首届中国出版政府奖先进出版单位奖。我社出版的图书囊括了“中国图书奖”、“国家图书奖”、“五个一工程奖”、“中华优秀出版物奖”、“中国出版政府奖图书奖”等所有国家级出版奖项，仅“十五”期间，人大出版社便获得省级以上奖励近200种（项）。书田耕耘几十年，我们的品牌已经得到读者和社会的认可，2006年《中国图书商报》的出版社品牌读者认知度调查中，人大出版社名列第二名；2008年《南方周末》推出年度文化原创榜，人大出版社被评选为2007年度表现最突出的出版商之一。人大版人文、社科、经管图书已成为读者朋友熟悉和钟爱的首选。

三、以发展为第一要务，积极推动出版社体制改革

“问渠哪得清如许，为有源头活水来”。改革开放30年来，我社不断深化以发展为导向的改革，用观念创新、制度创新、管理创新、科技创新带动出版创新，走出了一条以自我扩张为主、内涵式发展的新路子。

以市场为导向推动出版社转企改革，按照现代企业制度的要求提升内部管理水平。2007年，我社被确定为首批高校出版社改制试点单位，我们以“创新体制、转换机制、面向市场、壮大实力”为指导方针，建立和完善了出版社法人治理结构，把人大出版社建成了产权清晰、权责明确、管理科学的现代出版企业。在综合管理方面，人大出版社朝着企业化经营的方向不断迈进，2002年成立了人力资源部，使人员招聘、管理、培训和业绩考核逐步规范，把人力资源放在第一资源的位置上；2005年成立了战略发展部，加强了对重大项目开发的前期调研；2008年成立了数字中心，负责数字出版、网络服务的研究和开发。印制出版部门、财务部、办公室等部门不断增强服务意识，管理更加科学和规范化，管理水平不断提升。

优化选题，提高质量，从源头加强图书策划、编辑改革。20世纪90年代，我社率先变革了原先“等稿上门、坐堂编书”的编辑工作模式，建立选题策划和书稿审读“两大部”的新体制，实施项目负责制，使全社的选题策划实现了主动性、超前性、整体性和科学性的有机结合，选题质量明显提高。围绕选题策划专业化，我社2002年将编辑部门改造成五大事业部，2003年进一步细分为13个事业部（中心）。2007年，根据专业出版集团组织结构的要求和内涵式发展的需要，我社开始探讨以选题策划和编辑业务为主体，以利润考核为核心，非独立核算的分社运营模式，组建了8个出版分社（中心）。我们还积极探索利用社会策划力量，先后组织文化公司以及和民营工作室合作，拓展出版社的图书策划品种。同时，强化出版社社内编辑的管理功能，尽可能利用社会上的优质编辑力量，解决出版社长期存在的出书“瓶颈”问题，并对编辑考核办法及工作量计算标准做出调整。

优化渠道，从终端加强图书营销改革。人大社发行体制改革一直走在前列。进入新世纪，我们把原有的发行部改造为市场营销部，同时进行了全国主要省市分公司和驻校、驻店代表的有益探索，形成了较为完备的，集市场推广、图书销售、信息反馈、物流配送为一体的开放的、高效的交互系统，并以创新的精神设计和开发了“中国人民大学出版社教研服务网络”，拉近了教师和教研、教学资源交流的距离。“十一五”期间，我社计划把出版社发行公司建设成为真正符合市场需要、具有发展潜力的法人企业。

深入研究和探讨互联网发展对出版业的深刻影响，促进传统出版向现代出版的转型。我社早在20世纪末就全面实施了e化管理，全社职工每人一台电脑、一部电话，初步实现了无纸化办公、网络化办公。当时许多兄弟院校的大学出版社甚至社会出版社都引进和采用了我社的管理软件。新世纪，我社把重点放在了教学资源库的建设和教学服务的完善上，以适应信息化社会的需要，加强出版资源的整合。目前，人大出版社已经建成了500门重点课程的教学资源库，我们计划到“十一五”末，建成上千门主要课程的教学资源库或者网上课程，提供深度服务和更密集的信息支持。我们将继续深入研究技术集成对出版业的影响，研究高等教育变革对出版业的影响，研究人们阅读习惯改变对出版业的影响，密切追踪整个出版传媒业交叉整合、相互渗透的趋势，密切关注数字、网络等高新技术对图书业的深刻影响，积极探索新的盈利模式，建立我们在未来出版业发展中的优势地位。

改革与创新为人大社稳定、健康、快速发展奠定了坚实的基础。人大出版社“九五”期间在出版业高速增长的背景下实现了大幅度的跳跃式发展，实现了发行码洋由每年3000万元到每年3亿元的飞跃。“十五”期间，人大出版社发货码洋和销售收入稳定增长，利润快速提高，资产总额成倍增长。“九五”末的2000年，人大出版社发货码洋2.5亿元，销售收入1.31亿元，实现利润3038万元，资产总额0.9296亿元。“十五”末的2005年，人大出版社发货码洋5.08亿元，增长了103.20%，年均增长20.64%；销售收入为2.48亿元，增长了89.32%；实现利润5151万元，增长了 69.56%；资产总额 3.05 亿元，增长了 228.10%，年均增长 45.62%。2007 年末人大社图书印制码洋超过 6.1 亿元，发货码洋为 6.08 亿元，利润首次突破 6000 万大关。2007 年出书品种达到 2022 种，2007 年末全社资产总额 4.56 亿元，出版社整体的经济指标均呈现良性发展的态势，综合经济实力和核心竞争力得到了提高。

四、未来展望

人大出版社的发展与我国改革开放和现代化建设伟大事业息息相关，走过了蓬勃发展的光辉历程。我们也清醒地看到，发展的征途不会一帆风顺。在出版业低层次重复现象十分严重的今天，在数字化和互联网将以前所未有的力量和速度冲击传统出版业的今天，如何把出版业的内容建设和内容创新作为增强出版社核心竞争力的主要内容，出版更多更好内容丰富多彩、读者喜闻乐见的优秀出版物，如何紧密跟踪新传播手段和方式的进步，加大开拓和创新的力度，促进新型出版业态迅速做强做大，实现从传统出版到现代出版的转型，都是摆在我们面前的重大问题。

随着我国经济改革与发展和现代化建设不断深入，人们对文化的认识越来越深刻。胡锦涛同志在中共十七大报告中指出：文化越来越成为民族凝聚力和创造力的重要源泉、越来越成为综合国力竞争的重要因素，丰富精神文化生活越来越成为我国人民的热切愿望。与我国经济社会发展的水平和人民对文化事业特别是出版业发展的要求相比，我国的文化事业不是发展得较快，而是发展得较慢。不改变这种相对滞后的局面，就很难在思想文化领域开创一个崭新的发展局面。作为文化事业中重要一环的出版业，正在出现强劲的发展势头和快速发展的态势。

我们坚信，以科学发展观为指导，以市场为导向，以出版社转制改革为契机，抓住社会主义文化大发展大繁荣的历史机遇，让改革为发展插上翅膀，让创新为发展扬起风帆，不断探索出版更新换代，因应形势的新路子，我们一定能谱写人大出版社新的光荣与梦想，奔向更加光辉灿烂的未来！

在改革开放中诞生　在文化体制改革中壮大

外语教学与研究出版社

外语教学与研究出版社（简称外研社）成立于1979年，是北京外国语大学创办和领导的大学出版社。目前，外研社拥有1600多名员工，每年用30多种语言出版图书4000多种，其中新书1200多种，出版《外语教学与研究》、《当代语言学》、《英语学习》等十几种外语期刊，2008年发行码洋达到18.5亿。外研社已经成长为一个学术性、教育性、多种媒体的大型出版机构，成为全国规模最大的大学出版社，我国最大的外语出版机构。

一、改革开放以来外研社的发展变化

外研社在改革开放大潮中诞生，在社会主义市场经济条件下成长，在文化体制改革中壮大。29年来，在中宣部、新闻出版总署和教育部上级单位的正确领导下，外研社走出了一条市场启动、文化带动、改革推动的发展路子，实现了跨越式发展。改革开放以来外研社的发展变化主要体现在以下四个方面：

（一）坚持正确出版方向，社会效益令人瞩目

1. 坚持了正确的出版方向

外研社始终坚持党的出版方针，坚持先进文化的前进方向，严格贯彻执行出版的法律法规和条例，牢固树立政治意识、大局意识、责任意识，牢牢地把握住了出版方向。

2. 出版了一批精品出版物

成立29年来，外研社一贯注重精品图书建设，为国家的改革开放和经济建设出版了大量优秀出版物。外研社出版了《李岚清教育访谈录》（英文版、俄文版）、《许国璋英语》、《走遍美国》、《新概念英语》、《新标准英语》、《新视野大学英语》和《汉语900句》等一大批社会效益经济效益俱佳的精品图书。其中《汉英大词典》、《汉语900句》等多部图书获得国家级奖项，成为出版界的精品。

外研社出版的很多图书在国内出版界和外语教学界产生了巨大影响。2008年，仅仅《新概念英语》、《新标准英语》和《新视野大学英语》这3套图书的发行码洋就达到10个亿。其中历经7年出版的《新标准英语》（小初高教材），是我国第一套完全意义上依照教育部新课标编写的小学至高中“一条龙”式英语教材，目前有2300多万中小学生正在使用，受到了广大师生的好评。

外研社还特别注重学术研究和文化积累工作，29年来出版了大量学术专著、论文集和学术参考书，在读者中享有良好的声誉。外研社以高质量、多品种的外语教材和学术著作出版，推动了我国外语教学改革、课程建设和学科发展。

3. 为教学和科研提供了良好的服务

外研社积极投身全民外语公益教育事业，以各种形式回报社会，为促进我国外语教学改革的进程，提高我国的英语教学水平做出了积极的贡献。外研社从1996年开始每年投资200万元举办“外研社杯全国英语辩论赛”；从2002年开始每年投资300万元举办“CCTV杯全国英语演讲赛”，每年有上千所大学的1000多万大学生直接或间接地参加这些比赛。

外研社还建立了一整套教师服务体系，常年组织各种培训和教研活动，连续多年免费培训大学英语教师 8 万多人次，培训中小学英语教师 30 多万人次，为我国英语教学工作提供服务。2004 年和 2007 年，外研社分别投资 100 多万元成功举办了第四届和第五届中国英语教学国际研讨会。通过上述活动，外研社有力地推动了全民英语学习进程，实现了良好的社会效益。

由于实现了社会效益与经济效益的最佳结合，外研社受到中宣部、新闻出版总署、教育部等上级有关部门的表彰，先后获得“全国优秀出版社”、“先进高校出版社”、“全国教材先进管理单位”、“讲信誉、重服务出版单位”等多项荣誉称号。

（二）实现规模化发展，经济效益不断提升

靠借款 30 万元，从七八个人，两三间办公室开始起步，沐浴着改革开放的春风，29 年来外研社的规模不断扩大，实现了持续快速健康的发展。特别是 2002 年文化体制改革以来，外研社更是实现了跨越式发展，经济效益不断提升。

1. 发行码洋的增长

2008 年外研社发行码洋达到 18.5 亿元，比 2007 年增长了 2.5 亿，增长了 16% 。在 2002 年国家实行文化体制改革以前，外研社的发行码洋只有 6 亿元。在文化体制改革的带动下，通过成功转企改制，外研社进一步焕发活力，短短几年码洋翻了三番。2002 年以来，外研社每年的码洋增长都在一个亿以上。

2. 利润规模的攀升

2008 年外研社实现经营利润 2.1 亿元。利润从 1990 年的近 200 万元增长到现在的 2 亿元，增长了 100 多倍。2008 年外研社给学校上缴利润 6000 万元。仅 1998 到 2008 的 10 年间，共计给学校上缴利润 4.5 亿元，占学校办学资金的三分之一，有力地支持了北外的教学和科研。

3. 固定资产的增值

从借款 30 万元起步，经过 29 年的发展，外研社的总资产已经达到

13.6 亿元。外研社拥有一座投资 1.2 亿元、2 万平方米的出版大楼，以及一个投资 4 亿元、占地 130 亩，建筑面积近 10 万平方米的生产、物流基地和国际会议中心。

回顾外研社的发展历程，我们更加深刻地体会到，没有 30 年的改革开放，就没有中国出版业今天这样蓬勃发展、欣欣向荣的繁荣局面，也不会有外研社的诞生、成长和壮大。

（三）不断推进改革创新，建立了成熟的内部经营管理机制

成立 29 年来，外研社按照现代企业制度的要求不断对经营机制和管理体制进行改革创新，为我社内部经营管理带来活力，大大增加了经营效益。尤其是近几年，在中宣部、新闻出版总署和教育部的正确领导下，外研社借鉴已经转制的文化试点单位的成功做法，重点对经营体制、管理机制等各方面进行了积极探索，取得了一定的成效。外研社成功实现了“人员职业化、业务多元化、市场国际化、管理科学化和设备现代化”这“五化”目标。

1. 人员职业化

外研社虽然是一个只有 29 年历史的年轻出版社，但我们已经建立了一支职业化的出版人队伍。目前外研社有 1600 多名员工，其中出版主业 900 多人，包括 300 多的编辑人员和 200 多的市场营销人员，员工队伍基本实现了年轻化和知识化。我社员工本科学历以上人员占 67% 以上，编辑 90% 拥有硕士以上学历，平均年龄只有 31.9 岁，是一支具有较高政治素养和丰富出版经验的年轻队伍。

2. 业务多元化

外研社的“十一五”规划中就提出了“以出版为中心，教育培训和信息服务为两翼”的战略思想，就是要在保证出版主业健康发展的基础上，积极开拓教育培训和信息服务等辅业，实现业务的多元化发展。

外研社已经和韩国 YBM 公司合资成立了壹加佳公司，专注开发幼儿培训市场。2008 年外研社还全资收购了之前与香港电讯盈科公司合资的世纪盈华信息技术有限公司，我社将依托这一公司和北外网络学院，寻求教

育和出版的有效结合点。此外，在过去几年，外研社还成功开发并推广了像“外研通”电子词典和点读笔等教育信息技术产品，并与诺基亚公司合作，在移动学习产品方面进行了积极的探索。

3. 市场国际化

国际化是贯穿于外研社发展的一条主线。外研社是中国改革开放以来，最早同国际出版商合作的单位之一。早在1983年，改革开放大门刚刚打开，我社就与来华访问的牛津大学出版社签署了第一项版权贸易协议。如今，我社与培生出版集团、麦克米伦公司、牛津大学出版社、剑桥大学出版社等十几个国家和地区的几十家出版社建立了良好的合作关系。29年来，外研社始终以“记载人类文明，沟通世界文化”为己任，引进出版了一大批优秀外语图书，帮助中国人学习外语和西方文化，为中国人看世界打开了一扇大门。

进入21世纪，外研社又积极响应国家“走出去”战略，在坚持对外开放的同时，努力实现了由“引进来”向“走出去”的转变。外研社出版了《汉语世界》、《汉语900句》和《中国文化读本》等一批在国内外有影响的对外汉语出版物。为更好地开拓国际市场，外研社积极探索新的国际合作模式，建立了“借船出海走出去”的全新商业模式。在这一模式的指导下，我社与汤姆森学习出版集团合作出版的《汉语900句》已经完成14种语言的出版，并在全球50个国家出版发行。我社和美国麦格劳希尔公司合作出版的《我和中国》已经进入美国教材主流渠道，不仅在美国近20所大学使用，而且出版不到一个月，法国、德国、东南亚地区就已经有了订单。

4. 管理科学化

按照文化体制改革试点精神，在新闻出版总署和教育部的正确领导下，外研社按照现代企业制度的要求，对经营管理机制进行全面的改革，建立了科学化的管理体系，已经具备了现代出版企业的特征。

在内部管理体制上，外研社实现了以“社长负责制”为基础，以“社务委员会”、“编辑委员会”、“经营管理委员会”参与经营管理的集体领导模式，为建立法人治理结构奠定了基础。

财务管理制度上，外研社大力推行模拟法人制，积极推进全面预算管理。外研社对10大分社实行内部模拟法人的管理，设立分账户，推行责任会计制度，各分社单独核算，自负盈亏。在独立核算的基础上，我社实施了全面预算管理制度，建立健全了内部约束机制。

在人事管理制度上，外研社按照“干部能上能下，职工能进能出、收入能高能低、机构能设能撤”的原则进行改革，完全摒弃了事业单位人事制度，并实行了全面实施绩效管理，通过落实工作目标考核制度，形成了工作讲实效、考核讲业绩、分配讲贡献的激励机制，创造了一种“能者上、平者让、庸者下、劣者汰”、“以业绩论英雄”的用人模式。

在分配制度上，经过不断调整与探索，外研社彻底改变了事业结构工资制，在全员聘任的基础上实行年薪制，在年薪制之外辅以效益奖励，体现了“多劳多得、兼顾效率与公平”的原则。

5. 设备现代化

为了保障业务的快速发展，外研社成功实现了设备现代化。我社已经在内部实施了数字化管理，并成功上线了金蝶公司的财务管理系统和人力资源管理系统。2008年，外研社又投资上千万，成功实施了ERP系统。这套由德国SAP公司开发的管理信息系统，大大加强了外研社的信息化建设工作，优化了业务流程，提高了内部管理水平，进一步保证了外研社下一步的健康快速发展。

二、外研社快速发展的几点经验

29年来，在不断的改革发展过程中，外研社摸索出了几点自己的经验：

（一）不动摇，坚持抓方向

坚持政治方向是我社的立社之本。始终强化政治意识、大局意识、责任意识，坚持正确的出版方向是我社持续快速发展的根本。

为了保证不出任何问题，我社设有专门的质量管理部，制定并完善了一系列质量管理制度，严格实行“五审制”。29 年来，我社没有卖过一个书号，没有一本有政治问题的图书流入市场，没有一本有重大学术问题、知识问题的图书误导读者。正因为坚持了正确的政治方向，我们才得以埋头搞发展，我们才得以获得持续的发展。

（二）不争论，埋头搞发展

树立强烈的发展意识，是我社持续快速发展的先导。建社 29 年来，我社始终把发展作为主题，当作中心，一切工作都围绕这个中心，服从这个中心，服务于这个中心。我们始终认为，发展是解决所有问题的关键，用发展的办法解决前进中的问题、困难、矛盾是最有效的途径。

（三）不犹豫，坚持搞调整

坚持改革是我社的强社之路。我社的成功得益于我们不断改革、不断调整。这个改革调整，包括四个方面：一是战略方向的调整，二是人才结构调整，三是组织结构调整，四是产品结构调整。

以组织结构的变革调整为例，从早期的“编辑室”演变为“工作室”，再到之后的“事业部”，再到现在的“分社”，多年来，外研社一直在积极实践组织结构的调整和变革。目前我社已经建立了十大分社，过去的各个编辑室，现在成为了具有独立经营权的分社，成为独立的策划中心、成本控制中心和利润中心。以分权为特征的分社组织结构极大地调动了大家的工作积极性，提高了组织效率，取得了很好的成效。我社少儿出版分社的快速发展就是成功进行组织变革的有力例证。2007 年，我社少儿分社在前几年还亏损的情况下，实现 6000 多万发行码洋，近 800 万元的利润，比 2005 年增长了十几倍。

（四）不保守，大力搞创新

应该说，与时俱进地解放思想、更新观念、创新求变是外研社持续快速发展的重要因素。过去，外研社在管理思想创新、出版模式创新、出版手段创新和营销方式创新这四个方面进行了积极的探索。以营销方式创新为例，过去我社通过推广一种观念从而推动一种产品的销售，打开了市场营销的新局面。20世纪90年代末，我社率先在全国各地建立信息中心，收集各地的市场信息和选题信息。2006年开始，我社又在全国各地建立了一支近200人的市场代表队伍，极大地提升了营销能力。

改革开放的30年，是我国出版业思想不断解放，认识不断深化，改革不断深入的30年。外研社之所以能够实现快速健康的发展，从根本上是得益于30年的改革开放。正是30年的改革开放为出版业创造了良好的发展环境，对外开放为出版业开阔了视野，国民经济快速发展为出版业提供了坚实的发展基础，社会主义市场经济体制不断完善为出版业提供了有力的制度保障，而文化体制改革更为出版业提供了重大发展机遇和源源不断的动力。改革是30年出版业的主旋律，改革也是外研社过去不断发展壮大的重要法宝，改革同样是未来外研社发展的根本出路和永恒主题。

推进出版业创新发展　培育全民族人文精神

中华书局

改革开放30年，出版业可谓繁荣发展，图书出版从1978年的1万多种，到现在的20多万种；报纸从100多种，到现在的近2000种；期刊从不到千种，到现在的近万种。由此可见，国家近年来对文化建设的投入，达到了前所未有的力度；对文化发展的重视，达到了史无前例的高度。

文化的力量可以坚固一个民族的根基，文化的自觉可以提高一个民族的自信，文化的内涵可以洗礼一个民族的灵魂，而最为重要的是文化可以为一个民族带来持久的创新能力和鲜活的生命力。文化创新与文化吸引力决定着大国崛起的长度与宽度。纵观世界各民族历史发展进程，这是一条重要的历史经验。近年来文化产业发展不断提速，文化产业增加值占国民经济生产总值的比重逐年加大。现实的选择应该努力去解决并调正物质与精神生产失衡的天平，在创新文化中去谋求和谐文化的共赢。当一个民族和国家经济腾飞，物质产品极大丰富，人民生活水平大幅提高的时候，着意突出文化创新主题，激发全民族的创新活力，建立符合国情民意的核心价值体系，提升文化发展与建设在构建社会主义和谐社会进程中的重要作用，提出重大出版项目带动工程，加大国家对文化基金的投入，拓宽多种融资渠道，鼓励多家文化传媒企业上市融资，这些都是国家文化大发展大繁荣中的大手笔，值得大书特书。

在积极利用好国家文化发展基金和项目投入的同时，出版业应逐步树立文化产业链的经营理念，打通各媒体的边界，大力发展创意产业（以数字出版与动漫产业为主体），做好相关多元化发展的战略调整。一是内容上的延伸，在品牌经营的基础上围绕核心业务做好图书产品的梯次开发和延伸拓展；二是空间上的扩张，寻求最大的空间即国际化经营战略。为此，须大力培养引进媒体融合型人才，如网络、视频、广播、平面媒体等多种媒体汇流的复合型人才。这里既有渠道、运营、内容上的融合，也有诸如移动、电信、出版、金融、投资机构以及影视传媒、数字动漫等的融合，会不断衍生新的业态和商业模式，会逐步打破传统出版业的界限，寻求图书产品线和文化产业链的增值。

当我们以大手笔做大做强出版产业，并寻求出版业繁荣发展的时候，还应时刻牢记出版人的文化使命和文化责任。即培养全民族的人文精神与人文情怀，保护好文化原生资源、文化生态、不可再生的遗产和民族的文化血脉等，这是我们文化出版人应终生铭记的理念。我们应当重塑出版人的文化理想，重新认识出版文化人的社会职责。香港一位知名学者曾说，好编辑“不能单靠经济条件培养，他的才干是基于文化理想累积起来的”。也恰如温家宝总理所说，一个民族，“既要关怀脚下”，也要“仰望星空”，否则便是一个没有前途的民族。这也是我们大力提倡又好又快发展，保持出版业生态平衡，共筑和谐出版业的真义。

十七大报告新颖地指出，弘扬中华文化，建设中华民族共有精神家园，同时要加强各民族文化遗产的挖掘与保护，做好文化典籍整理工作。提法这么具体深入，让我们深感重任在肩。中华书局作为一家以整理出版中国传统文化典籍与优秀读本为主要宗旨和任务的出版单位，拥有 96 年历史的老牌出版社，中国出版集团的重要成员，我们有责任继续出版和传播中外优秀文化遗产成果，将中国传统典籍中的优秀精品呈现给广大读者，如“二十四史”、《资治通鉴》、《中华大藏经》、《甲骨文合集》、“大中华文库”、“中华经典藏书”系列等。我局承担了国家重点图书规划和全国古籍整理出版规划项目的主体，理应成为中国传统文化出版重镇，几年来通过结构调整和资源优化配置，形成古籍整理、学术著作、传统历史文化普及读物、汉语工具书等几大板块，形成多个优势品牌，在引领阅读风尚、经典普及与传播、品牌营销与推广和推动学术交流与创新等方面引起业界的广泛关注。

回顾几年来的选题创新工作，我们大致经历了迫于生存压力，局里主动引导的自发创新；靠“正说历史”书系畅销选题带动，乘势而上的自觉创新；有目的有计划的整体创新的过程。

2003 年底，书局新设市场部，明确表达了与市场接轨的强烈愿望和坚定决心。市场部针对当时我局受计划经济思想束缚、漠视市场的状况，敏锐地提出“我们离市场究竟有多远”的问题，并引为中华书局首次市场分析会的主题。从各种相关数据分析来看，我们与各主要竞争对手、同行间的差距，令编辑们十分震惊，开始深刻认识到，即使从事古籍整理学术著作出版，也应考虑其市场效应，而当务之急就是从读者的需求考虑选题的运作，换句话说，就是放下高高在上的架子，将我们的专业素质与读者的需求相结合，向大众普及读物领域进军。经过认真仔细的市场调研，一些青年编辑们目光向外，尝试主动出去组约稿件。一个非常偶然的机会，我们约到了阎崇年先生的《清宫十二疑案》。经过精心加工和慎重推敲，定名为《正说清朝十二帝》正式出版。当时我局发行部的同志还将以《正说清朝十二帝》为首的五六本新书封面和内容直接发给各地一些书店的朋友，开始有了主动营销的意识。2004 年地坛书市，《正说清朝十二帝》列为十大畅销书之一，一炮走红，各地添货不断，终于使中华书局尝到了畅销书的甜头，有了些许自信。

书局反应迅捷，意识到应该把握这一契机，不仅是为了保护编辑的创新积极性，更是发现了中华这棵老树可以发新枝的大好机遇。当时在加大品牌营销和核心竞争力的理念指导下，中华书局已经在考虑逐步向相关相近的文史哲普及领域拓展。以前中华书局也出版过一些传统文化普及读物，但效果并不理想。通过《正说清朝十二帝》的成功运作，中华人发现，以往的传统文化普及读物更多的是向现代人灌输传统文化思想，而不是从现代人的现实需求出发为他们提供传统文化的丰富营养。优秀的传统文化类的大众化图书完全可以成为传统文化和现代生活之间的一座可以来往、相互理解的虹桥。对历史进行“正说”是呼应了人们对于被戏说的历史的关注，中华书局作为一家以弘扬优秀传统文化为己任的出版社，一向以严谨、务实著称，更应为读者提供准确的历史知识，以“正说”的态度引导广大读者正确对待历史、阅读历史。于是，我局马上让编辑们着手策划组约后续相关选题，并在半年时间内，一气推出了十本“正说历史书系”，从而形成历史文化普及读物的热潮。面对跟风仿作汹涌袭来、“正说”概念被滥用的形势，书局又从维护自身声誉和品牌影响力角度考虑，果断向媒体宣布，暂停“正说历史书系”系列产品的开发。这也成为事件营销的一个典型案例。

在运作“正说历史”系列的成绩面前，中华人保持了清醒的头脑，我们不能仅仅停留于偶然的机会，应该顺势而上，充分把握“读史热”、“国学热”带来的市场机遇，从“被动”运作畅销书积极向主动运作畅销书发展。局里制定了明确计划，将2006年定为“畅销书运作年”。工夫不负有心人，在我局领导层及各部门通力合作、缜密调研、积极运作下，当年推出了阎崇年先生的新作《明亡清兴六十年》（上）。与《正说清朝十二帝》首印仅5000册相比，这本书首印即达到20万册，它的成功运作不仅向业界展示了我们的自信，也唤起了业界对中华书局的期盼。随后，在11月，我们推出了《于丹〈论语〉心得》，创造了业界神话，至今销售已突破500万册。虽然业界将其视为特殊现象，我们也清醒地意识到这一点，但我们还是为实现这一神话所付出的创造性劳动而自豪。畅销书的成功运作使中华书局在整体图书市场的排名逐年快速提升，从2003年的第141名到2004年的第105名，到2005年的第66名，到2006年的第35名，2007年达到了前所未有的第21名。业界更是将中华书局誉为“一匹黑马”，充分肯定了《于丹〈论语〉心得》为促进、拉动全国整体图书市场所做出的积极贡献。

畅销书的成功运作不仅给我们带来欣喜，也带来思考。中华书局一直以古籍整理、学术著作出版重镇的形象为社会关注，如何在文史哲畅销书和古籍整理、学术著作之间建立一条走廊成为我们关注的课题。中华书局拥有强有力的传统文化出版的品牌优势，由畅销书带动的阅读经典的热潮给我们提供了广阔的市场空间。我们立即着手对已有出版资源深入挖掘，摸清市场需求，进行了有效的延伸拓展和系列开发，取得了不错的销售业绩。如2005年推出的“四大名著”普及本，2006年推出的《史记》、《三国志》、《资治通鉴》白文普及本和“中华经典藏书”（该套丛书平均销量3万套，其中《论语》超过10万册）都在激烈的市场竞争中占据了优势地位。可以说，在各出版社都开始关注传统文化类图书时，书局长年积累下来的品牌资源和优势是开发和扩大这一市场非常有利的条件。

除了选题创新，中华书局还努力探索机制创新。这三年大众读物的飞速发展和中华书局的激励机制分不开。2003年后，中华书局领导制定了一系列激励编辑部、发行部、市场部发挥工作主动性和创造性的政策，打破了平均主义，充分尊重员工劳动成果与收益，拉大了收入差距，极大地激发了员工的工作热情。全局上下精神面貌焕然一新，意气风发。中华书局领导还大胆起用年轻人作为业务骨干，给年轻人舞台和成长机遇。如今，中华书局已经拥有一支令业界同仁都羡慕的编辑业务骨干队伍。再以《于丹〈论语〉心得》一书为例，编辑部对于丹教授的电视讲演稿进行了深层次加工，将演讲文本改编为阅读文本，并仔细校订经典文字和注释，确保对《论语》中字词的基本解释不出问题，请两位老编审全文校读把关，提高了图书的文字质量，并将《论语》全文编为附录，方便读者查阅。同时配上著名书画家陈传席先生的精美插图，装帧设计典雅大方，书一面世，便深受各界好评。目前该书不仅发行数字惊人，而且走向了全世界。港台地区的繁体字版及韩文版、日文版都已出版，全球英文版的合作协议业已与麦克米伦公司签署，目前共签约15个国家，20个版本，对推动我国图书走出去，落实图书海外推广计划是一个重要的举措。

近两年我局年销量5万册以上的图书达十几种，有了畅销书运作经验和体会，我们还专门成立了畅销书营销团队，与作者紧密配合，协调全国各地的演讲、签售等促销活动，局里在编辑流程监控上加强管理力度，保证重点畅销书适时出版，做到了多种媒体互动配合、立体营销的效果，相继推出《明亡清兴六十年》、《说慈禧》、《兵以诈立》、《国史十六讲》、《于丹·游园惊梦》、《于丹〈论语〉心得》、《马未都说收藏》系列、《于丹〈论语〉感悟》等，引领图书风尚，带动大众图书阅读活动，参与全国书市、海外书展、读书月、读书节等重大活动，极大地提升了中华书局的品牌影响力。

书局还与中国民间文艺家协会协作出版了《中国木版年画集成》22卷，编有《中华遗产》杂志等，每年都有几部重要的古籍整理和学术著作精品推出，引起学术界较大关注，如《读史方舆纪要》、《太平寰宇记》、《日藏汉籍善本书录》、《天一阁藏明钞本〈天圣令〉校证》、《新获吐鲁番出土文献》、《清儒学案》等等，力图使中华传统经典、民间文化带有抢救性的工程、中外文化遗产等能够让广大民众接受、阅读并使用，净化国民的心灵，增强民族自信心，提升国家软实力和竞争力。书局也注意运用多种载体多种媒介形式，包括高新技术创新文化生产方式（如书局与北大方正阿帕比公司、新浪网、当当网、卓越网、博库书城以及新兴手机媒体合作的尝试等），培育新的文化业态和传播模式，筹建“古籍在线”和“中华国学互动网络”，让广大人民能够真正共享文化发展成果，充分体会到中华传统文化博大精深、取精用宏的特性。中华书局网站不断更新，内容含量不断扩充，点击量逐年攀升，已成为业内著名的网站。书局还加大了海外版权输出力度，除了港台繁体版外，新加坡、韩国、日本以及欧美的图书业务贸易与版权贸易都有了较大幅度的提升。

我们欣喜地看到，几年来中华书局“守正出新、追求卓越”式的持续发展以及社会与学术影响力的大幅提升，从一个出版社的实践呼应并印证了改革开放30年出版业繁荣发展的胜景。30年，对于已有96年历史的中华书局而言，只是近三分之一的历程，而对于追求永续经营的出版企业来说，正需要我们收藏幸福，凝聚力量，满怀期待，蓄势待发，从而让世界充分认知中华优秀传统文化，增强中华文化的国际影响力，早日实现中华民族的伟大复兴。

把握机遇　探索实践　在改革中发展30年

人民卫生出版社

改革开放30年，我国发生了翻天覆地的变化，逐渐形成了以市场经济为导向的中国特色社会主义。出版业的改革，虽然由于其意识形态属性而滞后于整个经济体制改革大潮，但30年的改革尤其是十六大以后的快速发展，也给新闻出版单位的发展提供了良好机遇，出版行业呈现出一片繁荣景象。

一、人民卫生出版社改革30年巨变

人民卫生出版社（以下简称人卫社）伴随着中国改革开放30年，经历了从计划经济到市场经济变革的洗礼，也经历了一个认识、探索、实践、发展的阶段，尤其是在近几年的出版界快速改革中，把握机遇，勇于探索实践，制订了跻身国际医药出版强社之林的国际化发展规划，并在内部运行机制方面进行了一系列的改革，在机构、薪酬、用人机制、编辑出版模式改革等方面下工夫，探索良性运行机制。同时加快国际化发展步伐，“引进来，走出去”并举，在图书“走出去”、合作出版图书、建立海外销售渠道和成立境外分支机构等方面作了很多探索，走出了一条适合自身特点的、清晰的国际化发展之路。

改革开放30年来，人卫社各项工作都取得了突飞猛进的发展。1997

年至2007年十年间，出书品种增加了3倍，总册数增加了1.3倍，总印张增加了1.5倍，总码洋增加了2.6倍，发货码洋增加了2.5倍，回款增加了2.5倍，净资产增加了5.5倍，利润总额增加了1.9倍。

总结几年来的工作，我们有这样一种共识，就是：没有改革，就没有人卫社的发展，是内部运行机制改革和国际化发展等一系列举措，为人卫社经济的快速发展提供了基础和保证。近三年来，人卫社经济效益连年提高，2005年、2006年、2007年分别增长10%、15%、8%，2007年以实际入国库税款9199万元、出版界第三名进入“中国新闻出版纳税百强排行榜”。根据新闻出版总署图书司2007年初对2006年我国39家年销售额在2亿元以上的在京出版集团及大社名社的主要经济指标所做的调研，我社位列销售利润率排名第1位，资产利润率排名第2位，净资产利润率排名第3位，大社名社与2005年环比增长率位居第3位，税前利润排名第7位。2007年首届中国出版政府奖，我社获得全部六大奖项中五个奖项。

二、人民卫生出版社在改革中求发展，把实施企业内部运行机制的改革作为核心和关键

像人卫社这样一个拥有50多年历史，已经在医药出版界处于发展前列的大社，要解决可持续发展问题，不改革是没有出路的。为实现较高平台上的继续发展，2005年人卫社新一届领导班子制定了“十一五”发展规划，把深化改革作为一个重要的发展战略。

（一）优化产品结构，降低市场风险，提高综合竞争力

1. 制订规划，调整产品结构

长期的计划经济成就了专业社在专业教材方面的权威和霸主地位，导致出版社长期依赖教材出版，教材所占比重高达70%—80%，存在极大的隐患。面对这种危机，我们在制定“十一五”规划时就将调整产品结构作为首要发展战略，力争教材、参考书、科普图书达到6∶3∶1的比例，以扭转产品结构失调、产品质量滑坡的局面。当然这种调整也不是硬性的、简

单的人为比例划分，而是通过编辑机构设立、编辑运行机制改革以及政策引导与调控来实现的。

2. 加强教材建设，稳固教材市场份额

在教材建设上，我们以大教材观指导教材出版工作，开展学校学历教育、继续教育、各类应试教育并举的终身教育教材体系建设。同时与国家医学考试中心合作，引入执业医师资格考试用书的出版，与卫生部人才交流中心合作，引入职称考试用书的出版力度。我们还与各级学会和学术组织合作，开展医学继续教育与培训教材的出版。经过几年的努力，目前人卫版教材已经涵盖了学校教育、继续教育、各类应试教育各个方面，占据了医药教材市场的重要份额。

3. 培育精品，以参考书创品牌

参考书是出版社品牌的标志，正是像《实用内科学》、《黄家驷外科学》、《新编药物学》这样一批长销、畅销的传世之作打造了人卫社的品牌和市场声誉。《黄家驷外科学》历 50 年共 7 版就云集了 22 位院士参编，影响了好几代医学工作者。为维护品牌和声誉，保持市场竞争优势，我们实施了创立品牌、培育精品战略，并从图书选题、编辑加工、书稿质量检查等环节加强管理。对像《实用内科学》、《新编药物学》、《黄家驷外科学》这样一批被市场普遍认可的看家精品进行不断地修订，用精品来塑造形象与品牌。就整个医学科普图书市场而言，人卫社在科普图书方面并不占优势，为此我们发挥行业优势，不断加强与卫生部等政府部门和有关学会协会、医学院校的联系，将重点工作放在大型项目活动的策划上，以策划参加大型活动带动科普书的出版发行。

经过几年来的不断调整，我社教材比重过高的势头得到有效控制，教材与参考书和科普图书的比例也正在朝着预定的目标比例发展，并逐步进入良性发展状态，出版社的综合实力和市场竞争力都有了较大的提高。

（二）进行机构调整，实施策划编辑制，重要职位竞聘上岗

1. 调整机构，整合资源

为应对竞争日益激烈的图书市场，我们在内部运行机制改革中的一个

举措就是进行机构改革，按照组织机构优化的原则，重点对编辑部门进行调整，充实和加强教材出版力量，改变过去教材与参考书双轨运行的局面，整合了编辑人员力量和专家作者资源，提高了工作效率。成立了编辑加工中心，集中管理社外编辑人员，建立起一支由社内编辑、社外编辑和离退休编审构成的千余人的一、二、三审编辑加工队伍，解决了发展速度和质量、品牌之间的矛盾，为实行低成本扩张和实行策划编辑制、策划编辑竞争上岗奠定了基础。

2. 实施策划编辑竞聘上岗

为建立行之有效的策划编辑制，我们在编辑加工中心日趋完善的基础上，全面实施策划编辑制，全体策划编辑通过竞聘上岗，并严格按照策划编辑管理考核细则进行绩效考核。策划编辑的考核通过一个个量化的综合指标体系来完成，比如说选题质量指标，规定了策划选题成功率不低于60%，新书出版一年内销售率不低于初次印数的70%，三年内重印率不低于50%，五年内再版率不低于20%。同时，策划编辑应努力提高策划图书的获奖率。经过两年来的实践，策划编辑制实施顺利，图书策划水平有了较大提高。

3. 实行中层干部竞聘上岗

中层干部是整个管理系统中至关重要的一环，2006 年初，我们在人卫社历史上首次进行了中层干部公开竞聘。中层干部竞聘上岗实行两年来，中层干部能够围绕社中心工作，有效地实施组织管理，完成竞聘时承诺的任务指标，保证了出版社整体工作的顺利进行。而且，第一次中层干部竞聘上岗，就有 9 名近 30% 的同志第一次走上中层领导岗位，极大地调动了优秀人才参与管理的积极性，使一些优秀的年轻人才脱颖而出。

三、人民卫生出版社在实践中探索，积极稳健地推进国际化进程

在经济全球化的今日，人卫社不仅仅满足于国内市场的占有率，早在2005 年就确立了由国内医药专业大社跻身世界医药专业大社之林的国际化

发展目标，并抓住发展机遇，不断探索国际化发展之路。

（一）制定规划，实施“引进来，走出去”发展战略

人卫社快速跻身世界医药专业出版大社强社的目标，是人卫社发展到一定历史阶段的必然要求。为此，我们充分利用两种资源，发挥比较优势，确立了“引进来，走出去”发展战略。

1. 由单纯引进到按学科系列引进，由单纯翻译到编译直至合作出版

“引进来”方面，变单纯引进为按学科系列引进，同时，引进专家、技术，办班、讲学、技术表演，逐步促进国内外一流专家的广泛融合，由单纯翻译到编译，以至合作著书立说。我们已经与美国骨科学会、精神病学会、儿科学会开展合作出版。双方共同选题，共同组织中美两国专家编写，共同编辑加工，以双方的名义同时出版中英文两种版本，中文版在国内发行，英文版在海外发行。

2. 以中医图书“走出去”为先导，解决翻译瓶颈问题

“走出去”方面，我们基于对国际图书市场的充分调研，将中国传统文化优秀代表的中医药图书作为“走出去”的最佳切入点，并通过统一和完善翻译标准，建立中外专家合作的翻译队伍，解决了中文图书尤其是中医图书走向世界的“瓶颈”翻译问题。从 2005 年底开始，我们先后从海外聘用了 10 余人来社长期工作，具体负责中医“走出去”图书及音像制品的翻译、审定工作，使我社英文出版物从语言上完全达到了英语国家水平。

3. 西医“走出去”快速跟进

在中医“走出去”的同时，我们还加大西医“走出去”的力度，只有中西医同时“走出去”，人卫社才能真正在国际平台上与其他医学出版社全面竞争。西医走向世界，我们也同样具有优势，我们组织了国内技术处于国际领先地位的 SARS 学、骨科学、烧伤治疗学、纤维外科学、神经外科学等专业领域的专家，策划西医“走出去”图书和教材。

（二）“走出去”产品在国际著名书展频频亮相，赢得世界出版机构认可，并打开国际销售市场

1. “走出去”产品赢得世界出版机构的认可，跻身国际出版舞台

自2006年开始，人卫社开始独立设置展台参加第58届法兰克福书展，同样，2007年第59届法兰克福书展、2008年第60届法兰克福书展，除了在6号馆的中国出版展区设置展台外，还进入4号馆科技与医学专业馆，与国际医学出版商一同独立设展，此举标志着我社正式走入国际医学出版竞争舞台。包括世界第四大出版机构爱思唯尔的出版专家在内的世界各地的出版商、发行商以及欧洲的中医专家学者，对我社的外文版图书给予了高度评价。认为人民卫生出版社已经真正融入了国际出版大家庭，已成为这一家庭的成员之一。短短几年的时间，我社的“走出去”外文版中西医图书产品、挂图及DVD产品由130种快速增至500种，在国际出版界的声誉与地位与日俱增。

2. 构建国际化营销网络，为“走出去”产品打开销路

在国际销售环节上，我们两条腿走路，“借船出海”与“造船出海”相结合，一方面我们在欧洲和美国建立自己的国际销售队伍和网络，使销售本土化；一方面与各大出版公司合作出版发行，做到利润共享，利益双赢，逐步在国际市场树立人卫社的医药图书品牌，最终实现在国际图书市场上的销售目标。目前，人卫社国际销售渠道已经覆盖亚洲、欧洲、美洲、澳洲。

（三）成立海外分支机构，实施本土化战略，探索国际化发展新途径

1. 成立美国策划编辑部，并以此为样板逐步建设国际策划编辑队伍

中国图书仅仅满足于通过几个书展亮亮相是远远不够的，还要在国际图书市场获得相应销售份额，占领国外市场，就要从选题入手即考虑当地读者的需求，策划出适合当地人需要的图书品种。为此，2008年，我们成立了美国策划编辑部，在美国当地聘用曾经在国际著名出版机构任职的资

深专业人士，专门负责为我社策划美国市场需要的、适销对路的图书。一方面是要以此为样板逐步建设国际策划编辑队伍；另一方面也是要在美国建立一个窗口，以便随时了解国际出版行业动态，为出版社重大决策提供相关资讯，待条件成熟时顺应国际出版及其他行业兼并重组的大趋势，购买成熟的国外品牌出版公司，占据国际医学图书高端。人卫社美国有限责任公司成立即收购加拿大 BC 戴克出版公司的全部医学图书资产，就是在对美国策划编辑部提供的 BC 戴克出版公司相关决策信息进行全面考察后决定收购的。

2. 成立美国有限责任公司，实施本土化战略，探索国际化发展新途径

为不断推进国际化进程，统筹我社国际合作和各项业务的开展，以更好地融入当地主流社会，贴近读者需求，实现本土化发展。2008 年 7 月，我社投资 500 万美元在美国成立人民卫生出版社美国有限责任公司。美国公司成立伊始，就收购了加拿大 BC 戴克出版公司的全部医学图书资产，其肿瘤专业和口腔专业图书在国际医学界享有很高声誉，收购以后，我们立刻就拥有了一批国际著名医学专家作者群，拥有一批最多长达 20 年可不断修订再版的医学图书精品。收购的这 200 余种英文版图书加上我社近几年中西医“走出去”图书，我们已拥有外文版图书近 500 种，达到了世界中等出版机构的规模。根据我们的计划，这些国际医学精品图书的下一步修订再版，都要增加中国医学专家为作者，并增加一定比例的中国医学资料，以充分体现人民卫生出版社的风格和所代表国家的地位。这就在客观上促进了中外著名专家的学术交流与合作，中外专家共同著书立说，实现我们文化“走出去”、图书“走出去”、专家“走出去”的目标。

改革促进发展，发展又要求进一步深化改革。改革开放 30 年，为出版界带来了勃勃生机和发展活力，人卫社的系列改革也为经济的持续发展提供了基础与保障，人卫社的广大干群也享受到了改革的成果。在日趋迫近的转企改制的大趋势下，我们愿意借改革开放 30 年的东风，和广大出版界同仁一道努力探索，继续深化改革，促进出版事业的更大发展。

以改革促进发展

中国电力出版社

改革开放30年，祖国发生了翻天覆地的变化，中国电力出版社也走过了30年不平凡的历程，取得了辉煌的成就。中国电力出版社是我国成立最早的中央级科技出版社之一，前身为成立于1951年的燃料工业出版社。十一届三中全会之前，中国电力出版社因各种原因分分合合、曲折发展，社名几经变更。改革开放特别是党的十六大以来，中国电力出版社锐意进取、与时俱进，勇立我国出版业改革的潮头，出版了大量的优秀出版物，取得了显著的社会效益和经济效益。

经过30年来的改革发展，中国电力出版社的综合实力显著增强，影响力不断扩大。2008年出版码洋较1978年翻了6番。中国电力出版社在全国576家出版社竞争力排名中，从2001年的第241位上升为2007年的第33位，连续15年保持了“全国优秀出版社”称号，2007年荣获首届“中国出版政府奖”，2008年又被中宣部、文化部、广电总局、新闻出版总署联合授予“全国文化体制改革优秀企业”称号。

30年来，中国电力出版社敢破常规、敢闯新路，为推动中国科学技术的进步尤其是电力科技的进步，提升民族的科学文化素质做出了重要的贡献，赢得了科技界、出版界和广大读者的尊重和认同。

一、改革之路

20 世纪 80 年代初，中国电力出版社顺应“文化补习”需求，出版了由海淀区教师进修学校编写的《中学基础知识补习丛书》。编辑们严谨工作，深入指导，培育了一大批作者，同时也使海淀教辅品牌蜚声全国。这是中国电力出版社第一套按市场规律运作的图书，出版社也由此迈出了走向市场的第一步，拉开了改革的序幕。

计划经济管理模式逐渐退出，出版社必须迎头追赶市场经济的步调。中国电力出版社一方面发扬优良传统，狠抓图书质量，精益求精；一方面鼓励编辑深入基层，开发选题。在保证社会效益的前提下，努力创造更多的经济效益。改革开放的大潮将出版社推向市场竞争的前沿，中国电力出版社开始探索自办发行渠道，在全国建立了 30 多个发行站和电力书店，解决了专业图书发行难的问题。

党的十六大以后，随着出书品种、数量的大幅提高，仅仅依靠自办发行力量已经不能适应发展的需要。中国电力出版社果断进行了营销体制改革，“多条腿走路”。图书发行比例从原来的自办渠道 60%、新华书店和其他渠道 40% 发展到现在的新华书店和其他渠道 60%、自办渠道 40%。这一看似简单的数字换位带来的是图书发行“瓶颈”的巨大突破。如今，中国电力出版社已建立了较为完备的发行体系和网络，销售网络覆盖全国，网点已达 2000 余家。

在不断的改革探索中，中国电力出版社建立了有奖有罚、分配合理的综合目标责任制，通过创新考核机制等一系列改革，逐步建立起了适应出版市场需求的出版机制。

2003 年，中国电力出版社完成了企业工商注册，但不论在国家电网公司的经营体系上，还是新闻出版总署的管理方式上，出版社还是一家事业单位。在一个完全市场化的领域内，旧有的管理体制阻碍了“一强三优”现代企业的构建。如何转变出版社发展思路来不断适应国家电网公司和整个电力行业的发展方向，如何调整出版社前进方向以适应中国出版体制改革发展方向已成为中国电力出版社亟待解决的问题。中国电力出版社在认真分析形势和本单位实际情况的基础上，主动争取成为出版社改革试点单位，大胆实施改革，以获得新闻出版总署在出版资源和政策方面的倾斜和支持。2006 年 4 月，中国电力出版社成立转企改制领导小组，积极进行策划，认真组织实施，稳步推进工作，一方面坚决贯彻执行中央文化体制改革精神，积极稳妥地推进转企改制的各项具体工作，紧密结合自身实际，提出了具体的改革方案；另一方面深思熟虑，充分准备，认真对待在改革中出现的各种复杂问题。针对本单位长期以来作为事业单位，受传统计划经济的影响较深，干部员工风险意识不强、竞争意识薄弱的状况，把如何顺利完成职工身份转换、完善薪酬和绩效考核制度、保证职工队伍的稳定、保证生产经营工作的持续发展，确定为改革成功与否的重要因素。在大力推行改革的过程中，始终坚持“以人为本”的原则，充分利用各项政策和现有条件，把握有利时机，平稳完成了干部员工从“事业人”到“企业人”、“市场人”的身份转换。在新闻出版总署和国家电网公司党组的领导下，2006 年 12 月 16 日，中国电力出版社有限公司正式挂牌成立，成为中央出版单位中第一家整体转企改制的出版社，受到了各级领导的充分肯定。

中国电力出版社成功转制，为出版发行体制改革积累了经验、提供了思路，更为中央部委出版社的体制改革闯出了一条可供借鉴的道路：

——探索出一条彻底解决职工后顾之忧的改革之路。体制改革中最关键的问题就是“人”的问题，如何在改革中确保职工的利益不受伤害，这是决定改革成败的关键因素。我社立足“企业 + 社保 + 企业年金”的模式，较好地解决了改制过程中“老人”、“中人”和“新人”的社会保障问题，从而使所有干部职工理解改革、支持改革，确保了整个转企改制进程的顺利进行。

——探索出一条现代企业制度下出版企业的改革之路。出版业的转企改制包含两方面的改革，一是改体制；二是改机制。社党委在认真分析企业内部外部总体形势的基础上，全面细分了改革的方向和步骤，制定出了一套适应现代企业制度下出版企业的内部体制机制改革总体方案。新体制、新机制的巨大激励作用已经在出版社各项生产活动中表现出来，企业的各项指标都有了跳跃性的增长。

——探索出一条强化出版资源建设，建立跨区域发展之路。电力出版社根据转企改制的优惠政策在广州设立了南方分公司，在上海、武汉分别成立了办事处，扩大了出版资源掌控范围，为出版社的快速发展打下了坚实基础。

实践证明，中国电力出版社的管理水平和市场竞争力正在稳步提升，正在逐步建立起更加科学、合理、有效的企业运营机制，为中国的出版发行体制改革做了一名合格的先行者。

二、辉煌成就

改革开放30年，是国家经济发展与精神文化生命力从萎靡到迸发的30年，也是中国电力出版社取得辉煌成就的30年。

30年来，中国电力出版社向电力行业以及全社会提供了2万多个品种、2亿多册各类图书，伴随了几代人的成长，对培养电力专业人才，提高人员技术水平，传承和普及科学技术知识，促进电力工业发展，丰富社会文化生活，起到了重要作用。

30年来，中国电力出版社的出书品种由1978年的88种，上升到2008年的2580种，增加了28倍多；出版码洋由1978年的529万元，上升到2008年的4.7亿元，增加了近88倍。

十六大以后，党中央作出加快文化体制改革和文化产业发展的决定，中国电力出版社的改革发展也进入了快车道。2003年至2007年，中国电力出版社出书品种、图书生产码洋、总印造册数、销售码洋、资产总额、利润总额等指标的年平均增长率分别达到13.6%、14.4%、18.6%、21.1%、18.5%、21.5%。其中销售码洋、资产总额和利润总额三项指标2007年比2003年翻了一番多，并且实现了业务指标和财务指标同步增长，取得了社会效益和经济效益双丰收。

30 年来，在市场竞争的磨砺下，中国电力出版社立足本专业，面向大科技，积极拓展出版领域。先后成立了教材中心、标准中心、电工电子编辑室、建筑与机械编辑室、网络出版部等。由 1978 年的水利、水电、电力、热力 4 个专业，发展到 2008 年的电气工程、能源动力工程、机械工程、水电工程、建筑工程、电工电子技术、计算机技术、自动化技术、科普少儿、外语等众多领域，同时向图书出版、期刊出版、音像电子出版、网络出版立体发展的模式转变。逐步形成了服务特色，塑造了专业品牌，在专业出版领域中探索出了一条具有自身特点的发展道路。

中国电力出版社有着数十年的教材出版经验和优势，曾以优异的质量出版了本专业高校统编教材，并获众多奖项。为促进出版社的发展和加强教材建设，中国电力出版社专门成立了教材中心。在教育部、国家电网公司、中电联等部门的领导和指导下，教材出版持续发展，仅 2008 年就出版教材近 600 种。

2001 年，中国电力出版社以北京申奥成功为契机，适应中外交流大发展的形势，成立外语部，开拓外语出版新领域。经过艰苦创业以及独具特色的经营，今天电力版外语图书已牢牢占据市场一席之地，成为出版社新的增长点。

中国电力出版社的电工电子、建筑类图书，也凭借出版社深厚的专业积累和厚积薄发的优势，迅速扩张市场份额。

中国电力出版社的音像电子出版在改革进程中扎实经营，稳步发展，在专业音像电子出版领域独树一帜，硕果累累。《机械制图的动态思维过程》获第二届国家音像制品奖，《火力发电厂生产过程》CAI 教学课件获得首届“中华优秀出版物（电子）奖”，《走进电的世界》音像专题片获得“中华优秀出版物（音像）奖”提名。

一批重点图书出版项目的实施，不但为出版社赢得了荣誉，也将行业内大批优秀的专家、学者凝聚在周围，成为出版社可持续发展的坚强后盾。《中国电力百科全书》、《中国水力发电工程》、《中国电力年鉴》等多部巨著先后荣获国家图书奖、中国图书奖、中国辞书一等奖等国家级奖项。

改革开放以来，中国电力出版社积极实施“引进来，走出去”战略，有力地促进了国内外技术和文化交流。近年来引进版权千余种，输出版权近百种。

经过多年的努力，中国电力出版社在出版市场的地位显著提高，主专业电力类图书的市场占有率始终牢牢占据市场主导地位，控制了超过80%的市场份额；电工电子类图书的市场占有率从初期的不足5%增长为17%，占据图书市场第3位；建筑类图书的市场占有率从初期的1.9%增长为10.2%，进入了前3位；外语、计算机、科普少儿类图书的占有率也都快速增长，成为该领域的有力竞争者。

三、社会责任

改革开放30年来，中国电力出版社始终坚持“两为”方针，紧紧围绕社会、行业和读者的需求，辛勤耕耘、勇于探索，积极履行社会责任，取得了社会效益和经济效益的双丰收。

20世纪80年代初，改革开放伊始，国家各项事业逐渐走向正轨，全社会对文化知识、科学技术的渴求空前，为了进一步促进电力工业发展，电力行业提出对青工进行文化补课和技术补课。在这种大形势下，为适应行业、社会和广大读者的需求，经过周密调研和精心策划，出版了海淀区教师进修学校编写的《中学基础知识补习丛书》。这套丛书以权威、翔实、优质、适用而著称，迅速风靡全国，成为中学生和知识青年进行课程学习的必备用书，仅1981年印量就达到570万册。丛书实现了巨大的社会效益和经济效益，同时也为高、精、尖学术专著的出版提供了充分的经济支持。为提高广大电力职工的技能水平，中国电力出版社与山西省电力局合作，策划出版了火电生产类工人培训教材。为保证教材的质量，编辑全程参与，为作者讲授写作技巧、共同确定写作思路。该教材一经出版就大受好评，成了广大电力职工工作中最好的老师，屡次重印，畅销不衰，为提高全行业青工的技能水平做出了巨大贡献。

改革开放初期，广大农村地区缺乏安全用电常识，每年都有大量触电伤亡事故发生。针对这种情况，中国电力出版社及时组织电力专家、生产一线职工，编写《农村安全用电常识课本》，并深入农村的田间地头，实地征求农民朋友意见。该书通俗易懂，价格低廉，使用电安全知识在广大农村迅速普及，大大减少了事故发生率。

科技专著等高端理论技术书籍的出版对国家的科学技术进步起着非常重要的作用，但读者面窄，印数小，出版社要承担亏损，因此科技专著的出版陷入困境。早在 1997 年，中国电力出版社就发起并和电力企业每年共同出资设立了电力专著出版基金，专门用于资助代表电力行业前沿技术、先进经营管理水平的优秀作品的出版。后来，由于电力行业体制变化，出版基金来源出现困难，但出版社仍想方设法，保证出版基金落实到位，确保科技专著的出版，切实肩负起传承电力科技的社会责任。

近几年，中国电力出版社紧紧围绕广大读者的需求，出版了一系列规程规范类和技能培训类图书、音像制品等，翻译和引进了大量代表国际先进水平的图书，广泛应用于电力企业的生产实践中，为提高电力企业的规范化操作水平和广大职工的知识水平及技术能力提供了有效保证。

在做好出版工作的同时，中国电力出版社始终积极履行社会责任。开展了一系列服务社会的爱心活动，广泛宣传电力科普知识，倡导安全用电、节约用电。坚持向希望工程以及革命老区、西藏等地区捐赠图书。

中国电力出版社对社会无私的奉献得到了充分的肯定，已经连续 12 年被授予“中央国家机关文明单位”光荣称号（1995—2007 年），并于 2006 年被授予“中央国家机关文明单位十连冠”称号，连续 9 年保持“首都文明单位”（1999—2007 年）光荣称号。

荣誉，并不是中国电力出版社追求的最终目标，社会各界的赞扬和肯定才是一个企业真正价值的体现。这将激励中国电力出版社一如既往地做好各项工作，以更大的热情服务、奉献社会。

2008 年，按照国家电网公司党组的统一部署，中国电力出版有限公司和原国家电网报社重组为英大传媒集团，开始集团化运营。

扬帆起航正逢时，可以预见，在党的十七大精神指导下，在新闻出版总署和国家电网公司的正确领导下，中国电力出版社作为文化产业的生力军和集团化运营的直接受益者，必将迎来更为迅猛的发展速度、更为广阔的发展空间，有力地助推文化强国和科技强国建设，为全面建设小康社会、促进科学进步做出更大贡献。

锐意进取　开拓创新
构建独特品牌和竞争优势

中信出版社

中信出版社成立于1988年，隶属于中国中信集团公司，是当时全国唯一一家由企业主办的出版机构。中信出版社出版领域以财经类、人文社科类、时尚生活类为主。近几年来，中信出版社在财经类图书零售市场始终名列前茅，总体市场占有率排名连年攀升，已经由一个默默无闻的小社发展成为财经图书市场第一，总体市场排名进入前15名，有较强市场地位的出版社。

中信出版社是全国出版发行体制改革第二批试点单位，2008年上半年，集团化业务发展规划和股改方案得到新闻出版总署、财政部批准，由中信出版社改制为“中信出版集团股份有限公司”，为下一步发展打下了良好基础。

回眸创业与发展历程，中信出版社的成长与壮大，得益于中国改革开放的大好环境，更是从出版发行体制改革中深受裨益。下面向大家简要汇报一下中信出版社这些年的发展变化情况。

一、构筑科学发展愿景，树立品牌形象

在我国改革开放之初成立的中国中信集团公司（中国国际信托投资公司）曾被邓小平同志赞誉为中国在对外开放中的一个窗口。多年来，中信

集团按照国家的法律法规和方针政策，坚持开拓创新，通过吸收和运用外资，引进先进技术，采用国际上先进、科学的经营方式和管理方法，遵循市场经济规律，在诸多业务领域中进行了卓有成效的探索，创立了多项国内第一：是国内第一家在境外发行债券的企业；创建了国内第一家经济咨询公司；设立第一家中外合资及全国性国有租赁公司；拥有第一家在香港上市的红筹股公司；第一家在海外收购商业银行；创建第一家由国有企业独自创办并经营的全国性商业银行；在中信集团的努力下，中国第一次进入国际卫星发射市场。通过不断创新，中信集团取得了较好的经济效益，在国内外树立了良好的信誉，已发展成为一个以金融为主业、涉及诸多领域的国有大型跨国企业集团。

中信出版社作为中信集团旗下的出版机构，成立之初是由集团总部的职能部门进行管理，每年根据集团要求完成相关图书和材料的出版、印制工作，基本不参与市场竞争，因此一直是个默默无闻的小出版社。后来，中信集团改变了对中信出版社的管理模式，要求出版社独立经营、自负盈亏，在这种情况下，由于长期缺乏市场磨砺，在诸多环节缺乏竞争力，一度陷入经营困境。

2001 年 7 月，中信出版社新领导班子上任后，第一件重点工作就是结合出版业市场需求分析自身的优势，借鉴集团公司成功经验，明确中信出版社战略定位和发展愿景：成为中国经济、人文、创意、生活的最佳知识品牌。具体地说，就是：

——能对中国的经济管理、国际化提供实质的贡献，能对现代人群提供知识服务，对国家、社会、企业的未来发展注入创新的启发。尤其是进入 21 世纪的新经济时代，我们更希望成为中国未来实现新的价值思想和有价值的知识服务新典范。运用出版、多元的内容服务、连锁经营、国际化等经营创意的发挥，创造和提供与传播文化、传播知识相关的概念、产品、服务，让主要的目标人群接触心灵与知性之美，领略人文、创意融入生活的具体内容，满足他们对世界经济、商业趋势和实践的了解及事业发展的需要。

——成为文化的、商业的、生活的、品质的、创意的、盈利的、健康的社会企业，建立利己、利人、利众的文化事业，成为消费者生活上、事业上可依赖的品牌。

——中信出版将代表我们对美好社会的追求与实践，蕴含着真诚、关怀、专业、严谨和承诺。

——形成“优质理念、优质服务、优质品牌”的价值观。

二、确立正确经营理念，提升竞争实力

（一）诚信经营，认真履行出版社的社会责任

在发展过程中，出版社领导班子要求大家诚信经营，努力为社会提供高品质、健康的图书产品。经过不懈努力，中信出版的品牌价值得到了广大消费者和业界的信赖与认同：

1. 被评为“诚信经营、优质服务”出版单位

2007年，在新闻出版总署指导下，由中国出版工作者协会、中国书刊发行业协会联合组织开展了全国“诚信经营、优质服务”出版单位评选活动，评出“诚信经营、优质服务”出版单位20家，中信出版社榜上有名。

2. 杜绝假书、伪书，得到读者和主管机关的充分肯定

几年来，面对图书出版市场的激烈竞争，一些出版社片面追求经济利益，市场上出现了大量的假书、伪书、跟风书，严重影响了图书出版市场的正常秩序。在这种环境下，我社坚持对党的事业负责、对广大读者负责，保护知识产权，忠实履行合同，坚决抵制出版假书、伪书，切实保护广大读者权益，多次受到中宣部和新闻出版总署的表扬。

（二）开拓进取，形成以创新为核心的竞争优势

1. 创新机制，创建畅销图书出版新模式

与国内其他出版社不同，中信出版社是一家没有政府背景、完全由企业主办的出版社。由于是在企业的平台上进行运作，我们缺乏政府在政策、资金上的支持，如果以传统的出版模式在市场上竞争，将完全处于劣

势。从 2001 年起，我社在中信集团的大力支持下，依托“中信”强大的品牌影响力和成熟、先进的企业管理经验，把完全市场化的运作手段引入图书出版领域。以建设领先品牌作为自己的战略，通过规范的企业运行机制，建立完善的激励机制、管理机制和监督机制。在组织结构上以强化市场功能、符合业务运作规律为原则，支持服务体系保障有力，业务开发机制灵活，监督管理到位。在业务机制上强调出版人负责制，按领域和产品划分领域和业务单元，以策划、编辑、包装、品牌管理、营销、渠道管理的业务全流程培养开发能力和市场策划力，以客户管理为中心提供专业化的内容服务，形成以创新为核心的竞争优势。我们以创新的理念和市场化方式创建畅销书出版新模式，以商业经典为代表的图书频频上榜。

2. 创新理念，引领商业图书出版新潮流

与人们的传统意识不同，我们认为图书是一种市场性和时令性都很强的商品。这一特点就要求一个成功的出版社在图书出版过程，必须敏锐地把握市场需求，依托卓越的品质和个性化的服务，将时尚、前卫的理念、知识通过图书这种载体传播给大众，树立一种引领出版潮流、充当市场先驱的出版形象。为此，我们一直坚持“我们为广大读者提供知识，以应对变化的世界”的出版理念。这些年，我社就是将国际、国内先进的商业管理理念、观点引入出版物内容中，满足国内企业界人士开阔眼界、与世界接轨的需要。从《谁动了我的奶酪》到《杰克·韦尔奇自传》，从《基业长青》到《转型》，从《长尾理论》到《黑天鹅》，从《水煮三国》到《货币战争》，无一不是开市场领域先河之作。有这些超级畅销书的支持，我社在业内和读者中赢得了极大的关注和反响，奠定了中信出版社在出版界的地位和名声。

（三）勇于改革，提升对出版市场的驾驭能力

在中信出版社的发展历程中，“改革、调整”是贯穿始终的一条主线。经过 2001—2003 年的跨越式发展，中信出版社成为行业内效率最高、发展最快的出版社之一，被业内称为“中信现象”。但是，面对文化体制改革的大势，我们没有沉醉于过去所取得的成绩，而是积极应对产业环境的变

化，不断进行改革、调整。

2003年，在国家政策扶持下，一批出版企业通过重组实现自身的市场化改造与重新定位，进行集团化建设。中信出版社积极应对产业环境的变化，以集团化运作作为自己的定位，全面进入出版领域，产品范围也大幅拓展，摆脱了单一财经图书出版的市场形象。在《新周刊》、新浪网等联合组织的评选中，我社被评为“2003年度新锐企业”。

从2005年开始，为应对日益临近的出版业全面开放带来的冲击，我社积极结合自身特点，客观分析优势劣势，根据有所为有所不为的原则，加快战略性调整。首先是转换出版社的定位和理念，从出版集团化的发展向以市场化、现代化的商业出版社转变，以“商业、文化、生活”作为主要出版方向，完成角色转换。在此基础上，我们进行了一系列市场策略的调整：强化品牌以培育市场形象；顺应潮流以凸显内容至上；整合营销手段以有效支持渠道销售；优化服务以赢得更多下游合作方的全力支持。通过一系列的改革、调整，应该说是卓有成效的。

2006年底，中信出版社被新闻出版总署确定为全国出版发行体制改革第二批试点单位。在总署领导的指导和支持下，我社积极制定集团化业务发展规划，并大力推进股份制改造的相关工作。2008年6月取得“中信出版集团股份有限公司”营业执照。是全国第一家由出版社改制的股份制企业，也是第一家由单一出版社向集团化发展的出版社。

（四）加强合作，展示出版企业良好的国际形象

1. 积极引进海外重点图书，保持引进版图书市场领军者地位

从2001年以来，中信出版社利用集团公司的资源优势和在国际上的影响力，加强同国外出版机构的交流与合作，树立中国企业良好形象。出版了一系列深受广大读者喜爱的商业畅销书，这些开市场领域先河之作，都曾经引起很大的反响。

2. 贯彻落实中央和总署提出的关于中国出版发行业“走出去”的战略，将优秀的本土财经作品推向海外

通过聘请国际出版专家对原创图书作品进行整理、策划，特别是着力

打造一批反映中国改革开放以来的经济成果以及中国企业和企业家自主创新的原创精品，让世界认识中国、了解中国，并依托现有的良好国际版权平台，在输出版权方面实现较大突破。先后将《水煮三国》、《联想风云》、《当中国改变世界》、《货币战争》等一批优秀的图书对外输出，极大地推动了企业和中国文化在海外的影响力。这种在财经图书领域的规模性输出在中国出版界独树一帜，更在海外出版界赢得了崇高的声誉。

三、切实做到统筹兼顾，实现协调发展

（一）服务大局，坚持正确的出版方向

中信出版社在经营管理工作中，始终坚持“把社会效益放在首位，努力实现社会效益和经济效益的统一”的出版方针，把握正确的出版方向。几年来，我社出版了一批在市场产生巨大影响、为广大读者提供喜闻乐见并经得起市场检验的图书，认真履行了保持和传承先进文化的职责。同时，我们严把政治关，没有出版过在政治、民族、宗教等方面存在任何问题的图书，做到政治上先进。

（二）科学发展，不断改善经营状况

用科学发展观指导实践，出发点在于近年来，中信出版社坚持以科学发展观为指导，与时俱进，开拓创新，加快发展步伐。同时，把有效发展作为出发点，正确把握和处理好速度、规模、结构、质量和效益的关系，克服“速度情结”和“规模冲动”，把发展的重点放在结构、质量和效益上。在选题上能切中时点，把握趋势，不断推出读者喜爱、有影响力的、较高品质的图书，形成较好的品牌影响力和市场号召力。

（三）坚持以人为本，初步建立起具有核心竞争力的人才队伍

在发展过程中，我们把建设高水平的人才队伍作为提高竞争力的重中之重。一是在人才使用上拓宽群众参与渠道，遵循“德才兼备，群众公认，注重实绩”的原则，通过群众推荐、任职前公示等方式，广泛征求群

众意见。这在很大程度上打破了过去的封闭性和神秘化，有利于员工们摆正心态，踏实工作，有利于员工们认识到认真工作就有机会脱颖而出，形成主人翁意识。二是在人才选拔上引入竞争、激励机制，使公开、平等、竞争、择优原则得到进一步体现，让每个干部都感到竞争的压力，调动他们创业的积极性，在工作中发挥最大的潜能。三是建立规范、合理的激励机制。近几年我社在中层岗位推行竞争上岗，优胜劣汰，逐步形成了一种"能者上，平者让，庸者下"的良好局面。一批业务能力强，群众认可度高的年轻业务骨干脱颖而出，成为业务带头人。经过努力，已初步建立起一支具有丰富运营管理实践经验、可充分驾驭及把握以财经为主和多媒体的专业出版发展方向的管理团队和核心骨干队伍。

中信出版社的发展变化受益于国家的改革开放政策，我们的每一点成长、进步都得到了总署各级领导的指导、支持和帮助。在完成股份制改造以后，中信集团已经明确表示将进一步加大对中信出版战略投资、资源整合的力度，总署已批准给予改制后的中信出版社更多的配套政策支持。我们将在中信出版社业已形成的良好品牌、能力、特点的基础上，借文化体制改革的东风，发挥政策优势，把握市场结构调整的契机，努力打造专业化、跨媒体、国际化、多渠道，有较强竞争力和文化影响力的专业出版企业。同时，积极发挥中信集团的大型国企优势，努力发展成为产业的战略投资者，为出版产业的发展做出更大贡献。

30 年，阅读中国景象

中国国家地理杂志社

30 年，对于一个国家，是怎样波澜壮阔的一段改革历史!

30 年，对于一个个人，是怎样厚重精彩的一段人生之路!

30 年，对于一本杂志，是怎样辗转波折的一段发展历程!

改革开放 30 年的中国，如同一个人进入而立之年，30 岁正是他风华正茂、硕果初现的时期。在这 30 年间，有太多的发展变迁成为我们共同的记忆，让我们无限感动难以释怀。可以说改革开放让中国社会从 30 年前的静止状态走向流动，这种流动创造了财富、传递了思想，它不仅改变了一个大国的命运，也改变了我们每一个人的生活。

一、1998：华丽的转身

无论处在怎样一个时代，人们都有阅读的自由，不同的是，每个时代给予阅读不同的内容和方式：从 80 年代的“精神”阅读，到 90 年代的“物质”阅读，以及新世纪以来的“个体”阅读，30 年的阅读完成了这样一个过程。我们都还记得很多年前《大众电影》的一册难求，反映出当时人们精神世界的匮乏，而包括《中国国家地理》的前身《地理知识》在内的科普类期刊巨大的销量也显示出人们对知识的渴求。20 世纪 70—80 年代，《地理知识》的月发行量达到 40 万册，成为当时期刊界的佼佼者。

那时的《地理知识》主要回答“在哪里?”“有什么?”“是什么?”“为什么?”等知识类问题，介绍祖国的自然和人文地理现状，其中关于治淮、矿产、铁路等内容占有很大比重，与当时整个社会氛围和地理学的发展方向相关。

从阅读当中能得到多少收获不在于读了多少，而取决于以什么态度去阅读。进入 90 年代，人们的阅读态度发生了很大的转变，传统的自上而下的说教式刊物已经很难被读者接受。加之期刊市场的不断发展，读物花样繁多种类丰富，人们的阅读选择范围被扩大，对于《地理知识》这本杂志来说，刊物的除旧立新势在必行。

1998 年，《地理知识》开始了全新改版：在形式上改为全彩铜版纸印刷，办刊理念也由传播知识改为描述理想、传播科学精神，读者定位也改变了长期以来单纯以中学生和地理教师为主的局面，而把主要读者群界定在“受过良好的教育，有一定的社会地位和影响力，有激情和梦想，有强烈的家庭和社会责任感”的群体，这样的群体是一个机构、一个家庭、一个阶层甚至整个社会的脊梁。此次改版具有非常积极的意义，使杂志迈出了从“量变”到“质变”的重要跨越。2000 年，在改版成功的前提下，杂志进行了更大范围的调整，提出“推开自然之门，昭示人文精华”的办刊理念，将杂志定位由科普期刊上升为科学传媒，抛弃了传统的说教形式和居高临下的姿态，以“我在现场”的方式将社会热点、难点、疑点背后的地理科学故事精准、精彩、精炼地传达给读者，全力打造“影响力”这一媒体的核心价值。刊名正式更改为《中国国家地理》，这本传承了半个世纪的杂志以崭新的面貌出现在读者眼前。

时光流转至 2001 年，在国内发展势头良好的《中国国家地理》首先想到了扩大影响力，想到了中国大陆以外人们的阅读需求，于是，同年 6 月《中国国家地理》杂志中文繁体版在台湾及大陆以外的其他地区发行，成为大陆地区唯一原创并由出版人购买版权发行他种文本的杂志。2002 年 1 月，《中国国家地理》杂志日文版在日本成功发行，成为国内首家向发达国家完整输出版权的杂志。这两个举动无疑引起行业内的轰动，成为中国期刊走出国门的典型实例。

二、影响力：媒体的核心价值

如今的《中国国家地理》杂志是目前中国最具影响力的科学传媒。发行量位居国内高档杂志之首，常规月发行量达到 80 万册。发行范围遍及中国一、二级城市及部分三级城市，受众群数量达到 900 万。2005 年 10 月，一本精心策划的《选美中国》横空出世，在读者中引起强烈反响，掀起一股全国范围的寻美、问美、探美热潮。这一举动适应了新时代人们的阅读、审美和出行需求，体现出改革开放使人们的眼界开阔、生活富裕的直接成果。该期杂志还被译成 10 个语言版本的图书，销售到世界主要国家和城市，累计销售量过 300 万册，成功地将中国名片式的美景推广到全世界面前。2006 年 10 月，杂志借势推出《景观大道》专辑，勾画出一条中国人引以为豪的世界级自然景观密集带，当期发行突破 100 万册，其英文版本于 2008 年在全球推出，经过法兰克福和旧金山国际书展交易，英文版已经发行过 30 万册。2007 年 10 月的《大西北》，2008 年 10 月的《大东北》等专辑都是在向读者展示改革开放之后中国的巨大变化。

在“推开自然之门，昭示人文精华”办刊理念的带动下，《中国国家地理》杂志社从没有间断对未知世界的探索和对已知世界的再发现和再认识。正是这种不断激情超越的编辑理念，才使得《中国国家地理》能够引领大众的话语权，为人们的生活提供高层次、有深度的话题与谈资。

“内容为王”是《中国国家地理》杂志社始终遵循的办刊原则。独家、原创、权威的内容是杂志赖以生存的基本保证，即使在网络信息如此发达的今天，互联网上快速、海量的资讯也不能替代《中国国家地理》给读者带来的全新观点，这全都有赖于《中国国家地理》杂志社拥有的强大编辑部。

《中国国家地理》每期的选题都经过长时间的策划，有的选题要做一年甚至几年的时间。编辑要看大量的科学家专著、学术论文。通过阅读专著，从中筛选出具备新认识、新发现或再发现、再认识的话题。一个科学的话题和谈资，若要求我们自己的编辑记者去完成所有的工作，这是不可能的。因此，在我们每一期刊物的背后，都有一支非常庞大的科学家群体。只有通过与科学家的深入交流，刊出的内容才能站得住脚。在这里，不能不提到中国科学院以及中科院地理科学与资源研究所，作为《中国国家地理》的主管和主办单位，中科院和地理所给予杂志社巨大的专家支持，也正是因为有这样中国最顶尖学科包括地理学研究机构的强大专家团，才使得《中国国家地理》拥有权威的地理话题和论断。

2008 年 7 月，《中国国家地理》港澳繁体字版面世，2008 年 9 月，《中国国家地理》英文版发行创刊号，2009 年还将发行法文和德文版本，所有这一切都是以版权贸易的简单形式进行。不仅增加了杂志社的收入，扩大了媒体的受众群体和影响力，更重要的是把完整公正的中国景象推向全世界。

三、市场：一切为了提升客户价值

毋庸置疑，杂志也是商品，而且是特殊商品。既然是商品，就不能没有体验，尤其是要打造和提升品牌商品，更需要建立完善的用户体验系统。《中国国家地理》杂志设立了三重体验环节。首先是阅读体验，要求每期合格杂志的标准是“物有所值”，优秀的标准是“物超所值”，让读者永远保持良好的阅读感受，培植持续的阅读期待，这是媒体发展必不可少的优先环节。其次是互动体验，在这个激情澎湃的时代，杂志的读者群中沉默者是大多数，我们再也不可能像十几年前那样靠读者调查表了解读者的阅读感受，读者大都用最简单的方式即“买还是不买”表达自己的看法，让沉默者开口就成为媒体品牌成长中最重要的技术问题，我们通过每年上百场的“中国国家地理大讲堂”全国巡回演讲、手机媒体平台、网络、图片巡回展览、读者联谊会等形式，及时准确地按照读者反应调整话题和谈资。第三个环节就是会员俱乐部组织的实地体验，利用背靠中科院地理科学与资源研究所的强大优势，结合杂志每期的热点内容，活动部每月组织以科学家带队的考察团，带领高端会员以及广告客户深入人迹罕至的地区进行野外考察，让用户真正亲身体验地理之美。

《中国国家地理》杂志的发行模式也非常有效。精干的发行团队由一名主任带领三位职责经理组成，分管物流、账务和数据三个平台。维护着全国49000多个终端销售点和16个杂志专卖店。三级销售系统实行垂直管理，保持统一的价格体系，保护终端客户的利益。从2006年起，杂志着重培养重点城市读者的忠诚度，也为了应对发行市场的专业化和集团化趋势，借鉴名牌工业品的销售旗舰店模式，我们在武汉、长沙、成都、重庆等城市相继设立16个杂志专卖店，除了当月的刊物，还出售过刊、典藏版、精装版、相关图书和定制礼品，为会员提供周到便利的服务。

广告部是刊物的黄金通道。在对为数众多的广告公司和广告客户的管理上，《中国国家地理》采用横向划分的管理模式，即：以广告公司进行分组。每一位客户经理负责维护同一4A公司，这种管理方式让广告经理能够熟悉全行业产品动态，强化整合营销的市场价值。作为一本远离政治意识形态和低俗趣味的中产阶层家庭读物，杂志在广告内容上也有严格规定，不允许难登大雅之堂的产品广告出现在杂志上，宁可舍弃经济利益，也要把刊物整体的品位放在首要位置。

四、新媒体与媒体融合

时代不断发展，我们在享受改革开放带来的成果的同时，竞争与挑战也随之而来。在网络化、信息化飞速发展的今天，互联网极具膨胀的海量信息无疑为杂志的内容原创带来了严峻的挑战，对此，我们必须巩固住杂志内容的原创优势。

在《中国国家地理》眼中，网络带来的挑战是一方面，但我们看到更多的是机遇。虽然说在互联网时代，传统的期刊杂志与互联网相比，在信息量和时效性上看似存在着较大的劣势，但越是这样我们越应该更多地去思考如何去创新，如何将自己的内容做得更好。因此，我们一定要引领互联网，而不是跟在互联网后面。

目前，《中国国家地理》无论从选题、策划还是制作上都必须实行所谓“互联网检查制度”，即检查该选题的内容，包括大标题、小标题、引言、摘要和关键词等要素是否在互联网上已经有了或者是否已经有雷同的作品。如果发现，一定会撤销该选题的制作。围绕选题进行，包括五大要素。这一制度的实施，既保证了我们选题的原创性，更不受制于互联网，又确立了我们选题的前瞻性。这是我们与其他媒体反其道而行之的重要一点。

互联网的更新速度是传统期刊杂志无可比拟的，但如果杂志的内容很早就在互联网上大量出现，广为流传，对于读者来讲会轻视杂志。从逻辑上而言，对读者也不公平。如果我们的内容在互联网上可以免费获取，我们所做的仅仅是根据互联网上的信息进行排列组合，归纳整理，凭什么要求读者花 16 块钱购买我们的杂志？读者又怎么会愿意花钱购买或者对杂志有着长久的阅读期待呢？所以，无论何时，《中国国家地理》都是要为读者提供原创、有价值的内容。我们有很多的成功选题案例，比如 2003 年 4 月主打题目沙尘暴，当时正值沙尘暴肆虐，许多媒体包括网络在内，都对沙尘暴口诛笔伐。而《中国国家地理》的编辑与有关科学家做了大量的交流之后，提出了“在自然界，存在即是合理。沙尘暴对整个地球大环境具有调节作用”的观点，还了沙尘暴一个清白，向人们揭示了事物的本来面目，凸显了杂志在地理学领域的权威性。同理，2004 年的“大香格里拉专辑”、2005 年的“陕西专辑”都奠定了杂志在地理学界的权威和指导作用。2005 年 10 月的《选美中国》大获成功之后，诸多互联网站也增加了类似对中国美景、地区和城市的评选和投票以获得人气。这充分说明《中国国家地理》成功引领了互联网。

另一方面，《中国国家地理》及时抓住了互联网带给我们的机遇。2008 年我们开设了自己的门户网站，使读者能够通过互联网快速了解杂志的最新动向，开设论坛，让广大地理爱好者有一个畅所欲言的空间，将读者层面从纸质平台扩展到网络平台。互联网等新媒体对杂志的发展起到了推波助澜的作用。杂志的话题和谈资在互联网上能够引起上千万人次的讨论，传统期刊杂志是无法做到这一点的。在这种良性循环下，杂志的影响力自然会继续扩大。

除了杂志本身的内容选题，杂志社还注重将杂志品牌立体化。在手机集合了越来越多的功能，在人们生活中开始扮演重要角色的今天，《中国国家地理》成功进入手机媒体领域，与中国移动通信的强强合作使杂志拥有独立端口，读者通过手机定制，直接在手机上就可以看到杂志的最新内容，再一次将读者范围扩大到更为年轻的手机一族。

电视仍是传播范围最广的媒体类型。因此，以自然地理为主要题材的影视制作是《中国国家地理》非常重要的发展战略之一，加上 IPTV 等新媒体的迅速发展，为各种影视作品的播放提供了广阔的平台。《中国国家地理》拥有的优势在于，有大量地理题材的新认识、新进展可能制成长短不一的海量影视作品，供各类影视媒体进行播放。另一方面，杂志社拥有近 60 年的办刊历史，其间积累了大量图片、文字和影视素材，成为制作迎合国际口味大型纪录片的内容保证。《中国国家地理》影视公司已初具规模，现阶段以加工定制影视产品作为练兵，等到时机成熟，必然成为《中国国家地理》品牌战略上的又一亮点。

在改革开放 30 年的成果中，在新闻出版总署等领导单位的有利政策引领下，《中国国家地理》把握时机，将传统媒体与新媒体有机融合，注重全方位的品牌建立，使《中国国家地理》在传统纸媒、平面媒体、庞大网络和新兴流媒体中都拥有一批固定的拥护者。随着《中国国家地理》品牌的不断壮大，以及越来越多读者的关注，我们会更加兢兢业业地工作，制作出优质内容回报给大众，以顺应每个时代读者的阅读要求。

坚持为改革开放大局服务

中国学术期刊（光盘版）电子杂志社

中国学术期刊（光盘版）电子杂志社是1997年7月国家新闻出版总署批准清华大学创办的我国第一个电子杂志社，同方知网技术有限公司是同方股份有限公司为该社业务提供技术支持全资设立的信息技术企业。1995年10月以来，电子杂志社在中宣部和总署的支持与指导下，依托自主知识产权、国际先进的各种信息技术和适合我国国情的数字出版商业模式，相继创办了《中国学术期刊（光盘版）》、《中国学术期刊网络出版总库》、《中国学术文献网络出版总库》和“中国知网”，连续而较为完整、系统、规范地集成整合了我国近百年来，特别是改革开放以来产出的学术期刊、博硕士学位论文、会议论文、报纸、年鉴、工具书、学术专著以及专利、标准、科技成果报告、国学等十多种文献资源，并整合了Springer、NSTL等外文资源，普遍地应用于高校、科研、政府、企业、医院、基础教育等各行各业的学习和创新活动之中，产品出口到了北美、欧洲、日本、东南亚等50多个国家和地区，并通过网上支付手段发行到世界广大地区，初步实现了本项目于1999年5月提出的建设国家知识基础设施（即CNKI）的奋斗目标。

在深入学习实践科学发展观、纪念改革开放30周年之际，回顾13年来发展网络出版产业、建设CNKI的艰难创业历程，我们深深认识到，

CNKI 的产生和发展，集中体现了改革开放带来的中国特色社会主义的制度优势，充分展现了改革开放所营造的社会各界努力创新、振兴中华的凝聚力，从根本上反映了国家信息化和各行各业谋求科学发展的时代要求。同时，我们也更加明确地感受到，作为一个为全国万家学术文献产出机构提供数字出版传播服务，为数万机构用户和数千万科研与管理人员提供知识服务的企业，面对所应该担当的社会责任，更需要与时俱进，不断进取，在党和国家推进文化产业大发展、大繁荣的方针政策指导下，实现自身和产业的科学发展。为此，我们想谈以下几点体会与大家分享：

一、着眼国家改革开放大局需要，坚持双效兼顾原则

“九五”时期，清华大学创办学术文献数字出版这个产业，初衷是为了体现高校为落实“科教兴国”战略的服务。企业初始投资虽小，但初期贷款风险很大。然而，王大中校长、顾秉林校长等校领导着眼服务全国改革开放大局，一贯将这个项目视为清华大学向国家和社会的回报，从未对其提出过利益回报要求，同方股份有限公司也从未在这个项目上分利。作为企业化运行的项目，追求经济效益的目的，主要是为了不断积累，滚动发展，从而实现更大的社会效益。投资者坚持的这一宗旨，为这个产业在没有政府投资的条件下，赢得了党和国家的政策支持和学术界、出版界等各方面的支持和帮助，从而赢得了我国学术文献网络出版产业形成、发展的先机，同时，也造就了坚持双效兼顾原则的企业文化。

尽管 CNKI 经过十多年的艰苦奋斗形成了一定的产业规模，为我国学术文献的数字化、网络化传播打造了一个拥有自主知识产权的国际化平台，但是与党和国家关于文化产业大发展、大繁荣的要求还相距甚远。当前和今后的主要任务，是为传统出版向数字出版的转型创造规模化、可持续增长的盈利模式和网络出版平台。然而，无论采取何种模式，能否为传统出版，也包括纯粹的数字出版，实现可持续的规模化盈利，这样一种本属经济效益范畴的任务，对我们而言已经成为实现社会效益意义上的一种检验。因此，在新的形势下，坚持“双效兼顾”原则，又多了一个新的社

会效益考量，就是为我们的上游出版产业创造数字出版的盈利条件。在这种情况下，作为我们企业自身，仍然需要继续坚持把利润积累更多地投向产业发展的原则。这也是一个国有出版企业应当坚持的基本原则。

二、树立更大更远的目标，为改革开放提供更深层次的服务

“中国知网”，旨在传播知识与文化。但作为新媒体，特别是作为国家的大规模集成化出版网站，它的目标应当不仅仅是知识传播，更重要的是为实现国家各项发展战略目标服务。对此，我们的理解和做法是：

（一）建设全面、系统、及时、有效的增值整合传播体系，为各行业、各层次的科学决策及其执行服务

科学决策及其正确的贯彻落实，离不开全面、系统、及时、有效的调查研究和科学创新，离不开对决策过程和执行过程的科学管理，离不开广泛交流和协同工作。因此，知识传播必须面向现代科研和现代管理的本质需要，提供有效的知识管理服务和知识服务。这对全国贯彻落实科学发展观至关重要。

在大规模集成整合知识资源的基础上，实现知识服务和知识管理服务的关键在于实现有效的个性化服务。最近，我们以“研究型机构/个人数字图书馆”的形式，为各行各业提供了一个支持决策和管理的信息服务平台，颇受欢迎。开通不到两个月，机构数字图书馆注册已达 2.83 家，个人数字图书馆注册已超过百万。

（二）创造全新的学术研究模式，为高效率创新和学习服务

学术文献数字化出版改变的不只是文献信息的出版传播模式，更重要的是改变人们的工作和学习模式，乃至思维模式。知识的集成、梳理、整合、挖掘，目的在于使人们高效率地发现、运用和创造知识。“中国知网”已经提供了一个基于知识资源增值化整合、支持协同互动的数字化学习研

究平台，并已逐步在高校科研系统中推广应用。

（三）利用资源集成优势，为科研管理改革和学术文献出版创新服务

基于信息资源，对科研选题、立项、过程管理、验收、成果认证、发表与评价等知识生产的各个环节进行科学化管理，是科研管理与出版管理改革的迫切需要。“中国知网”最近推出的“学术不端文献检测系统”，受到了全国科研诚信管理委员会和新闻出版总署的高度重视，也得到了全国学术期刊的普遍关注。这一系统在全国科研管理、研究生培养、人事管理和出版机构等方面的推广应用，将会对各有关方面管理制度的改革产生重大影响。

（四）打造学术文献国际化整合传播平台，为加快学术出版“走出去”服务

过去，对“走出去”而言，“中国知网”是一个只传播中国大陆学术文献的网络平台。2008 年 8 月，我们在美国召开了“CNKI 产品与服务标准研讨会”，发现虽然美国政府已经将 CNKI 列为研究中国的首选战略资源，但是，要想让它发挥更大的作用，还必须把它融入国际学术研究背景之中，与国际文献资源进行深度整合。最近，我们已经利用自己的技术手段，在“中国知网”平台上实现了国内资源与 Springer 的跨平台、跨语言、跨数据库的深层内容整合，并开始与 Elsevier、CIG、Lexis-Nexis 等进行战略整合规划。国内外专家认为，这种看似形式的国际化资源整合，将中国文化渗透于国际文化背景之中，实际上形成一种对用户研究心态和研究行为的整合，有利于中国文化的国际化，从而可为“走出去”创造更深层次的需求空间。

随着我国学术文献数字出版真正向产业化、规模化、国际化迈进的新时期，我们也同时面临着对产业发展方向、发展模式的重新认识，也正在面对法制化、规范化等各方面的新问题。为了这个产业的稳定、健康、持

续、加速发展，产业内部以及产业的上下游都需要进行理智的重塑和再造。我们需要本着继续深化改革开放的心态，以科学发展观为指导，认真地规划产业发展的蓝图及其实现的路线图。我们殷切地希望在中宣部、国家新闻出版总署的正确领导下，创造更好的发展模式，团结全国出版界同仁，为我国学术文献网络出版产业的发展做出新的贡献。

振技术创新之翼　展新闻出版鸿图

北大方正集团

30 年，中国发生了巨变，这种变化不仅是物质生活的极大丰富和水平的快速提升，也表现在精神生活的与时俱进，而新闻出版业举足轻重，新技术的突飞猛进则起到了重要的推动作用。方正集团一直致力于新闻出版技术的研究和发展，激光照排技术使中国出版业告别了铅与火，现如今的方正 Apabi 数字出版系统所带来的第二次技术革命，将为我国新闻出版业在网络时代开启新的大门。

一、发明激光照排，赶上世界步伐

20 世纪 70 年代，国外的印刷业发生了翻天覆地的变化，当西方开始普遍迈入“光与电”的时代，而我们的印刷业却还在汉字的“丛林里”艰难跋涉，跳不出“铅与火”的樊篱，整个中国的新闻出版业正处于一种焦灼和彷徨之中。

1974 年，电子部等五单位发起汉字信息处理技术的研究，被列入国家重点科研项目“748 工程”，王选提出攻研汉字精密照排。1979 年 7 月 27 日，首次用激光照排机输出中文报纸版面“汉字信息处理”，就是这六个大字后来彻底改变了中文排版印刷系统，有人将其称之为“中国印刷界的革命”。1979 年输出报版样张，标志硬件系统成功；1980 年第一本用国产激光照排系统排出的样书《伍毫之剑》诞生。

方正集团依靠王选教授研发的“汉字激光照排技术”，奠定了在汉字排版软件市场上的重要地位，成为全球最大的中文电子出版系统开发商和供应商。

1988年，《经济日报》全面采用王选研发的照排系统，在全国第一个废除了铅排作业。1989年底，在中国研制和销售激光照排系统的英国蒙纳、美国王安、日本写研等公司全部退出中国市场。

在王选老师的带领下，方正集团不断推出引领中文报业和印刷业技术革命的创新之举，使《人民日报》通过卫星向全国22个城市传送版面，平均两分钟就能传完一版，这一发明，使中国新闻出版业彻底告别了“铅与火”的时代。

王选教授的激光照排实现了我国新闻出版业的“五个告别”：（1）告别铅与火：激光照排取代铅字印刷；（2）告别传真机：实现异地卫星远程；（3）告别电子分色机：实现彩色照排出版；（4）告别纸与笔：编辑记者稿件处理网络化；（5）告别软片：实现直接制版。

二、发展激光照排，蜚声国际市场

1990年，方正激光照排系统进入港澳台中文出版业市场，《澳门日报》、台湾《中央日报》等相继用上了方正激光照排系统。1993年，香港《明报》向国际招标出版系统，方正激光照排系统的速度与同行相比慢半个小时。方正组织二十多人的团队，在王选老师的带领下日夜奋战，用一个月时间改进了产品，得到了《明报》千万美元的大单。

因为技术上的突破和对市场的敏锐把握，方正占据了汉字激光照排市场的垄断性地位，在国内占据了85%以上的份额，在海外的中文激光照排市场，方正占据了90%以上的份额；在日本有近400种报纸和杂志使用方正日文排版系统，日本方正已成为日本市场上中国高科技公司的成功代表。此外，围绕自主核心技术所开发的方正RIP应用软件，在美、英、德、日等国家已拥有近百家全球合作伙伴；全球纯英文印艺软件装机量已达4000套；现在方正正在筹划法文、西班牙文印艺软件。

在印刷领域，方正与世界印刷业巨头建立了良好的合作关系：2005年11月，加拿大多伦多方正印捷连锁店合同签约；2006年初，方正集团与海外一家国际知名的打印机厂商签署技术许可出口协议，合同总额超过1000万元人民币；2007年3月，方正集团与荷兰奥西集团（OcéN. V）正式向全球发布：在当今最先进的数码印刷设备CPS900上安装方正QuiQ打印控制器，由此开始了双方共同搭建全球新一代数码印刷平台的战略性合作。这是“Founder inside”国际化战略的又一重大进展。现在，方正雕龙CTP又开始占据东南亚市场。方正在美洲、欧洲以及亚太地区，组建了强大的销售和技术支持队伍，并成为中国软件界为数不多的拥有自主知识产权、形成规模软件出口的企业。

三、开创数字出版，领导业界潮流

方正集团董事长魏新曾经深有感触地说：一项原创性核心技术托起了一个企业，开创了一个市场，改变了一个行业，引发了一场革命。也正是因为方正真正拥有自主知识产权核心技术，它在创立之初就选择了一条“技工贸”道路，而没有像大多数中国企业那样选择“贸工技”道路。

随着网络经济形态的到来，信息技术将渗透到人们日常生活的每个细节，网络技术、网络通信、网络市场、网络社区、网络生活、网络社会、网络世界将成为21世纪的主流。方正结合自身优势，瞄准数字出版这一快速成长型行业，借鉴欧美等先进国家的经验，确定了数字出版的创新方向。

在2000年初，方正就开始进入数字出版领域，凭借在印刷出版领域积累的技术优势和关键技术上的不断创新，成功研制出了具有自主知识产权的原创核心技术——方正阿帕比数字版权保护系统（Apabi DRM）。方正自主开发的版式文件技术CEB、数字版权保护技术DRM、阿帕比电子书整体解决方案Apabi eBook等一系列原创核心技术妥善解决了图书资源数字化、数字版权保护、eBook安全分发和数量统计等三大关键问题，对数字出版业产生了深远影响。

方正研制的数字出版系统，能全方位满足人们互联网环境下可读、可听、可视的需要，让人们能够随身携带一座电子图书馆，通过互联网实现电子图书的制作、出版、发行、销售和阅读，同时也保护作者、出版者、发行者的权益，能广泛服务于媒体、企业、政府、高校、出版社及普通大众。

数字出版正在成为中国完全拥有自主知识产权的新兴行业。并且，方正阿帕比数字版权保护技术将引发中国出版业第二次技术革命。数字出版已经列入国家“十一五”规划重点发展的产业。

截至2008年底，全国已有500多家出版社、300多家报社使用方正的数字出版技术出版电子书、数字报，累计出版的电子图书已经超过50万种，数字报纸超过了700份；包括国家图书馆、北京大学图书馆甚至国外的哈佛大学图书馆、牛津大学图书馆等全球4300多家机构在使用方正的数字图书馆系统，Apabi Reader的注册用户达2600多万。

方正正致力于为出版社和读者架起一座桥梁，努力实现E纸互动。让出版社和读者能够很好的互动，出版社编辑可以随时了解读者的需求，策划更符合读者需求的图书；读者也能随时了解自己要的书是否存在，在哪里可以买到或者可以按需印刷，甚至读者也可以成为作者给出版社供稿或者贡献选题。其中有些技术已经实现，有些方面的技术也会在不久的将来实现。这样读者和作者、出版者都可以通过网络各取所需，实现良好的“无缝对接”。同时，方正也正着力发展移动阅读技术，为我们6亿多的手机用户提供更为人性化的移动阅读服务。

四、坚持技术创新，结出累累成果

方正集团的领先优势来源于对技术创新的孜孜追求。方正集团目前拥有4个博士后流动站、3000名研发人员和国内最具实力的国家级企业技术中心，是国家知识产权示范企业、国家版权示范企业，专利申请逾1000项，著作权逾500项，商标逾3000项，获国家级奖项近10项。

方正成为国家首批6家技术创新试点企业之一；拥有一个国家级企业技术中心——方正技术研究院（电子出版新技术国家工程中心）；20余家分散于各公司的企业研发中心——印艺研发中心、数字媒体研究所、数字内容研究所、通信技术研究所、信息技术研究所、信息安全技术研究所等。

王选教授曾获国家最高科学技术奖，方正集团两次获得国家科学技术一等奖、两次获得国家科学技术二等奖、两次获得全国十大科技成就奖，并获得国家专利金奖、国家火炬计划重点软件企业、信息产业部重大技术发明奖等多项大奖。

21世纪全球化进程明显加快，市场需求也发生了深刻的变化，我国新闻出版事业也面临"中国创造"的新课题。而"中国创造"的中心就是自主创新，掌握核心技术。方正给当代中国最有价值的贡献，就是勾画了在中国现实状况下，实现中国创造的其中一条成功路径：产学研结合所支撑的持续创新。今天的方正集团，正实践着我国新闻出版业的"中国创造"之路。

向改革开放30年致礼

太平洋影音公司

2008年，是中国改革开放30周年，伴随着中国波澜壮阔的改革进程，中国无论在经济、文化、社会发展等各方面都取得了巨大的成就，举世瞩目。30年来，改革开放的春风带来了文艺界的复苏，文艺界百花齐放，众多年轻的歌唱家和词曲作者如雨后春笋般涌现。中国改革开放30周年间，在我们的记忆中，有太多太多难忘的歌声，伴随我们一同走过那段激情燃烧的岁月，并一同见证改革开放30年所经历的风风雨雨。这些歌声让我们难以忘却，给我们打开一扇记忆之门——发掘已经被时间深埋的记忆，那是你我心灵共同的收藏。

歌声是一个民族心灵的写真，歌声折射时代，记录生活。翻开伴随中国改革开放30年歌曲创作的篇章，不难发现，一条清晰可见的时代脉络贯穿始终。那就是——在心灵深处激荡的歌声总是与时代同行，与百姓的生活共进。回首中国改革开放的30年，太多的歌声，激荡在你我的心间。那些流淌的歌声，足以让我们产生心底的共鸣。可以这么说，这些歌声如果汇聚在一起，那就是一部中国改革开放30年的音乐交响史诗。它的每一个音符，都浸透着情感；它的每一个旋律，都流淌着心声；它的每一个乐章，都镌刻着我们共同成长的足迹。

成立于1979年1月的太平洋影音公司，几乎与改革开放同龄，是新中国第一家拥有整套国际先进水平、全新录音录像设备和音像制品生产线的音像企业，开创了新中国音像事业的先河，见证了改革开放30年文艺界特别是中国影音事业的风风雨雨。“敬业拼搏，求实创新”是“太平洋”的企业精神，以优秀作品鼓舞人、社会效益与经济效益并重是“太平洋”的宗旨。在改革开放30周年之际，我公司特别制作出版了《歌声伴随您——向改革开放30年致礼》CD（30集）。节目所精选的歌曲，都是改革开放30年来流传甚广、传唱久远的优秀作品。这些歌曲以其独特的音乐禀性与风格，提供了语言与文字所不能企及的历史，塑造了一个伟大时代的节拍，记录了中国与春天同行的共同心跳。

早在2006年，我公司就开始拟定纪念改革开放30周年的音像选题，筹备策划改革开放30周年重点音像节目。为此，公司多次召开编委会、专题研讨会，并邀请专家、编辑、资深音乐人、作曲家、评论家列席会议，对该选题进行节目制作研讨及论证。在广泛征集众多的意见和设想后，最终确定了这版节目的总体方向和宗旨：要以党的十七大精神和科学发展观为指导，把这一指导思想贯穿于编辑出版工作的全过程。编录的歌曲要充分体现改革开放的时代特点，快速发展的显著成就，与时俱进的突出标志。歌曲要涵盖我国改革开放30年来的发展历程，反映全国各行各业所取得的巨大成就，揭示改革开放的经验启示，放眼展望全国经济社会发展的广阔前景，要具有代表性和时代性，力求社会效益和经济效益双丰收。

公司制定了《歌声伴随您——向改革开放30年致礼》节目制作分析报告，并分别上报广东省委宣传部、省新闻出版局、南方广播影视传媒集团及广东电台，得到了省委宣传部及各级主管部门的高度重视和大力支持，并给我们的出版工作提出了几点具体的要求：高度重视、精心组织，按期完成编辑审听组稿工作；在收集整理相关歌曲时，要坚持高标准、严要求，突出主题、体现特色；要明晰责任，保证进度，以一流的工作状态、一流的敬业精神、一流的编辑质量，创造出一流的精品，为纪念改革开放30周年献上一份厚礼。

与此同时，我们还将《歌声伴随您——向改革开放30年致礼》CD（30集）选题向国家新闻出版总署及相关政府部门申报，使该节目入选“十一五”国家重点音像出版物出版规划增补选题目录，以及入选广东省《纪念改革开放30周年重点选题目录》，并被纳入了广东省纪念改革开放30周年重点出版物“重中之重”系列。该项目还得到了中宣部、新闻出版总署的高度重视，被评为国家重点音像出版物规划项目，具有划时代的意义。在我们迎来党的十一届三中全会召开30周年之际，编辑出版《歌声伴随您——向改革开放30年致礼》，也是广东省隆重纪念改革开放30周年活动的重要组成部分。

选题确定后，公司领导高度重视，统筹兼顾，组织抽调精干力量，成立专门的编辑小组，确定专人统筹，还设专项资金，以保证项目资金到位，专款专用。通过各方面的协作和努力，确保这版节目的编辑工作按照预定的方案和进度顺利开展，确保编辑选曲质量和水平。这版节目编辑出版时间紧、任务重、要求严、标准高。按照省委宣传部提出的要求，公司领导直接策划，认真抓好各个环节的工作，编委会人员组成人数多、规格高，力求精益求精，完满及时地制作出版该节目。

在制定了详细的出版计划后，公司首先着力于编辑选曲的工作，集中所有编辑力量，广泛收集改革开放30年来脍炙人口、广为传唱的原创歌曲，并从中选出改革开放30年间各个时期最具代表性、最具时代意义、最显风格的歌曲。在资料的收集整理过程中，我们还得到了广东电台、广东电台音乐台、有声资料库以及众多资深音乐人、编辑们的帮助，使得我们手上的资料不断的丰富和完善。经过专家、编辑的多次研讨、反复筛选、反复审听后，最终从1000多首歌曲中选出了450首蕴含浓厚时代气息的最具影响力的经典歌曲，从《春天的故事》到《走进新时代》，从《东方之珠》到《七子之歌》，无一不反映了祖国翻天覆地的变化。这些伴随着时代的脚步、伴随着社会的变迁的歌声，无一不讴歌党、讴歌祖国、讴歌改革开放、讴歌和谐社会、讴歌改革开放30年取得的辉煌成就、讴歌高速发展中的伟大祖国。这些歌曲久唱不衰，百听不厌。我们将这450首经久不衰的歌曲汇集成《歌声伴随您——向改革开放30年致礼》CD（30集）大型专题音像节目。

在确定本版节目的具体曲目后，接下来是版权贸易和繁复的审听、编校工作。一直以来，公司在维护知识产权上不遗余力，在本项目制作过程中，我们更是注重版权保护，维护著作权人的权利。为此，公司与歌曲的演唱者、词曲作者谈歌曲版权，虽然中间也遇到了一些挫折，但我们还是想方设法一一克服。本版节目单购买版权方面就投入近百万元。节目购买回来，我们开始了工作量极大的审听与校对工作。由于很多歌曲年代较早，出现原唱人不清、词曲作者不明、早期歌词错漏较多等问题，给审听和校对工作带来了极大的困难，但我们的编辑人员依然严谨负责、加班加点、不厌其烦地一遍又一遍地边听边校对，确保歌词的准确性，并多方查找核对词曲作者、歌曲资料。好的作品加上好的营销手段，才能创造良好的社会效益和经济效益。我公司不仅在节目制作上精益求精，连最后的包装设计也不懈怠，设计方案几易其稿，修改了数十次，只为达到尽善尽美。同时对包装厂也严格要求，对厂家公开招标进行打版报价，选择包装技术成熟、质量过关的包装厂生产，确保“太平洋”出品的优良品质。

《歌声伴随您——向改革开放30年致礼》CD（30集）于2008年11月如期正式出版。这套节目唱响改革开放30年主旋律，编录了这30年来各个阶段的经典歌曲，汇集了众多歌唱家，汇集了老中青各阶段的词曲作者，汇集了歌唱30年间大事件最具代表性的作品，是中国改革开放30年来文艺歌曲精品大荟萃，极具代表性意义和收藏价值，是一件不可多得的文化艺术典藏品。

我公司为做好“十一五”国家重点音像出版规划，经过近2年的筹备工作，从策划到选曲、从编辑审听到版权购买、从生产到发行，都投入了大量的人力、物力、财力，只为把这一标志着改革开放30年的音乐精品呈现给大家，这套节目的出版将历史性地通过一首首脍炙人口的歌曲再现我国改革开放的辉煌历程和波澜壮阔的伟大实践，更是进行改革开放历史教育生动的音乐艺术教材，这对于激励人们在新的历史起点上，继续解放思想、坚持改革开放、推动科学发展、促进社会和谐，都具有深远的历史意义和重大的现实意义。

从音乐出发，去寻觅时代的方向。就让歌声伴随我们，一同走过30年的激情岁月，一起开创更加美好的明天。

大变革带来大繁荣　大危机创造大发展

上海盛大网络发展有限公司

回顾盛大的发展历程，可以说没有改革开放，就不可能有互动娱乐行业从无到有、蓬勃发展，更不会有盛大的应运而生；没有科学发展观的指导，我们也难以想象，我们会在这个新领域中，顺利渡过遇到的各种危机，包括目前的金融危机。没有新闻出版总署及时出台各项扶持政策，制定了走自主创新道路、可持续发展的方向，互动娱乐产业也不会有今天的繁荣局面。在此，我们总结了一些发展的心得体会，向各位领导进行汇报，也与各位同行进行交流。

一、占领新阵地，提升软实力

盛大网络创办于 1999 年 11 月，公司专注于基于互联网的互动娱乐行业，在短短的 9 年时间里，迅速成长为旗下拥有网络游戏自主研发、原创文学、原创动漫、原创音乐等在内的大型网络出版集团，每天影响数千万活跃用户，累计注册用户数超过 7 亿，其中，高峰同时在线人数超过 300 万人，成为全球目前收入最高、用户数最多的网络游戏企业，并被国外媒体誉为世界三大互动娱乐品牌之一。盛大目前在中国大陆 24 省 65 个中心城市架设了总数超过 2 万的服务器，Internet 骨干带宽超过 40GB；超过 40 万家的线上、线下销售终端遍布全国所有省市。

盛大所运营的互动娱乐产品指通过互联网来传播的游戏、音乐、电影和动漫等文化产品，是信息产业和文化产业深入结合后的新产品形态。互动娱乐产业是有很强生命力的朝阳产业，而且在全球经济一体化浪潮中，直接投射着一个国家的文化影响力，因此，各国政府都十分重视，日本为保持经济的持续发展，将互动娱乐产业作为汽车、电子产品之后首选的经济增长点，并公布了《内容产业促进法》；韩国则明确提出“文化立国”的方针，将包括互动娱乐产业在内的文化产业作为21世纪发展国家经济的战略性支柱产业。在这样的政策下，日本和韩国迅速成为互动娱乐产业的强国。

2001年，盛大以30万美元的价格购下韩国Actoz公司的《传奇》在中国的独家代理权，在代理《传奇》的过程中，盛大通过独创的运营模式，包括电子商务的收费体系，解决了网络游戏商业模式中的一个瓶颈，这个模式成为引爆产业的触发点。当年网络游戏的市场收入比上一年增长900%，此后连续5年，盛大一直保持了中国网络游戏市场50%以上的市场份额，为民族企业发展占据了产业主动地位。

2003年7月，盛大网络自主研发的第一款网络游戏《传奇世界》开始公开测试；8月，《传奇世界》同时在线人数突破30万。2003年3月，盛大网络与全球知名的风险投资机构软银亚洲签订战略融资4000万美元的协议，2004年5月，盛大在纳斯达克成功上市，被评为当年表现最优异的股票。抓住机遇，盛大加快了迈向国际化的步伐，2003年起，盛大先后投资控股日本BOTHTEC公司、全资收购美国ZONA公司、收购控股韩国第三大网络游戏上市公司Actoz，通过一系列国际化的举措，盛大逐渐向海外输出网络游戏，计划将为国家年创汇千万美元以上。在产品输出的同时，也用优秀的中国文化影响海外青年。

2008年7月，看到网络文学也是网络出版的新发展方向，盛大成立了文学有限公司，为企业可持续发展注入新的活力。目前，盛大文学整合了原起点中文网、晋江文学网和红袖添香等国内排名前三的网络文学原创网站，已是最大的中文文学网络基地，拥有80%的网络原创作品，盛大文学成立后，相继举办了30省市作协主席文学大赛、“收购你的梦”大型活动，邀请网游构建中国神话谱系、号召全民写家谱、签约18主流作家和网上转播茅盾文学奖等活动，在互联网上倡导民族精神和价值观，在经济危机时代鼓舞全民斗志，用社会主义荣辱观引领风尚。

进入经济危机以来，盛大的市值几乎未受影响，2008年11月，盛大发布了第三季度财务报告，收入和利润再创历史新高，由于企业发展势头良好，华尔街分析师将盛大股票定为“强烈推荐买入”，再次拉升盛大股价，被海外投资人誉为华尔街最抗跌的中国概念股。

二、抓住新机遇，唱响主旋律

2004年，李长春同志在第二届国际网络文化博览会上发表重要指示：“网络文化产业已成为文化产业中极富发展潜力的新兴领域，要紧紧抓住当前难得的发展机遇，要促进我国信息产业与文化产业的战略性合作，引导网络产业与内容产业相融合，以信息化带动产业化，以产业化促进信息化，走新型产业化道路，实现文化和信息产业的跨越式发展。”上述指示给了产业极大的鼓舞。

为突破产业发展瓶颈，抓住新机遇，在盛大的发展中，经历了三次主动的业务转型，第一个是从代理模式转变为自主研发模式，奠定可持续发展的基础；第二个是改变收费模式，从产品收费模式转变为产品免费，增值服务收费，开辟蓝海，为产业开创了新的发展思路；第三个是成立盛大文学有限公司，开辟多元化领域，为传统文学提供新的发展空间，唱响主旋律，提升文化影响力。

2004年8月，新闻出版总署开展了“中国民族网络游戏出版工程”，在5年内发展100款拥有自主知识产权的民族网络游戏，并打造游戏开发基地，带动起全国游戏产业的发展，同时，实施“1+10”网络人才的培训计划。这些措施对于打造互动娱乐产业可持续发展起到了至关重要的影响。

目前，盛大有研发人员将近1000人，分布在美国、日本、韩国、上海、杭州、深圳、成都、北京各地。盛大自主知识产权、可供第三方使用的2D/3D双应用网络娱乐通用引擎ZONA和IBM公司的BUTTERFLY网络娱乐引擎并称为世界上最好的两大核心引擎。盛大自主研发的网络游戏“传奇世界”连续数年被新闻出版总署评选为中国最佳自主研发网络游戏，仅一款产品年创收入接近4亿。与此同时，盛大投资引进最新制作设备，提高开发效率，缩短和发达国家的差距。

在提供的游戏内容上，盛大坚持以休闲、益智、教育的五分钟游戏为主要发展方向，开发《学雷锋》和《中华英雄谱》等体现中华民族优秀文化的教育类游戏；运营中利用技术手段，从2002年起陆续推出青少年“限时卡”、“亲子系统”和“防疲劳系统”等，为推动以健康、休闲为主的第二代网络游戏而不断努力；技术上和中科院合作采用最新的视频输入技术，养成健康上网新习惯。

目前，盛大已经拥有《传奇世界》、《神迹》、《梦幻国度》、《龙神传说》、《纵横天下》、《新英雄年代》、《巨星》等多款完全拥有自主知识产权的游戏产品，而盛大所投资的公司也开发出《热血传奇》、《彩虹岛》、《苍天》、《风云online》、《天地纵横》、《鬼吹灯外传》等产品，随着关键技术研发的突破和服务水平的不断提高，盛大自主研发的产品收入，已经超过了代理产品的收入。

三、改善大环境，推进大繁荣

2008年11月，李长春同志撰文发表重要指示，指出科学发展观的核心是以人为本。文化建设以人为本，就是要贴近实际、贴近生活、贴近群众，以服务人民为根本宗旨，以满足人民群众精神文化需求、促进人的全面发展为根本目的，以人民群众为根本依靠力量，以发展文化事业和文化产业、提高文化产品和服务的供给能力为根本途径。

盛大非常重视培养人才，培养和输送人才为产业“造血”、“补血”。盛大“20计划”依托完善的运营体系与用户平台，采取“游戏团队内部创业，盛大与项目团队共同分成”的创新运作模式，用高达20%的分成比例承诺给最好的游戏人才以最好的回报和收益。目前20计划已经吸引了包括知名网游连续创业者在内的多位人才加盟。

没有一支优秀的队伍，也就没有盛大的今天。盛大董事长陈天桥任第十五届团中央候补委员；曾获得全国信息系统劳动模范、上海市劳动模范、优秀中国特色社会主义事业建设者等光荣称号；公司团委现有团员 974 人；2003 年 5 月公司成立党支部，现有党员 200 余人，董事长陈天桥任支部书记；不断吸引国际化人才加盟，包括微软、索尼、雅虎中国总裁纷纷加盟盛大；公司现有员工 2000 人，员工平均年龄 27 岁，管理层平均年龄 29 岁，是一支年轻向上、朝气蓬勃、弘扬正气的队伍。目前，盛大正在与复旦大学筹建互动娱乐学院，为产业培养更多优秀人才。

作为行业的领军企业，盛大对改善产业发展大环境承担着重要的责任和使命。2006 年，网络游戏产业的很多新企业得到了快速成长，盛大看到了大公司必须从英雄的位置走下来，努力让自己变成平民，全面融入到游戏全民化运动中去，做全民化运动的引擎，做人才培养的发动机，为产业可持续发展奠定基础，提供保障。于是，2007 年，盛大斥资 30 亿元人民币，成立了专项产业基金，并开展了扶持精品游戏的“风云计划”、扶持创业研发团队的“18 计划”和吸引网游人才的“20 计划”，全方位推动产业发展，盛大的 18 基金也是目前网络游戏行业最大的产业发展基金。当年，盛大以 1 亿现金投资锦天科技，年仅 23 岁的创始人彭海涛成为中国第一个 80 后“平民”亿万富翁，成为“风云计划”的首个成功案例。在 2008 年 10 月举行的网博会上，盛大 18 基金所投资的厦门联宇、深圳悠游、上海祁宇、北京逆水、沈阳翼牛、飞越梦幻、上海维莱、上海猜趣等公司也精彩亮相，成为引人注目的网游产业新生原创力量。

进入经济危机以来，全球知名企业纷纷裁员，曾经繁荣了 10 年的韩国网游公司也因业绩不佳接连传出裁员消息。在一片裁员减薪声中，盛大主动做出“三不”承诺，“不裁员、不减薪、不缩减投资”。对整个行业起到了稳定人心、鼓舞士气的作用，为员工和合作伙伴打造了一个经济危机下的“避风港”。不仅不裁员，2008 年 8 月，盛大刚刚对全体员工进行了一次普遍加薪，其中员工平均加薪达到20%，骨干员工加薪超过40%。10月底，又有超过20%的盛大游戏员工晋升和加薪。2008年11月，盛大还重奖了一批游戏项目的骨干，最高者仅季度奖金就高达800万。

企业对社会、对员工也承担着重要的责任。成立以来，盛大一直是当地纳税大户，2005年国家税务总局举办的“私营企业纳税百强”评比中，盛大网络名列第七位；在西藏、青海、宁夏、安徽、甘肃等地建立了希望小学，三年累计向希望工程捐款超过200万元；2005年资助东南亚海啸灾民100万元，同年资助2000多名贫困大学生回家过年100万元；捐助复旦校庆1000万元人民币，盛大累计各类捐款已经超过3000万元；2006年追加专款2000万元，成立“盛大文化教育基金”。2008年5月12日汶川发生大地震，在5月18日中央电视台举办的“爱的奉献·2008年抗震救灾大型募捐活动”当晚，网络出版企业的捐款总额达到4800万元，占当晚全国新闻出版捐款的34%。其中，盛大在网络游戏出版企业中率先捐款1000万元人民币。

在前不久发布的第三季度财务报告中，盛大又交上了一份漂亮的答卷。以9.365亿元人民币的收入和3.371亿元人民币的利润额，远超在网游收入中排名第二的腾讯公司（6.751亿元收入，2.622亿元利润）和排名第三的网易公司（6.751亿元收入，2.622亿元利润），以及随后的九城、完美时空、巨人、网龙等同行。

总结盛大的发展历程，创造性的商业模式为我们在一个全新的市场带来了发展机遇，走自主研发道路则协助我们战胜了这个新兴市场的风险，而中国特色更是我们打开国际市场的金钥匙。经历了风风雨雨，盛大已经逐渐成为一家成熟稳健、拥有持续发展能力的公司，下一步，我们希望通过努力，把中国建设成为世界网游产业的中心，实现这个目标，盛大仍然任重而道远。

伟大的改革开放使华联印刷快速发展

北京华联印刷有限公司

伟大的改革开放改变了中国的命运。

“改革开放是决定当代中国命运的关键抉择，是发展中国特色社会主义、实现中华民族伟大复兴的必由之路。”这是中共十七大报告中对改革开放的总评价。胡锦涛主席2008年4月12日宣布：“中国人民将坚定不移地沿着改革开放的伟大道路走下去。”

改革开放30年中国社会的变革和进步非同小可，一个伟大的民族经历了一次伟大的复兴。回首我国印刷工业，经历了千年印刷发展历史上最快速、最辉煌的阶段。回顾我们华联印刷，经历了快速发展的六年，正是由于改革开放的深入进行，为华联印刷的起飞提供了可靠的环境基础，我们受到了改革开放的巨大恩惠。

一、改革开放给印刷业带来的变化

改革开放30年使我国印刷业发生了深刻的变化，我体会比较深刻的有以下几点：

第一，改革开放首先促生了以深圳为代表的现代化印刷企业群的崛起，为内地印刷企业的发展树立了榜样。

第二，改革开放促进了印刷业技术设备的升级换代，大大缩小了国内先进印刷企业与海外印刷企业的技术差距。

第三，改革开放促使印刷企业导入了营销机制，基本完成了由计划经济向市场经济的过渡。

第四，改革开放促进了海外资本的进入，一批外资、合资企业在中国快速成长，多数成为了印刷业的骨干企业。

第五，改革开放促进了我国高档印刷品质量的提高，不少公司频频在海外有影响的评比活动中获得大奖，提升了中国印刷业的国际地位。

二、华联印刷高位起步

华联印刷于2001年4月注册，2002年8月正式开业。华联印刷在筹备过程中充分思考了改革开放给国内印刷业带来的变化，各方股东都决心建立一个技术最先进、管理现代化的印刷企业。

19世纪末的中国印刷总公司，是具有五十多年历史的国有企业，它是国内印刷企业的排头兵。但在改革开放的大潮中感到自己开始落后了，于是，产生了引进外资，建立一个管理、技术、设备都先进的标杆性印刷企业的想法。

那时候的中华商务联合印刷（香港）有限公司，这个在香港具有七八十年历史的中资印刷企业，在内地改革开放大潮的吸引下，在深圳的发展取得重大成功的鼓舞下，产生了继续北上发展的欲望。

加之两家公司有着几十年的友好往来，彼此互相了解和信任，所以，经过一年多的谈判，于2001年达成了合资建立北京华联印刷有限公司的协议，并在2001年4月正式签订了协议书。

从2001年8月奠基到2002年8月正式开业，仅仅用了一年时间，一座现代化的印刷企业拔地而起，这个速度和在深圳建设同样规模的工程所用时间是基本一样的。华联印刷的快速建成表明了改革开放政策使北京政府的办事效率大大提高。之所以至今港资印刷企业在北京地区还不多的原因之一是香港印刷业的大多数认为北京是一座政治城市，办事难，办事慢，不敢贸然到北京发展。我的亲身经历表明，改革开放已使北京各级政府的服务观念有了巨大的进步，北京经济技术开发区政府的办事速度非常快。

华联印刷正式运营之后，五年来一直快速发展，销售收入和利润以及向国家缴纳的税金都不断上升，具体情况如下：

（1）华联印刷成立五年经营业绩取得了迅速的发展：

2003 年销售收入 15000 万元，利税 1500 万元；

2004 年销售收入 20000 万元，利税 2000 万元；

2005 年销售收入 25000 万元，利税 2500 万元；

2006 年销售收入 28000 万元，利税 3036 万元；

2007 年销售收入 30500 万元，利税 3500 万元。

在股东投资只有 2.35 亿元的情况下，公司固定资产已达 3.6 亿元，资产总额达 4.67 亿元。

在《新闻出版报》2007 年 5 月 28 日刊登的消息中，华联印刷 2006 年经济效益的指标在全国 129 家书刊印刷企业中的排名都很靠前：

胶印色令 779 万对开色令，第 1 名；

资产总额 43382 万元，第 3 名；

产品销售收入 28086 万元，第 4 名；

利润总额 2053 万元，第 6 名；

实现利税 3036 万元，第 7 名。

2006 年是华联印刷成立第四年，取得这样快速的发展是十分突出的。

2008 年是华联印刷成立第六年，产品销售收入将超过 34000 万元，利税将达 3500 万元。

（2）在企业管理上勇于创新，踏实深入，华联印刷取得了很多第一的名誉。北京唯一一家“外商投资先进技术企业”；开发区唯一一家“北京市平安示范单位”；开发区两家中一家“北京市绿化花园式企业”。还有很多其他荣誉称号。

（3）把公司变成“弘扬中国古老印刷文明，推行现代先进印艺技术”的阵地，爱国主义教育的大课堂，为提升印刷行业的社会认知度努力做工作。华联印刷常年举办“中华印刷之光——中国印刷简史展”、“印刷精品展”，每年更换新的展览，2008 年推出的是“华联印刷六年获奖精品展”、“封面光彩展”、“纸品艺术邀请赛作品展”和“张林桂鹤立群山摄影展”、“防伪数码印刷作品展”等。

（4）从 2006 年 8 月举办“华联印刷开放月”活动以来，每年同时间举办“华联印刷开放月”活动，面向社会各界开放，以印刷为题材宣传我国的印刷企业快速发展的情况。平时大量接待国外和国内的代表团来访，2005 年接待了七十多批，2006 和 2007 年接待了七十多批，2008 年已接待了五十多批正式代表团来访，其中一半是国外出版、印刷、文化代表团，为国家新闻出版总署、北京市、开发区和各协会的外事活动做出了贡献。

2006 年“华联印刷开放月活动”，《新闻出版报》作了整版报道。

（5）创新经营方法，成功进行了短时间印制百万册期刊、期刊合订本、书籍的全国出版印刷纪录。华联印刷几年前开始组织研究“超大批量短时间多地印刷网络控制技术”，并且用于印刷实践，近两年成功进行了《中国国家地理》杂志百万册和《于丹〈庄子〉心得》百万册的尝试，创造了短时间印制超过百万册的全国纪录，为推动我国印刷业的进步做出了贡献。

（6）我们根据本企业的特点，创造了连续六年突出重点抓管理“提纲挈领式”的工作方法，创造了初创印刷企业取得管理上成功的新模式。公司把第一年 2003 年确定为“质量年”，接下来的是 2004 年的“成本年”，2005 年的“精细管理年”，2006 年的“技术提升年”，2007 年的“素质提升年”和 2008 年的“奥运健康年”。通过六年提纲挈领式的管理，使华联印刷打下了比较坚实的管理基础，使企业得到了有效地持续地进步和发展，受到了业内广泛好评。

特别重视质量管理，推出一次含质量管理方案以适应印件时间越来越短的市场变化。成立六年来，荣获各种奖项如下：

荣获国内外金奖：20 个；

荣获国内外银奖、铜奖、优异奖：36 个；

荣获北京印刷质量检测站（2003—2008 年 10 月）合计优质品 1300 多个；

荣获 2006 年新闻出版总署优质产品 5 个，占北京市的 26%。

（7）六年来华联印刷印制了大批好书，为出版业的发展做出了贡献。华联印刷开业以来，共完成订单 20000 余个，绝大多数是精品书刊，为繁荣出版做出了一定的贡献。

例如：《解放军画报》、《人民画报》、《中国国家地理》、《三联生活周刊》、《文明》、《上海服饰》等杂志近 130 种高档杂志，《毛泽东》、《天下之脊——刘邓大军征程志略》、《江泽民选集》、《他改变了中国》、《薄一波画传》、《王光英》、《李瑞环：学哲学用哲学》、《李鹏：水力日记》、《李铁映：改革开放探索》、普京办公室的《克里姆林宫》、《于丹〈庄子〉心得》、《天外奇妍》、《中国壁画百年》、《中国印刷史》等重要图书近万种。

（8）建立积极向上的企业文化，增加企业凝聚力，倡导团队精神，建立了一支战斗力很强的骨干队伍，培养出一大批印刷新生力量。华联印刷在取得突出经济效益和社会效益的同时，有一大批印刷企业的骨干力量成长起来，2007 年由中国纺织工业出版社出版的新书《月季花开——我们共同成长的故事》（张林桂等著）。通过一个个动人的故事，全面反映了年轻员工的成长情况。队伍稳定，积极向上，平均二十四、五岁的华联印刷员工创造出行业内名列前茅的业绩，是华联印刷创造的企业文化成功的最好说明。

三、华联印刷成功的原因是改革开放促进了各种融合

华联印刷的快速发展引起行业的广泛关注，各方媒体从开业到现在已有上百篇原创报道向社会传播了华联印刷的发展。我认为，华联印刷快速发展的这个具体案例，说明了改革开放如同催化剂，加速了内地和香港的融合，加速了南北的融合，这种融合体现在资金上、人员上、观念上，这种融合产生了一种新的能量，创造出了印刷企业快速发展的可能。在华联

印刷，这种融合体现在以下几点上：

（1）香港资本和内地资本的融合。在 2001 年时，华联印刷的计划投资金额是外商投资北京印刷业的最大一笔资金，也是北京印刷业投向合资企业的最大一笔资金。双方都是以现金投入，资本融合，为引进先进的技术设备打下了基础。

2002 年 8 月，一则题为“北京华联印刷有限公司隆重开业，定位北方精品印刷市场”的消息见诸印刷行业各媒体，可能从来也没有一个印刷企业像华联印刷一样，自成立之初便受到如此瞩目，华联印刷成为我国加入 WTO 后政府批准成立的最大的、现代化程度最高的中外合资印刷企业。

（2）股东资金与银行资金的融合。华联印刷是一家合资公司，由于情况的变化，股东并没有按计划的投资数额投入，而且，每年都把绝大部分利润分配。可想而知，对于一家初建的公司来说在资金上将承受多么大的压力。为了资金短缺而保证正常经营我们付出的焦虑、辛苦和智慧是最让我们难忘的。如果说华联印刷在经营上有成功的话，资金运作是最大的成功；通过资金短缺而锻炼了队伍是最大的成功；通过资金运作让我们增加了企业管理的才干是最大的成功！在牢牢坚守书刊印刷主业的前提下，我们从与资金有关的一切方面，如营销价格、采购价格、原辅材料消耗、账款回收、动力消耗、运输价格、外协价格、外币兑换、税费开支等各个方面下工夫。经营实践是最好的大学，我们在这所大学里迅速成长起来了。

（3）南北印刷骨干力量的融合。华联印刷建立初期的人员来自香港中华商务、广东中华商务和中国印刷总公司。当时中华商务来了 60 多名员工，其中包括香港员工和深圳员工，从北京新华彩印和中国印刷总公司招聘了 70 多名员工，加上从各省市招聘的几十名员工组成了最初的员工队伍。

（4）各种先进管理思路的融合。华联印刷的管理团队成员，有来自香港的、北京的；有来自国企的、外企的；有年长、年轻的。而我本人的国有企业、外资企业、三资企业的经历，成为了能融合各种管理思路的重要因素。我认为，管理不能套用某一地区某一企业的模式，必须因时因地创造更加适宜的有效的独特的管理模式才能使企业取得顺利的发展。华联印刷六年来的快速稳步发展，表明了这种思路的恰当。

（5）各种有效企业文化的融合。由于人员构成的特殊性，从国有企业、香港企业带来了行之有效的企业文化，华联印刷也注意从传统文化和现代文化中吸取对企业行之有效的内容，把这些融合、提炼，变为华联印刷自己的企业文化。华联印刷“团结协作、拼搏务实、廉洁忠诚、追求卓越”的企业文化精神力量在企业的发展中得到了体现。

改革开放的30年是伟大的30年，是“中国奇迹”的30年，是祖国复兴的30年。改革开放给了印刷业以机会，给了资本以机会，给了人才以机会。华联印刷赶上了改革开放给予的机会，紧紧抓住市场，抓住质量，抓住服务，抓住效率，所以，才能在不到六年的时间里后来居上走到全国印刷业的先进行列之中，所以，我们要感谢改革开放，并且要继续努力向比我们做得好的企业学习，努力发展自己，争取在市场的大风大浪中取得更大的成长和发展。

30年来，华联印刷像整个印刷业一样，印刷业又像其他行业一样有了飞快的发展，但是，道路并不是笔直的，而是弯弯曲曲的。怎么样才能使道路直一些？怎么样使印刷业能更多受惠于改革开放的成果？怎么样使印刷业，特别是老企业，能够彻底摆脱困境，走上健康的持续的发展道路？

道路尚远。

但是，我们有信心，因为国家经过30年改革开放正在成熟，印刷行业也在走向成熟，我们印刷人的知识、智慧也在增长。我们的思想会进一步解放，在改革上投入更多的激情，我们会克服各种困难而不断取得新的进步！

十年风雨创业路　翰墨书香飘满城

北京图书大厦

党的十一届三中全会拉开了我国改革开放的序幕，30 年来所发生的大变革大发展，对于中国经济社会发展奇迹的造就，对于中华民族的伟大复兴，都具有里程碑意义。30 年的改革开放，同样带给我国新闻出版领域巨大的变化，出版发行行业成功实现了从高度集中的计划经济体制到充满活力的社会主义市场经济体制的重大转折。北京图书大厦作为出版发行行业的一名新兵，开业仅仅十年。十年来，在各级领导的关怀下，北京图书大厦乘改革之风一步步地成长、发展，如今已是日均接待读者 5 万余人次，常年陈列销售出版物 30 余万种，单店年销售收入超过 5 亿元人民币的现代化大型书城。图书大厦的十年成长发展，从根本上要归功于出版发行领域改革开放这个大决策、大环境，同时也离不开各级领导和出版界、读者的帮助与支持。新闻出版领域的改革开放，以及近年来全面推进的文化体制改革更是给历经十年经营建设的图书大厦创造了新的发展平台。当前，大厦在北京发行集团的领导下，继续按照改革的思路搞建设、谋发展，经营管理各项工作连年上新台阶，企业发展进入了新的阶段。值此新闻出版领域纪念改革开放 30 周年之际，谨将大厦在改革开放新形势下创建、成长、经营的体会做简要汇报。

一、北京图书大厦建成开业是改革开放给予的历史机遇

1998 年 5 月 18 日，凝聚着几代首都国有图书发行人希望与梦想的北京图书大厦正式建成开业。从 1958 年周恩来总理审阅并主持批准建设这个项目，到 1998 年北京图书大厦正式亮相在各界读者面前，前后四十年的时间。正是改革开放给予了大厦诞生、成长、发展的历史机遇。是新闻出版领域的改革造就了新体制、新机制的现代化超万米大型书城。

（一）体制改革助北京图书大厦跃上市场舞台

1998 年，北京图书大厦由北京市新华书店联合外文书店、中国书店共同投资建设。大厦在经营上独立自主、自负盈亏。公司结构完全按照现代企业制度搭建，具有完善的股东会、董事会、监事会架构，属于股份有限责任公司性质。大厦的建成开业使北京市国有书店系统拥有了第一家按照现代企业制度建立起来的公司制书店。全新的体制给予了大厦面向市场、自主经营的新机遇。新闻出版领域的解放思想，深化改革，使北京图书大厦这一大型国有图书发行企业充满了勃勃生机。改革赋予了大厦面向市场、自主经营、创建国有书店新品牌的历史使命。改革更激励着大厦人必须更新观念，直面市场，走出一条全新的改革发展之路。

（二）机制创新营造全新概念的国有大书城

多年的实践让我们体会到，体制改革造就了北京图书大厦的诞生，大厦创建后在机制上不断的创新，在经营建设上秉承的改革精神，则是促使大厦成为北京市地标性国有大书城的必要条件。

经营定位上，大厦根据市场环境和读者的多元化需求，确定了采取全品种、全门类的经营方式。开业之初，店内陈列销售品种即达到 10 万种以上，全国所有出版社当年出版的新书全部能够在大厦上架展示，使北京图书大厦成为了展示我国出版风貌的一个重要窗口。

经营管理上，大厦全面使用计算机管理，大大提高了劳动生产率，降低了经营费用和人员成本。当年开业时，按照大厦的经营规模，用工人数比传统经营管理方式减少了一半以上，而几年来创造的效益却始终名列国有书店首位。大厦在北京市率先实行的卖场超市化和销售现场零库存管理，不仅形成了自己鲜明的特色，而且在节约成本、提高经营效率和效益上效果显著。

用人机制上，大厦从开业之初就确立了向高能力、高学识的青年人才倾斜的用人政策。开业时大厦整体平均年龄不到30岁。主要业务部门工作人员全部具有本科以上学历。历经多年的培养，大厦的青年骨干队伍已经初步形成，在企业经营建设中发挥着重要作用。

二、沿着改革发展的轨迹，北京图书大厦经营业绩快速增长、企业建设稳步发展

十年的经营发展，北京图书大厦作为北京发行集团下属企业，在1.6万平方米的营业面积上，汇集全国500余家出版单位的30余万种出版物。单日最高销售额达413万元，年销售额超过5亿元。十年累计接待中外读者1亿多人次，会员注册人数超过118万，累计销售超过30亿元，销售额以每年两位数的速度快速增长。在取得经营业绩的同时，图书大厦同样承担起“传播优秀主流文化、弘扬时代主旋律”的重要社会责任。出版发行领域各种全国性重大经营活动和公益活动多次以北京图书大厦为第一现场，均取得了良好的社会反响。每逢重大社会热点，图书大厦总是积极响应，担当起国有书店弘扬主旋律的社会责任。十年来，各级领导部门给予了大厦诸多的荣誉：“总署社店互评全国第一店”、“全国五一劳动奖状”、“全国职工职业道德建设十佳单位”、“北京市文明单位标兵”等等，这些荣誉的取得既是各级领导对大厦的肯定同时也是鞭策，激励着我们继续走在国有发行行业改革的前列，实践着书业改革先锋的使命。

（一）经营中着力探索新方式，信息化建设促进大厦销售业绩屡创新高

作为一个图书品种陈列达30余万种的超万米大型书城，如何使图书能更有效地陈列，让读者找到所需图书，从而更好地提升每一本书的销量，成为摆在我们面前的一个课题。工作中，我们秉承着“给每一种书与读者见面的机会，促使每一本书的使用价值最大化”的理念，结合读者的购书习惯和图书特点，对卖场进行区域划分。分为一般陈列区、主题展销区、畅销推荐区、新书陈列区等区域。将图书按照出版时间、销量、主题等进行分类陈列。每天出版社到店的新书都会在新书区陈列、展示，每周滚动更换，对每周销量大的图书，将其转到畅销区重点陈列，使读者到大厦后能够很快地对每周新书出版情况、畅销书情况有一个全面的了解，从而实现了积极挖潜培育重点品种、畅销品种，重点陈列与一般书架陈列相得益彰，培育和扶植了一批社会畅销、大厦热销的重点类别图书。通过多年来的不断总结完善，不仅形成一套卓有成效的卖场管理方式，而且使北京图书大厦图书销售排行榜成为众多出版社和读者了解和掌握最新市场信息的一个重要参考指标。

多年来，北京图书大厦坚持把信息化管理摆在非常重要的地位。为了提高读者找书效率，大厦与专业公司合作开发了智能检索系统。读者在30万种图书中进行关键字检索，仅用不到一秒钟的时间就可以得到准确的结果。同时配合大厦货位号管理的实施，使每一本书在店堂内都有一个准确的位置，读者得到检索结果后只需根据图书编码“按图索骥”，就能在茫茫书海中快速找到所需图书，大大提高了查询速度，方便了读者找书。多年来大厦不断完善进销存智能化平台在经营中的应用，将传统书店中的依靠经验进添货方式，转为根据卖场的实时销量通过数据库分析计算设定自动程序的智能进货方式，大大提高了效率和准确度。通过新技术的使用，大厦多年来始终保持着图书周转率平均5.2次，退货率控制在8%以下的良好运转水平。计算机系统智能化水平的不断提高，企业管理技术含量的

逐步提升，为企业的快速发展提供了良好的技术保障。

（二）用营销策划强化大厦品牌张力，“主旋律”与“青少年”公益活动成为图书大厦新特色

十年来，大厦始终将传播先进文化、弘扬主旋律放在企业社会作用的首位。坚持营销策划主题紧紧围绕主旋律和社会热点，深度策划强化大厦品牌张力，将经济效益与社会效益有机地结合起来。

多年来，每当党和国家举办重大政治活动以及发行各种文件，北京图书大厦总是在第一时间设专台、专人为读者服务，及时传播党和政府的声音，满足读者需要。每当社会出现重大热点事件，大厦总是积极地专门辟出最醒目的位置设立专柜和专台、专架进行宣传导购，从正面对读者加以引导，得到了社会各界的一致好评。党的十七大胜利闭幕后，大厦第一时间在显要位置设专台展示相关文件、图书，并组织专车送书上门，及时满足广大群众学习十七大精神的需求，圆满完成了文件发行任务。2008 年“5・12”汶川大地震发生后，大厦在 5 月 14 日即推出抗震救灾图书专架，组织一批抗震、防震、救灾方面的图书，并在店堂内的每一个展示柱上张贴抗震救灾图片，引导市民群众正确掌握和了解抗震防震的相关知识，得到了各界读者的广泛肯定。

十年间，北京图书大厦一直以“播撒知识、传播文化、传承文明”为己任，从商品营销走向品牌营销，不断加大对公益活动的投入力度，努力实现着社会效益和经济效益的双赢。从神舟五号到神舟七号，每一次中国飞船升空，大厦都抓住机会，积极策划，做足热点营销。一方面，我们举办航天知识讲座、航天图片展及航天器模型展览，向读者介绍航天知识，宣传我国航天事业的伟大功绩。同时，我们组织航天方面的相关图书与航天器模型专题展销，展览与展销相互借力，读者参观购买踊跃。一些学校还专门组织学生来参观，把课堂搬进了图书大厦店堂，取得了社会效益与经济效益的双丰收。大厦还长期组织各种名家讲座、签售，举办“科技周”、“科技文化节”、“旅游文化周”等各类主题活动，通过暑期读书新

计划、夏令营、读书月、家庭图书馆等一系列读书活动，变书店卖场为知识讲堂，扩展了书店的文化外延。

大厦始终坚持以青少年校外教育为己任，创建了“星光青春自护学校”，每年组织“专家讲师团”走向社会、走入校园，举办科普和自护技能讲座。数百场讲座主题鲜明，题材广泛：从以少年儿童为主要受众的自护、科普、公德讲座，到深受青少年欢迎的外语、普法、青春期教育讲座，以及吸引中青年参与其中的考试、计算机、阅读指导等。依托出版物内容，延伸图书社会影响的公益讲座，引导着青少年的阅读兴趣，获得了社会各界人士的好评。

在多次向北京读书会、宏志班以及京郊农村和贫困地区捐赠图书的同时，由大厦投入20万元，倾力推出的《北京图书大厦未成年人德育手册》在青少年读者中引起较好的反响。免费发放10万册后还邀约不断，得到了青少年读者、学校、青少年德育人士的认可与肯定。多年来令读者赏心悦目的文化营销，使大厦获得了较好的经济效益，同时树立了大厦的品牌形象，创造了良好的社会效益。

（三）坚持育人、用人机制的创新实践，为经营发展培养后备人才

创新需要人才，基业常青更需要人才。抓好队伍建设一直是北京图书大厦非常重视且常抓不懈的一项工作。大厦制定了职工人事考评制度，对职工的工作能力、工作态度和专业技能水平进行综合的等级评定，评定结果与职工收入挂钩。大厦对中层干部制订了《干部综合考评方案》，采用量化评比方式，实行动态管理，末位淘汰。

新的用人机制使大厦拥有一支高素质、技术过硬的干部职工队伍。为服务2008年北京奥运会，大厦开展了“星级服务”活动，200余名星级服务员挂牌上岗。这支技能好、业务精、服务优的星级服务员队伍，活跃在大厦服务奥运接待工作的最前沿，以最好的精神面貌、最大的工作热情、最优的服务水平，出色完成了服务奥运任务。目前，大厦35岁以下中层

干部占干部总量的80%以上，并向发行集团各单位输送了近百名业务骨干和干部。大厦在育人、用人机制上的创新实践，已经开始取得实际效果。

三、在北京发行集团的领导下，走向改革发展新阶段

2004年北京发行集团组建，带领着包括北京图书大厦在内的全市国有书店进入了改革发展的新阶段。大厦在集团的领导下，以培育竞争优势为重点，整合品牌实力，挖潜经营管理，提升人员素质，培养战略人才，拓宽经营思路，积极开发新的经济增长点，不断创造企业新的竞争优势。

各级干部职工积极转变观念，正确认识新形势下的整合对国有书店现代化进程的重要意义，主动利用整合带来的新机遇，使大厦的经营、管理、服务提高到一个新的水平，形成了推动图书大厦各方面工作上新台阶的重要动力。在北京发行集团的带领下，北京图书大厦正迎来一个发展的新阶段。

改革开放30年来，带给新闻出版领域巨大的变化，更赋予了北京图书大厦勃勃生机与活力。图书大厦开业以来的十年，是国有图书发行业在改革的征程上大踏步前进的十年，这十年间，万米大书城纷纷投入营业，国有书店传统经营模式开始转向现代连锁经营。十年间，改革开放的政策环境给北京图书大厦的快速发展提供了机遇和保证。图书大厦十年历程及所取得的业绩也正是出版发行领域深入改革并取得巨大成果的一种体现。回首过去，北京图书大厦的全体干部员工团结奋进、开拓进取、创造了令人瞩目的业绩，展望未来，党的十七大的召开又为新闻出版行业创造了大发展、大繁荣的新机遇。我们将继续肩负起历史赋予的使命，学习实践科学发展观，继续深化改革、锐意进取、大胆创新，为新闻出版行业的新发展做出新贡献。

解放思想　开拓创新
进一步推动出版业科学发展

中宣部出版局局长　张小影

围绕“以科学发展观为指导，进一步推进出版业科学发展”的主题，出版局连续两次召开解放思想研讨会，深入研讨了两个问题：一是用科学发展观的要求来审视，当前制约出版业科学发展的主要问题有哪些？二是贯彻落实科学发展观，促进出版业科学发展的突破口应当放在哪里？大家围绕主题，自选题目、自选角度，解放思想、畅所欲言，认真讨论，交流调研和思考的成果，形成了许多共识。

共识之一：破解“发展难题”，是开展新一轮解放思想讨论的目的所在。

解放思想，是我们党的思想路线的本质要求，是我们应对前进道路上各种新情况新问题、不断开拓事业新局面的一大法宝。改革开放30年来，我们经历了数次在全党范围内的解放思想大讨论，每一次的思想解放都带来了中国特色社会主义事业的新进展。今天，我们正站在新的历史起点上，面对风云变幻的国际环境，面对全国各族人民过上更加美好生活的新期待，要完成好全面建设小康社会、开创中国特色社会主义伟大事业新局面的历史重任，我们依然需要进一步解放思想，开拓创新。

新一轮解放思想大讨论解决什么问题？如果说1978年的解放思想更多的是在哲学理念层面展开讨论，突破的是思想上的僵化；1992年的解放思想更多的是在经济体制层面展开讨论，突破的是计划体制和单一所有制形式对经济发展的束缚；新一轮解放思想的重点，则是从政治、经济、文化、社会四位一体的中国特色社会主义总体布局的高度，破解“发展的难题”，探索“以人为本”，促进经济社会全面协调可持续发展的有效途径。

共识之二：出版业发展态势总体很好，但与新形势新任务的要求相比，存在明显的不适应，必须进一步解放思想、开拓创新。

改革开放30年来，出版业与其他领域一样，坚持解放思想，实事求是，开拓进取，取得了长足发展。特别是党的十六大以来，出版战线服务党和国家工作大局的自觉性主动性明显增强，在引导社会舆论方面发挥了积极作用。出版产业迅速发展，出版事业日益繁荣，出版市场丰富多彩，出版工作为促进经济社会进步、满足群众精神文化需求做出了积极贡献。但是，与新形势提出的新要求相比，目前出版领域还存在着明显的差距和不适应。

大家认为，出版工作面临的新形势可以用四个关键词来概括。一是全球化。经济的全球化不仅使得国际国内两个大局相互依存相互连动，也导致了经济和文化的高度一体化。经济全球化和经济文化一体化的趋势，使不同意识形态之间的较量方式变得更为复杂。二是多元化。国内外多元思想文化间的交流碰撞，既使中国特色社会主义价值观在世界更大范围传播获得难得机遇，也使得用马克思主义一元化指导思想引领多元社会思潮的任务更为艰巨。三是市场化。在经济全球化和社会主义市场经济体制不断完善的环境下，市场机制对各种生产要素的流动和配置作用越来越明显。在市场这只看不见的手面前，越来越多的是在利弊交织下的选择取舍，需要我们更清醒更自觉地趋利避害。四是科技化。以网络和数字技术为代表的新技术给人类信息与知识传播方式带来了巨大变化，也使一些个人和组织拥有了国家的力量甚至是跨国的力量，这不仅意味着在国际舆论主导权上的争夺更为激烈，也意味着参与本国和他国的政治力量更多，世界更为复杂。当然，这四个关键词未必全面和准确，但在很大程度上代表了当前形势的主要特征，即利弊交织、机遇和挑战并存，它能使我们更加自觉地把宣传思想工作包括出版工作放在一个广阔的历史和时代背景下去思考，从而不断提高我们的政治意识、大局意识、责任意识和战略思维能力，更好地趋利避害，抓住机遇、应对挑战。

大家认为，新形势对出版工作提出了四个方面的新要求。一是全面建设小康社会战略目标的确立，迫切要求出版工作提供更加有力的思想保证、智力支撑和文化条件，在提高国家文化软实力、保障人民基本文化权益方面发挥更大作用。二是兴起社会主义文化建设新高潮战略任务的提出，迫切要求出版业进一步深化文化体制改革，转变发展方式，优化结构调整布局，提高实力和竞争力，做到全面协调可持续发展。三是新技术革命的出现，迫切要求出版业进一步创新内容生产方式、传播方式和管理方式。四是中国国际地位日益提高与意识形态领域复杂态势的并存，迫切要求出版工作不断探索创新传播社会主义核心价值体系的有效途径和手段，进一步提高对外传播中华文化和社会主义价值观的能力，同时要更加自觉地坚持正确导向，进一步增强抵御西方思想文化渗透的意识。一句话，必须清醒地认识到，出版工作在国家利益格局中扮演着重要的角色，在推进中国特色社会主义伟大事业中承担着重要的使命。

大家提出，出版领域目前制约科学发展的问题主要有五个方面。一是思想观念不适应，全行业加快改革发展的紧迫感和危机感不够强烈。二是体制机制不适应，极大地制约了出版生产力的解放和发展。三是出版业的有效供给能力不强，与群众快速增长的精神文化需求不适应。四是出版行业吸纳、转化与应用高新技术的能力不强，对高新技术带来的挑战不适应。五是出版队伍整体素质与文化大发展大繁荣的新要求不适应。

共识之三：推进出版业又好又快发展，关键是转变思想观念，重点是转变发展方式，难点是转变体制机制，突破口是创新管理方式，基础是提高队伍素质。

大家在研讨中认为，按照科学发展观的要求，实现出版业的又好又快发展，要抓住五个重要环节。

第一，进一步解放思想、转变观念。增强加快出版业科学发展的自觉性和坚定性。思想观念是总开关，转变思想观念是推进出版业科学发展的关键。当前，要通过深入开展学习实践科学发展观的活动，把出版战线全体同志的思想和行动进一步统一到科学发展观的要求上来，统一到中央的工作部署和政策措施上来，不断深化全行业对出版工作方针原则和地位作用的认识，坚持用全局意识、时代特征、世界眼光、战略思维来认识和把握出版工作，谋划出版事业和出版产业的发展。

第二，进一步转变出版业的发展方式，坚持以人为本，实现全面协调可持续发展。当前，要以多出优秀出版物为重点，加快促进市场繁荣。要繁荣大众出版、学术出版，组织实施一批标志性出版工程，发挥好出版传播文明、传承文化的独特作用。要以创新出版载体形式和传播方式为重点，加快出版产业结构、产品结构的调整；以开拓国际市场为重点，加快推动出版“走出去”；以建立完善出版公共服务体系建设为重点，加快出版事业繁荣。要特别关注农村出版物发行网络的建设和维护，关注“农家书屋”的出版公共设施的建设，关注少数民族文字出版，关注西部和边疆地区群众的阅读需求，关注进城务工农民和城市困难群体的阅读需求，不断增加优质公共出版产品数量，让出版改革发展的成果为更多的群众分享。

第三，进一步转变出版业的体制机制，用深化改革推动科学发展。要加快培育市场主体。当前，要利用中央出台完善文化体制改革相关配套政策的有利契机，大力推进没有完成转制的出版单位进行转企改制，推进已经转制的出版单位进行股份制改造，实现投资主体多元化，推进有实力的出版企业通过合作、重组、上市等进行资源整合，尽快成为出版产业的战略投资者，推进组建跨地区、跨行业、跨部门、跨媒体的大型出版企业集团。要加快公益性出版单位的内部改革。通过加大投入、转换机制、增加活力、改善服务，培育一支能在公共出版服务体系建设中发挥重要作用的骨干力量。

第四，进一步创新管理，用科学有效的管理推进出版业的科学发展。当前，要积极探索中国特色社会主义出版管理体制，尤其是出版资源管理模式和配置方式。在坚持出版许可和主管主办、属地管理制度的前提下，使转企改制后的出版企业通过市场机制的作用获取更多的出版资源，迅速做大做强。同时，要通过建立科学的评价指标体系，实现对出版业的科学有效管理。对出版单位特别是出版、发行集团公司的评价，要突出对出版主业的考核，特别是在文化建设中贡献率的考核。创新管理既需要丰富手段，学会运用经济、法律、行政、科技等综合手段进行管理，也需要改进工作作风，在“早”、“实”、“联”三个字上下工夫。

第五，进一步加强出版队伍建设，为推进出版业科学发展注入持续动力。不仅要加强各级领导班子建设，着力培养领军人才，更要建立健全准入和退出机制，注重提高出版从业人员的整体素质。当前，要高度重视民营发行队伍的建设和出版后备队伍的培养。据不完全统计，全国发行从业人员 76.85 万人，其中国有新华书店和其他国有发行网点从业人员只有 14.08 万人；全国设有出版一级专业或二级专业的高校多达 140 多所，这是一支宏大的队伍。要加强对这两支队伍的引导和管理，使之成为我们推动出版业科学发展的可靠力量。

改革开放30年与我国出版业发展

中宣部出版局课题组

改革开放是党在新的时代条件下带领人民进行的新的伟大革命。在这一历史进程中，我国出版业认真贯彻党中央的决策部署，始终坚持围绕大局、服务群众，依靠改革创新，增强了实力和影响力，为促进社会主义文化大发展大繁荣、推进改革开放和现代化建设，满足群众不断增长的阅读需求，做出了积极贡献。回顾和总结出版业30年来的发展变化和主要经验，对做好今后工作具有重要意义。

一、主要发展阶段和特点

改革开放30年，我国出版业经历了几个大的发展阶段。

（一）实现拨乱反正，扭转“书荒”状况

时间大致从粉碎“四人帮”到80年代初。同其他行业一样，全战线深入揭批“四人帮”，推翻全盘否定“文革”前17年出版工作队伍的“两个估计”，平反冤假错案。1983年中央作出《关于加强出版工作的决定》，进一步明确了新形势下出版工作的指导思想、方针原则和工作任务，一些重要的会议，如1977年12月的全国出版工作座谈会、1978年10月的庐山会议、1979年12月的长沙会议等相继召开，对“尽快把出版工作

搞上去”产生了重要影响。同时，按照中央“定好计划，在尽可能短的时间里陆续写出并印出一批有新内容、新思想、新语言的有份量的论文、书籍、读本、教科书来”的指示，迅速组织出版了一大批中外文学名著、学术专著，包括重印了一大批长期遭受禁锢的优秀作品，迅速缓解了群众无书可读的状况，为在百废待兴中解放思想、拨乱反正、推动改革开放和现代化建设，发挥了不可替代的作用。

（二）矛盾初显，呼唤改革寻求突破

时间大致从80年代初到90年代初。随着“四化”建设的迅速展开，全社会高度重视提高科学文化素质，出版工作的地位日益凸显，读者的阅读需求更加迫切。但由于十年“文革”的影响，一大批有价值的书籍长期积压，亟待出版，而受自身体制机制的制约，我国出版能力还不强，发行渠道还不畅，“出书难”、“买书难”、“卖书难”问题一时备受社会关注，从1982年6月全国图书发行体制改革座谈会首次提出“在全国将组成一个以国营新华书店为主体的、多种经济成分、多条流通渠道、多种购销形式、少流转环节的图书发行网（“三多一少”）”，支持出版社自办发行、发展集体书店、扶持个体经营书店、书摊，到1988年中宣部、新闻出版署发出《关于当前出版社改革的若干意见》和《关于当前图书发行体制改革的意见》，强调“开辟多种渠道，扩大出版能力，放权承包，搞活国营书店，放开批发渠道，搞好图书市场，放开购销形式和发行折扣，搞活购销机制，大力发展横向联合”（“三放一联”），出版业改革提上议事日程，并率先在流通领域展开。与此同时，地方出版社实现“立足本地、面向全国”的跨越。以“三项制度改革”为核心，出版单位深化内部改革，推动出版单位从生产型向生产经营型转变。为解决“三难”问题，这一时期，中央及有关部门还加强了对纸张生产与进口的管理和协调，加强了对出版基础设备的更新改造。武汉大学等三所高校开始开设出版编辑专业，北京印刷学院建设步伐加快。

（三）全面推进各项改革，宏观管理体系进一步健全

时间大致从20世纪90年代初到21世纪初。面对经济社会快速发展和

人民群众阅读需求日益多元，特别是我国加入世贸组织后的新形势，出版业改革发展的任务更加紧迫。在邓小平南巡讲话指导下，全党全国人民的思想进一步解放，出版改革全面推进。着力提高出版业规模化、集约化、专业化水平，一批有实力、有竞争力和影响力的重点出版和发行集团先后成立，并进入全国出版改革试点。发行体制改革向纵深推进，连锁经营、物流配送建设迅速起步，出版物市场的地区封锁开始被打破，民营书业发展壮大，国有和集、个体发行网点遍布城乡，极大地方便了群众购书。按照中央要求，新闻出版署升格为新闻出版总署，并积极推进政企分开、政事分开、管办分离，从总署到各地新闻出版局，全部与所属出版单位脱钩。同时，加快政府职能转变，坚持科学管理、依法管理、运用多种手段综合管理，减少审批事项，提高管理水平。出版法规进一步完善，《中华人民共和国著作权法》、《出版管理条例》、《印刷业管理条例》、《音像制品管理条例》和《著作权法实施条例》等先后颁布实施，党委领导、政府管理、行业自律、企事业单位依法运行的宏观管理体系建立并完善。

（四）创新体制机制，改革取得实质性进展

时间从十六大到现在。认真贯彻十六大精神，积极推进出版事业和出版产业发展，全战线思想更加解放，方针目标更加明确，出版改革开始从外围进入到核心，由局部地区和环节扩展到全行业全领域，整个出版业改革发展进入攻坚阶段和关键时期。经营性出版单位转企改制取得重要进展，地方 24 家出版集团中 17 家集团公司完成工商登记注册，高校出版社转企改制试点工作进展顺利，全国有三分之一出版单位完成转企改制或正在进行转企改制。除西藏、天津外，各地省级新华书店全部完成企业注册，绝大部分地市及县级店也已完成转企。出版发行企业股份制改造取得积极进展，投融资体制改革取得突破，几家出版发行集团实现上市。跨地区、跨部门、跨媒体经营和兼并重组迈出新步伐。公益性出版事业单位改革稳步推进，出版公共服务体系建设顺利推进。“农家书屋”建设成效显著，向西部农村党支部免费赠阅党报工作、全民阅读活动等有序推进，民族文字出版工作、重大文化积累工程等得到有力扶持。围绕深化体制机制

改革，出版业已成为整个文化体制改革中最具活力、最富有成效的部分。党的十七大后，按照中央要求，出版改革正在进一步加大力度，加快进度，不断取得实质性进展。

出版业 30 年改革发展，有三个显著特点、实现了三个深刻转变。

三个显著特点：

一是始终坚持自上而下与自下而上相结合。中央始终坚持加强对改革发展的领导和宏观指导，从 1983 年的《关于加强出版工作的决定》到 2006 年的《关于进一步加强和改进出版工作的若干意见》，从 2001 年转发《中央宣传部、国家广电总局、新闻出版总署关于深化新闻出版广播影视业改革的若干意见》到十六大后转发《中共中央宣传部、文化部、国家广电总局、新闻出版总署关于文化体制改革试点工作的意见的通知》，到 2006 年下发《关于深化文化体制改革的若干意见》，政策引导坚强有力，中央领导还作出了一系列重要指示，这些为出版业改革发展指明了方向。同时，改革有利于出版界自身发展，也始终得到了出版单位的积极响应与大力支持，改革中的许多思路发端于出版单位，许多有效的做法源于出版单位首创。正是这种上下结合，推动着中国出版业改革发展不断向前。

二是始终着力抓住主要矛盾和中心环节。改革必须突出重点，着力解决一个时期影响和制约出版业发展的突出问题。出版业的改革是从发行环节入手、由流通领域伸展到生产领域的，为什么如此？原因就在于改革开放初期，图书发行不畅是造成出版单位出书难和群众买书难、看书难的主要原因，是影响和制约出版业发展的主要问题。出版界抓住这一主要矛盾，先后出台了“三多一少”、“三放一联”以及引导和支持民营书业发展等一系列改革措施，推动了发行体制改革和出版业发展，并以此为突破口，开启了我国出版业改革发展 30 年的历史航程。

三是始终注意循序渐进不断深化。改革涉及面广，十分复杂，不可能一蹴而就。总体看，出版业 30 年的改革，经历了从局部向整体、从单个领域向多个领域或全领域、从微观到宏观、从机制创新到体制创新的不同阶段。这是一个由表及里、不断深化的过程。从出版单位的内部改革讲，也是先从推进“三项制度改革”破题，逐步深化，进入到目前的推进出版单位转企改制、最终完成重塑市场主体的任务。同时，改革是一项长期的任务，必须一以贯之、常抓不懈、敢于攻坚，绝不能畏惧艰险、半途而废、止步不前。

三个深刻转变：

一是指导思想的深刻转变。改革开放30年，我国经济社会实现了从计划经济体制到社会主义市场经济体制、从封闭半封闭经济到开放型经济的转变，人民生活实现了从温饱不足到总体小康的转变。伴随这一历史性变革，我国出版业也实现了从以阶级斗争为纲向以经济建设为中心，从适应计划经济体制向适应社会主义市场经济体制，从适应不全面小康向全面小康的转变。

二是体制机制的深刻转变。出版单位已经从纯粹依附于机关团体等的事业单位变成企业，内部运行机制也已发生质的变化，企业的自主权进一步扩大；政府管理部门已经从既当裁判员又当教练员、既管天下又管脚下，转变为政企分开、政事分开、管办分离，出版物市场的管理也从多部门的交叉管理转变为文化市场综合执法。出版经济政策、对外交流与合作政策等进一步完善，更好地发挥了政策机制在激励与约束方面的宏观调控作用。

三是发展格局的深刻转变。从传统的单一的图书、期刊出版社，发展成为书刊音像制品、电子出版物和网络出版等多种载体形式共同促进共同发展的格局。以集团化、专业化带动规模化、集约化，特别是通过跨地区兼并重组，改变了长期形成的出版单位部门地区所有、小而全的分散局面，一批优势群体正在形成。变单一的公有制模式为以公有制为主体、多种所有制共同发展，变内循环为大力实施“走出去”战略，充分利用国际国内“两种资源、两个市场”，促进中国出版业繁荣发展。

二、取得的主要成就

（一）整体实力增强

改革开放前，我国出版社数量少、规模小，除北京、上海等少数大都市外，其他省区市基本上只有一家地方人民出版社。2006 年，我国出版社从 1978 年的 105 家发展到 573 家，增加 4.5 倍，年出书从 1.5 万种增加到 23 万种，增加 14.5 倍；印数从 37 亿册增加到 64 亿册，增加 0.73 倍。1978 年我国仅有期刊 930 种，到 2006 年已发展到 9468 种，增加 9.5 倍。1978 年我国仅有 1 家音像出版单位，出版唱片 398 种，发行量 3030 万张。2006 年音像出版单位达 339 家，出版音像制品 3.37 万种，发行量 4.61 亿张（盘）。我国光盘复制企业有 140 家，光盘生产线 1106 条，年产能力 75 亿片，产能占全球总量的五分之一。电子出版从无到有。2006 年，有电子出版单位 198 家，年出版电子出版物达到 7207 种、16035.72 万张。1978 年我国仅有书刊印刷厂 176 家，2006 年为 7995 家，工业销售产值 780.42 亿元。改革开放前，图书发行工作主要由新华书店承担，有书店 4887 处，但经营面积 5000 平方米以上的只有王府井书店 1 家。2006 年，我国出版物发行网点达 13400 处，其中集个体书店 11 万多处。经营面积 5000 平方米以上的书店有 140 家，最多销售品种达 30 万种。经过 30 年发展，全国图书、报纸、期刊、音像、电子、复制、出版物印刷、发行、图书进出口、出版物资单位总资产已达 3576.89 亿元，主营业务收入 2540.2 亿元。一批新的市场竞争主体初步形成。目前，已成立各类出版集团 31 家，其中资产超过 30 亿元的 7 家。江苏凤凰出版集团、山东出版集团、湖南出版投资控股集团、浙江出版联合集团、中国出版集团等 5 家集团达到国内企业 500 强的规模。

（二）服务能力增强

努力宣传科学理论。深入宣传普及马克思列宁主义，深入宣传普及马克思主义中国化最新成果，在用科学理论武装人、教育人工作中发挥了积极作用。出版了大量马列主义、毛泽东思想和邓小平理论、“三个代表”重要思想以及科学发展观等经典著作。出版了周恩来、刘少奇、朱德、任弼时、陈云等一大批其他老一辈革命家、党和国家领导人的著作。出版了一大批学术研究专著及通俗政治理论读物。努力营造良好的思想舆论氛围。围绕毛泽东、邓小平等诞辰百年，出版了一大批讴歌领袖丰功伟绩和精神风范的作品。围绕中国共产党建党 80 周年、红军长征胜利 70 周年、抗日战争胜利 70 周年、香港回归 10 周年等，出版了一大批歌颂党的光辉历史的优秀出版物。围绕抗击洪水、地震、疫情等重大斗争，出版了一大批反映中国人民众志成城、抗击各种严重灾害的重点作品。围绕弘扬正气、加强革命传统和理想信念教育，出版了一大批优秀作品。努力服务经济社会发展。始终坚持以经济建设为中心，自觉服务改革开放和现代化建设，推动经济社会又好又快发展。出版了一大批经济理论著作，出版了一大批反映改革开放和现代化建设成就的作品，出版了一大批反映重大研究成果的作品，不少图书具有填补空白性质。努力传承优秀文化，认真履行传播知识、传递信息、传承文化的社会职责，为继承和弘扬中华优秀文化、建设和传播社会主义先进文化做出了重要贡献。出版了一大批倡导与介绍新思想新观点新知识的图书。整理出版了一大批重要古代文化典籍。出版了一大批传承重大文化成果的图书，以及一大批重要的工具书等。努力满足群众多方面阅读需求。坚持贴近实际、贴近生活、贴近群众，适应群众阅读需求出现的新变化，及时推出健康向上、为群众喜闻乐见的优秀出版物，丰富人们的精神世界，增强人们的精神力量。出版了一大批题材多样、思想性艺术性可读性较强的优秀长篇小说，一大批内容清新、格调高雅的优秀大众读物，以及一大批优秀少儿读物。

（三）创新能力增强

改革开放以来，通过对新技术的运用，不断创新形式、创新手段、创新内容、创新载体，推动了出版业的发展。1980 年 9 月 15 日，王选教授主持研发的汉字激光照排系统，越过当时国际流行的第二代第三代照排机，直接进入第四代，研制的华光电子排版系统排出了第一本汉字图书样书，是我国出版业革命性的变革，改变了我国出版编印环节仍处在手工阶段的状态。1985 年 5 月，华光Ⅱ型系统通过国家鉴定，我国印刷业正式告别了“铅与火”，跨入了“光与电”时代。随着计算机、互联网和通信技术的飞速发展和应用，出版领域出现了 CD-ROM、EBOOK、互联网出版、网络游戏、博客（blog）以及手机小说等新的出版模式。2004 年我国互联网出版业直接产值达 50 亿元，成为出版产业最亮的“亮点”。与此同时，各出版单位普遍建立了自己的网站，许多出版集团实现了网上编辑加工、网上书稿传送等无纸化办公。管理手段日益先进。一批集商流、物流、信息流于一体的现代化出版物流配送中心建成并投入使用。新技术的不断开发运用，极大解放和提高了出版生产力。

（四）对外影响扩大

加入《伯尔尼公约》、《世界版权公约》，特别是加入世贸组织后，我国对外版权贸易和合作有了很大发展。1995 年到 2002 年，我国图书版权贸易达 5 万余种，其中，引进 45561 种，输出 4551 种。出版实物的进出口总额也不断增长。2006 年，全国图书、报纸、期刊累计进口额 18093. 51 万美元，出口额 3631. 44 万美元。近年来，我国积极实施出版“走出去”战略，工作力度不断加大，成效明显。成功举办北京国际图书博览会，吸引大量境外出版商参加。积极参加法兰克福、莫斯科、东京、开罗、美国等著名国际书展，宣传我国出版事业成就，输出自己的出版物和版权。2007 年，我国共引进国外版权 10255 项，与上年相比，减少了 695 项，下降 6. 23%，输出版权 2571 项，与上年相比增加了 521 项，上升 25. 4%，出现了“引进减少、输出增长”的可喜变化。北京国际图书博览会和法兰克福书展共实现版权贸易 4270 项，其中，输出 2342 项，引进 1928 项，输出与引进之比从原来的 10: 1—12: 1 降低到 5: 1—3. 9: 1。输出了一大批反映中国历史文化，加强对外汉语教学，反映中国改革发展现状、展现当代中国风采，以及具有浓厚中国特色的中医养生保健、医药美食类图书和一大批优秀的中国当代文学作品。同时，国内一批有实力的出版公司也开始不断拓宽走出去的途径和方式。中国图书进出口总公司、中国国际图书公司等在多个国家设立分公司。

（五）队伍素质提高

改革开放后，出版业进入快速发展阶段，出版各个专业领域对专业人才的需求急剧增加。在中央的关心支持下，1983 年 4 月，我国第一个图书发行专业在武汉大学设置。同年，第一所出版专门高校北京印刷学院开始建设。1995 年起，北大、复旦和南开三所高校正式开办编辑学专业，不少省市区也建立了图书发行和印刷技术的中等专业学校，北京成立了出版科研机构，为出版业培养大批专业人才。与此同时，出版界也坚持举办各种培训班、研讨班，采取集中轮训、出国研习等多种形式，培训各方面队伍，培养各类人才。还逐步建立和完善了出版职业资格认证和持证上岗制度。1986 年，实施《出版专业人员职务试行条例》。1994 年，实施社长、总编等主要岗位“持证上岗”制度。1998 年，实施岗位规范和培训制度。2001 年 8 月，国家人事部和新闻出版总署联合发布《出版专业技术人员职业资格考试暂行规定》，对从业人员提出要求。1995 年，新闻出版署和中国出版工作者协会联合颁布《中国出版工作者职业道德准则》，加强基本职业准则和道德规范。出版界还先后开展了禁止买卖书号、刊号、版号和收费约稿，抵制低俗出版风等专项治理工作，杜绝出版不正之风。全战线还深入开展了“三项学习教育”活动，努力实践社会主义荣辱观，不断增强政治意识、大局意识、责任意识和阵地意识。

三、主要经验和启示

改革开放 30 年来，出版战线始终坚持解放思想、实事求是、与时俱进，不断深化对社会主义出版规律的认识，在实践中探索积累了许多宝贵经验。概括起来就是“六个坚持”：一是坚持高举旗帜、保持一致，牢牢把握社会主义先进文化前进方向；二是坚持围绕中心、服务大局，着力促进经济社会全面进步；三是坚持以人为本、服务大众，努力满足人民群众多层次、多方面、多样化的精神文化需求；四是坚持重在建设、改革创新，促进出版事业的全面繁荣和出版产业快速发展；五是坚持贴近实际、贴近生活、贴近群众，不断扩大优秀作品的影响力和传播力；六是坚持社会效益第一、遵循市场规律，努力实现经济效益与社会效益的统一。这“六个坚持”，既是这些年的成功经验，也是出版工作必须长期坚持的方针原则，必须在新的实践中不断丰富和发展。

出版业 30 年的发展，也带给我们许多有益的启示。

（一）发展是永恒的主题

当今时代，一个国家、一个产业，没有强大的实力就难以自立于世界之林。要想在日益激烈的综合国力特别是文化软实力的竞争中赢得主动，就必须加快发展。不发展或发展太慢都会被历史淘汰。对出版来讲，实力就是服务能力和影响力。离开大发展，就难有出版事业与出版产业的大繁荣，社会主义出版业的生命力也就停止了。通过 30 年的快速发展，我国出版业已经具备了一定的实力和影响力，但与我国这样一个发展中大国的地位和人民群众日益增长的阅读需求相比，还有很大差距。要按照科学发展观的要求，坚持以人为本，既要快速发展，更要做到协调可持续发展。

（二）解放思想是推进改革发展的先导

认识与观念决定思路与行动。我们正在做前人没有做过的事，走前人没有走过的路，如果思想认识突不破旧观念的束缚，就迈不开新步伐，走不出一条新路。回顾 30 年我国出版业的发展，每前进一步都得益于思想的解放、认识的提高和观念的更新。实践无止境，解放思想也没有止境。要把解放思想、转变观念贯穿于改革发展的全过程，使我们的思想观念紧跟时代步伐，做到与时俱进。解放思想、转变观念必须从中国实际出发，对国外好的做法和有益经验要善于学习、大胆吸收，同时要保持清醒、学会鉴别，牢牢把握社会主义先进文化前进方向。

（三）改革创新是促进出版业发展的必由之路

改革是发展的动力，创新是繁荣的根本。当前，出版所处的内外环境发生了很大变化，出版的载体形式也发生了很大变化，一些长期行之有效的体制机制已成为束缚出版业向前发展的障碍，许多过去熟悉的工作方式方法已明显不适应新形势的要求。要发展就必须进一步深化改革、奋力开拓创新。要大胆探索、勇于实践、敢于攻坚，大力推进体制机制、管理手段和内容形式的改革创新。通过改革创新，进一步破除制约发展的体制机制障碍，进一步激发出版业的发展活力，增强实力和竞争力。

（四）加强管理是出版业健康发展的保证

社会主义市场经济是法制经济。发展社会主义市场经济和改革开放的新形势，要求必须不断完善出版法制建设，不断提高依法管理、依法行政的水平，坚决杜绝无法可依、有法不依、违法不究、有令不行、有禁不止的状况。30年的发展实践证明，越是在加快改革发展的关键时期，越不能放松出版管理。离开稳定和秩序，偏离正确的方向，改革和发展都无法实现。当前，各种新情况新问题不断涌现，管理难度加大。要根据实践的要求不断完善各项法律法规。同时，要努力提高科学管理、综合管理的水平。目前有许多管理要求尚未上升为法律制度，要学会运用经济政策、技术标准、质量监管、行业自律等多种手段加强管理。

（五）新技术是促进出版业腾飞的翅膀

出版业的发展，从来都是伴随着科学技术的发展共同前进的。现代出版业作为知识密集型和技术密集型行业，更与科技的发展密不可分。当前，我们正处在科学技术飞速发展、出版形式日益丰富、纸介出版与数字出版等各种传媒载体相互融合和促进的新时代，要实现出版事业的繁荣和出版产业的发展，必须高度重视和充分利用新技术，不断完善和丰富出版载体与管理手段。要敏锐把握出版业发展趋势，站在科技发展的最前沿，充分运用高新技术改造传统产业，促进产业升级，催生新的出版业态，特别要加快出版业数字化、网络化进程，加快发展网络出版、手机报刊和动漫网游等新型出版产业，努力在群雄并争的时代占据有利位置。

（六）队伍是出版业繁荣发展的根本

培养和造就一支政治素质高、业务能力精、把关意识强的出版工作队伍，是出版业的百年大计。经过 30 年的发展，我国出版队伍迅速壮大，整体结构、人员素质也发生了很大变化。面对出版业改革发展的新形势和承担的新任务，培养队伍的任务很重，带好队伍的任务也很重。要进一步树立人才兴业的意识，加大队伍建设特别是人才培养工作的力度，为推动出版业可持续繁荣发展奠定坚实的基础。要围绕社会主义核心价值体系建设，着力加强队伍的政治思想教育，进一步统一全战线同志的思想，切实做到牢记使命、保持一致。围绕提高工作水平，加强业务培训，学习新知识，强化专业技能。同时，围绕弘扬敬业爱业精神，加强职业精神职业道德建设，增强责任意识，树立诚信观念，自觉抵制不正之风。

在深化改革开放中推动出版业科学发展

中共湖南省委宣传部

改革开放30年来，在中央的正确领导下，在中宣部和新闻出版总署的指导下，我们按照省委、省政府的要求，切实加强对出版工作的领导，深化改革，扩大开放，大力推动出版业科学发展，逐步建立起与社会主义市场经济体制相适应的出版管理体制和运行机制，形成了多媒体发展、各门类配套的出版体系。湖南作为经济不够发达的内陆省份，已经崛起成为全国出版大省之一。2007年，湖南出版业总资产由1978年的0.57亿元增长到202.02亿元，增长了354倍，销售收入由1978年的2.46亿元增长到165.57亿元，增长了67倍，实现利润由1978年的0.22亿元增长到16.44亿元，增长了77.4倍。图书出版社由1978年的1家发展到13家，图书品种由1978年的303种、1.65亿册增加到4354种、3.13亿册，分别增长1336%和89.99%；报纸由1978年的7种发展到76种，期刊由1978年的9种发展到245种，网络出版机构从无到有发展到4家；书刊印刷企业由1978年的380多家发展到4775家，增长1157%。湖南出版集团从2001年开始连续进入中国最大企业集团500强，在全国文化产业企业50强中排名第7位。

这些成就的取得，是湖南结合实际，贯彻落实改革开放方针政策的结果。我们重点抓了五个方面的工作：

一、着力深化改革，初步建立了市场导向的出版体制机制

我们紧紧把握时代脉搏，不断推进改革创新。早在1978年，湖南就在全国率先提出了“立足本省，面向全国，争取更多的图书进入国际市场”的出版思路，吹响了地方出版社改革开放的号角，创造了20世纪80年代湖南出版的大繁荣。20世纪90年代，我们一手抓导向和精品，一手抓人才、产业的规划和布局，更多地引入了市场理念和产业元素，努力追求社会效益和经济效益的统一，为湖南出版发展奠定了坚实的基础。进入21世纪，我们积极推进集约化经营，整合出版系统国有资源，组建了湖南出版集团、湖南日报报业集团、长沙晚报报业集团等大型产业集团。2004年，我们积极贯彻落实中央关于文化体制改革的方针政策和李长春同志视察湖南的指示精神，指导省新闻出版局和湖南出版集团实行政企分开、政事分开、管办分离，将湖南出版集团整体转制为湖南出版投资控股集团有限公司，重塑市场竞争主体，彻底突破了体制障碍，逐步建立了党委领导、政府管理、行业自律、企业自主经营的管理体制。2006年，贯彻中央关于深化文化体制改革精神，省委、省政府专门召开了全省文化体制改革工作会议，出台了《关于深化文化体制改革、加快文化事业和文化产业发展的若干意见》，对稳步推进文化体制改革作出全面部署，加快了出版业转企改制步伐。我们指导湖南出版集团构建以资产为纽带的母子公司体制，建立健全现代企业制度，进一步焕发了发展活力。目前正将该集团列为整体改制上市辅导的首选对象，支持其尽快实现在A股市场IPO的战略目标，加快建立健全现代企业制度。在大力推进国有企事业单位改革的同时，我们积极推进出版物发行体制和印刷企业管理体制改革，降低政策门槛，努力促进出版业多种所有制的共同繁荣，初步形成了统一开放、竞争有序、健康繁荣的出版印刷市场。全省出版物发行体系从1978年单一的新华书店，发展到现在拥有新华书店101家，书报刊交易市场6家，出版物批发单位148家，各种经济形式的出版物零售经营户5834家，邮政报刊

营销网点4353个，社会报刊发行站6870个，形成了以新华书店为主体，以出版社自办发行和集体、个体书店为补充的发行网络。特别是民营发行业不断发展壮大，形成了长沙图书交易会等书市品牌，涌现了天舟、弘道等一批具有较强实力的民营发行企业。印刷业从2001年统一归口出版主管，全省印刷工业总产值从2001年的18.2亿元增长到80亿元，年均递增28%，湖南新华印刷集团、湖南金沙利彩色印刷有限公司、常德金鹏凹版印刷有限公司等一批大型印刷企业迅速崛起。

二、着力繁荣事业，逐步形成了面向社会的公共服务体系

30年来，我们把围绕中心、服务大局、面向社会、服务群众作为出版工作的重要使命，改善公共文化服务，改进公共文化供给，推动了出版事业的繁荣。我们集中力量建设重大出版工程，省重点文化工程《湖湘文库》编辑出版由省财政投入8000万元，调动了省内12家出版社、省内外70多名专家学者积极参与，规划5年出版图书600种、1000册，目前已推出2批100多册图书，被社会各界称为“代表湖湘文化最高水平、反映湖湘文化深刻内涵的世纪典籍，传承民族文化、惠及子孙后代的世纪工程”。我们大力推动精品生产，先后推出了《走向世界丛书》、《大中华文库》、《波斯经典文库》、《杨度》、《苍山如海》、《杂交水稻育种栽培学》、《齐白石全集》、《机器》等优秀出版物，全省共有107种图书、29种电子音像出版物荣获中宣部“五个一工程”奖、中国出版政府奖等国家级大奖，获奖数量居全国前列。我们努力满足社会多层次多样化需求，推出了图书《世界是平的》、《中国男孩洪战辉》和音乐CD《湘音湘韵》等优秀出版物，分别发行60多万册、258万册和304万套，不仅取得了可观的经济效益，而且发挥了良好的引导示范作用。我们努力改善出版公共设施，省委办公厅、省政府办公厅2006年联合下发了《关于进一步加强和改进我省农村出版物出版发行工作的通知》，实施农村出版物发行“三百工程”，省财政5年内安排专项资金800万元，建立100个农村出版物发行示范网点，

设立100个“新华汽车书店”，每年表彰100个先进单位和先进个人。目前首批50台“新华汽车书店”已正式投入使用。大力推进农家书屋工程建设，规划“十一五”期间在全省建设12000个农家书屋，目前首批200家试点农家书屋顺利建成并通过新闻出版总署检查验收，预计到2008年年底，全省将建成3900个，公共文化服务水平明显提高。

三、着力发展产业，全面提升了企业规模效益和竞争实力

我们高度重视出版产业，把它作为出版工作的支撑来发展。特别是根据省第九次党代会提出的“文化强省”战略，把出版作为湖南文化产业的龙头之一来打造，切实加强领导和宏观规划，专门组建了省文化体制改革和产业发展领导小组办公室，负责统筹协调包括出版业在内的文化产业的改革和发展，同时根据湖南出版业的发展特点和现状，协调、指导制定了湖南出版业发展规划，提出了全省出版产业中长期发展目标，从抓单一的纸质媒体扩充到抓纸、磁、光、电、网多媒体，从抓单一图书的出版扩充到抓图书、报纸、期刊、电子、音像、网络出版物的出版，努力推动出版产业快速发展。我们争取省委、省政府支持，相继出台了《关于加快文化产业发展若干政策实施的意见》、《关于在推进我省文化体制改革中加强国有文化资产管理的通知》等文件，设立了产业发展引导资金，搭建出版产业重大项目孵化和交流合作平台，对优秀人才培养、出版项目实施、印刷技术革新和版权贸易交流等实行以奖带投，调动各方面的发展积极性，推动传统出版业向现代文化创意产业转型。通过这些举措，全面提升了出版企业搏击市场的竞争能力，促进了湖南出版产业的快速发展。整体转制为企业的湖南出版投资控股集团2007年总资产、净资产、销售收入三大主要经济指标由2004年的31.06亿元、15.12亿元、32.68亿元分别增长到68.57亿元、36.11亿元、62.7亿元，2008年荣获全国文化体制改革优秀单位称号，综合实力进入全国地方出版集团前三强。我省图书出版综合能力位居全国第5，湖南美术出版社、岳麓书社、湖南文艺出版社分列全国

美术类、古籍类、文艺类排行榜第1名、第2名和第3名，全省形成了科普、古典名著、音乐和作文等品牌图书板块。《体坛周报》周发行量达450万份以上，占据了全国体育类报刊60%以上的发行和广告市场份额，成为全国综合实力最强、期发量最大的体育类报纸。湖南日报报业集团、长沙晚报报业集团、潇湘晨报社的广告收入，从2004年开始均已突破1亿元。红网跻身全国地方新闻门户网站的前五强。我们大力推动出版“走出去”，鼓励支持湖南出版集团与俄罗斯、加拿大、韩国等国际出版企业合作，加快版权输出，开拓国际市场，扩大中华文化影响。

四、着力强化管理，切实把握了正确的出版导向

30年来，我们把加强管理放在重要位置，按照“高举旗帜、围绕大局、服务人民、改革创新”的总要求，从机构、编制、队伍入手，切实把好出版政治关、阵地关和用人关，确保正确出版导向。1978年3月，成立省出版事业管理局，1987年8月，改为省新闻出版局，定为事业单位，行使行政职能。2004年将省新闻出版局与出版集团完全分开，实现了从管行业到管社会的转变。全省14个市州有6个市新闻出版（版权）局单独建制，全省所有县（市、区）新闻出版（版权）局全部加挂了牌子，充实了力量，形成省、市、县三级互动的管理机构和监管网络。2005年，又在省委宣传部内设机构中单独设置出版处，负责指导联系出版工作。我们始终坚持把党的出版方针同湖南出版实际相结合，坚持一手抓繁荣，一手抓管理，切实加强出版行政管理。积极探索出版管理长效机制，建立健全了出版通气会制度、出版阅评制度和出版物审读审视审听制度，认真落实重大选题报批制度和出版“三审制”，切实把好出版物的思想关、选题关和内容关。全力推进依法行政，实行政务公开，规范行政审批，强化社会监管，深入开展“扫黄打非”工作，严厉打击非法出版活动，切实保护知识产权。全省共查办各类出版案件5.6万多件，收缴各类非法出版物6100多万册，先后成功查处了“国晓书社”贩卖淫秽图书案、邵东“5·12”非法出版案、长沙“1·28”贮存盗版图书案等重大案件，为出版业发展营

造了良好的市场环境。

五、着力建设队伍，努力打造了结构优化的出版人才团队

我们把人力资源作为第一资源来开发，大力实施人才兴业战略，积极探索优秀人才脱颖而出的培养机制，努力造就一支政治强、业务精、纪律严、作风正的高素质人才队伍，为出版业的繁荣发展提供坚实的人才保证。认真落实党的知识分子政策，20 世纪 70 年代末大胆审慎地录用了一批学有专长、富有经验的知识分子，使他们成长为湖南出版发展的骨干力量。切实加强出版系统领导班子和人才队伍建设，通过抓“五个一批”人才队伍建设，在出版系统组织选拔了 2 批 14 人重点培养，指导实施了跨世纪人才培养工程和全省新闻出版行业领军人才培养工程。着力推动出版工作者在工作中学习，在实践中成长，不断增强驾驭能力，提高工作水平，优化了队伍结构，从业人员素质显著提高，涌现了以钟叔河、杨坚、唐浩明、郭天明等为代表的一大批成就突出的专家和行业领军人物，先后有 517 人次获得省部级以上各种荣誉和奖励，2 人入选全国宣传文化系统“四个一批”人才、3 人被确定为全国新闻出版行业领军人才。

回顾改革开放 30 年来我省出版业走过的历程，我们深切地感到，没有改革开放，就没有出版业的成长壮大，深入贯彻落实科学发展观，推进出版业科学发展，必须进一步深化改革，扩大开放。总结 30 年的经验，有以下几点启示：

必须坚定不移地坚持党的领导，把正确导向作为出版工作的生命贯穿科学发展的始终。导向是出版工作的生命。舆论引导正确，利党利国利民；舆论引导错误，误党误国误民。加强和改善党对出版工作的领导，对于确保正确的出版导向尤为重要。要坚持把出版工作作为意识形态的重要阵地和精神文明建设的重要内容，着重研究涉及出版工作全局性、前瞻性、战略性问题，通过管班子、管导向、管资产，始终坚持党对出版业发展改革重大事项的决策权、出版物内容的审核权、主要领导干部的任免

权，确保党对出版工作的宏观控制力，使出版工作始终把社会效益放在首位，实现社会效益和经济效益的有机结合，为社会主义核心价值体系建设和社会主义文化大发展大繁荣做出应有的贡献。

必须坚定不移地继续解放思想，把改革创新作为出版工作的动力贯穿科学发展的始终。发展无止境，解放思想也永无止境。要继续解放思想，把深化改革与加快发展统一起来，坚持把改革作为克旧图新、激发活力的不二法门，作为校正方向、推动发展的永恒动力，以改革促发展，不断破除制约出版业科学发展的瓶颈和体制机制障碍，用改革的办法解决发展中的问题，以发展的成果检验改革的成效。要加快研究经济全球化和现代科技进步带来的挑战和机遇，积极应对当前全球金融危机，用产业、产品、市场、贸易这些理念来经营文化，用数字化、网络化、信息化这些技术来武装出版，切实推动出版业的跨越发展。

必须坚定不移地坚持围绕大局，把服务人民作为出版工作的宗旨贯穿科学发展的始终。要用科学发展观统领出版工作，围绕大局，服务人民，注重以人为本，把保护好、实现好、发展好人民群众的基本文化权益、不断满足人民群众日益增长的精神文化需求放在突出位置，把工作视野放得更开阔一些，把出版管理做得更扎实一些，把公共服务覆盖得更全面一些。加强公共服务，既要着力推进重大出版工程，精心组织精品生产，发挥出版传承优秀文化的功能，又要加快推进公共文化服务体系建设，用多样化的产业满足人民群众日益增长的文化需求。加强出版管理，要创新管理理念，增强服务发展的自觉性，既要坚持依法行政，增强出版宏观调控能力，又要强化市场监管，深入开展“扫黄打非”，规范和优化市场秩序，以不断扩大工作影响，拓展发展空间。

必须坚定不移地坚持市场导向，把壮大产业作为出版工作的支撑贯穿科学发展的始终。发展是我们党执政兴国的第一要务。出版产业规模和产业水平直接影响出版工作的基础，决定出版工作的实力。要按照社会主义市场经济的要求，把应当由市场解决的问题全部交由市场解决，可以由市场解决的问题决不用行政的方式，着力调整出版业生产关系，大力解放和发展出版生产力。要进一步深化文化体制改革，用国际化的视野来谋划，用改革创新的精神来推进，用市场化方法来运作，立足本地，面向全国，走向世界，加快培育市场主体。鼓励兼并重组，支持跨市场跨行业经营，扶持企业上市融资，做大做强市场主体，提高产业化、市场化水平，进一步推动出版产业的发展。

必须坚定不移地坚持以人为本，把人才兴业作为出版工作的战略贯穿科学发展的始终。解放和发展出版生产力，归根结底要解放人，充分调动人的积极性，发挥人的创造性。要把出版队伍建设提高到战略地位来对待，实施人才兴业、人才强业战略。要坚持党管人才和德才兼备、群众公认的原则，着力加强出版单位领导班子建设；要大力实施“五个一批”人才培养计划，着力加强领军人才和各类高层次专门人才建设；要突出优化队伍结构，着力培养多层次复合型人才队伍。同时，要探索建立科学的人才评价、选拔和激励保障机制，积极营造人才辈出、人尽其才的环境和能上能下的人才使用机制，为推动出版业科学发展提供智力支持和人才保证。

创新对外宣传工作　推动文化产品走向世界

中国外文出版发行事业局

中国外文出版发行事业局，又称中国国际出版集团（China International Publishing Group），成立于1949年，是我国历史最久、规模最大的专业对外出版发行机构，集采、编、译、出版、发行、互联网新闻宣传和对外传播理论研究于一身，每年以中文和英、法、西、德、日、俄、阿等20种文字出版3000余种图书、20多种纸质和电子杂志并发布互联网信息，向世界广泛传播中国的悠久文明和当代发展。

中国外文局从20世纪中期开始出版的图书和期刊等，已成为境外读者了解中国信息的重要渠道。进入21世纪，随着中国国力的增强和国际影响力的扩大，国际社会对有关中国信息的需求越来越大。为努力增强对外宣传效果，形成与我国国际地位相适应的对外宣传舆论力量和影响力，外文局从2003年开始实施外宣书刊本土化战略，实现编辑和发行向对象国的前移，目的是进一步增强对外宣传的针对性、时效性，提高有效发行的能力。几年来的实践表明，本土化战略为外文局的外宣工作带来了新的突破，为中国文化产品走出去闯出了新的道路。

一、通过多种模式的“本土化”，实现外宣期刊的“三贴近”

2003年初，中共中央政治局常委李长春同志到中国外文局视察工作时明确提出，要研究和借鉴经济工作走向世界的成功经验，使外宣工作更有效地走向世界，为外文局改革原有体制指明了方向。本土化是国际跨国公司向全球扩张采取的一项基本战略，也是我国经济工作走向世界的一条成功经验。

根据李长春同志的指示精神，中国外文局提出了外宣书刊本土化的思路，就是以国内出版资源为依托，把选题策划和印刷发行前移到对象国和地区，国内根据前方要求编辑制作，利用对象国的渠道进行销售，形成“前店后厂”、“两头在外”的出版发行模式。

2003年2月，外文局率先在两家境外书刊发行分支机构进行图书本土化出版的尝试。当年，香港和平公司出版图书62种，在香港和台湾市场共发行10多万册。在美国成立的长河出版社，当年出版英文图书17种，进入美国主流发行渠道，实现了外文局在美国本土出版图书零的突破。

在总结试点经验的基础上，外文局决定从2004年起，分步骤、有计划地推进外宣期刊本土化战略，《北京周报》、《今日中国》、《人民画报》和《人民中国》等外宣期刊根据语种和读者定位的不同采取了多样化的本土化模式，其基本任务和工作措施是：在对象国设立工作机构，负责期刊的选题策划和印刷发行工作，打通对象国的发行渠道；聘请和雇佣对象国当地人员参与期刊的编辑策划印刷发行等工作，发挥他们本土视角和语言的优势，提高期刊的针对性；按照本土化的要求调整期刊国内编辑部的业务工作流程。

（一）两头在外，把编辑策划和印刷发行前移到对象国

2004年10月，外文局分别在埃及和墨西哥设立《今日中国》杂志社中东分社和拉美分社，《今日中国》阿拉伯文版和西班牙文版的本土化开

始全面实施。两个分社分别在对象国和我国国内成立了顾问委员会，聘用外籍雇员，加强选题策划，借助当地专业发行公司的力量扩大推广发行。到2008年上半年，《今日中国》阿文版印刷发行量达到13000多份，其中除在埃及发行5000多份外，还逐步辐射到叙利亚、沙特、阿联酋等中东国家，西文版在墨西哥贸易发行在本土化实施前仅有几十份，现在印刷发行量已经增加到10000多份。

2005年6月，《北京周报》社在美国成立了北美分社，与美国媒体和专家学者建立了联系，开始参与重大选题策划和重要采访活动。

2005年7月，日文版《人民中国》将编辑策划和印刷发行前移至日本，出版周期缩短一个月，受到日本读者的欢迎。同时，该社转变东京分社原有的记者站单一职能，使之逐步成为编辑策划和印刷发行的本土化工作基地和外宣人才培训基地。

（二）立足当地，直接在对象国创办新刊

2005年，《人民画报》社在莫斯科设立办事处，筹备创办本土化新刊。12月20日，在莫斯科举办了俄文《中国》月刊创刊首发式及图片展，在当地引起热烈反响，俄罗斯读者普遍认为，《中国》的出版非常及时和必要，填补了当地有关中国读物的空白。俄青年近卫军出版社前社长奥西波夫评价说，杂志的内容丰富，把新闻性的重要题材和生活题材很好地结合在一起，称赞杂志找到了适合各阶层人阅读的办刊模式。《中国》俄文版创刊半年，仅莫斯科一个城市报刊亭的零售每期就达3000多册。2006年7月，该刊进入俄罗斯邮局杂志征订目录，接受读者订阅。《中国》创刊一周年时，俄罗斯联邦杜马致电《人民画报》社祝贺，称："《中国》杂志的读者人群与日增加。你们全方位地向读者介绍当代中国，极大促进和加强了我们两国的友好关系。"

（三）借助外力，在对象国合作办刊

《人民画报》韩文版选择与韩方合作办刊的方式，中、韩双方分别成立编辑部，中方负责提供内容，韩方负责在韩国出版发行。中方除提供

《人民画报》中、英文版已有的文章供韩方翻译外，还按对方提出的选题，组织专访。经过2年多的努力，目前《人民画报》韩文版每期发行量稳定在5万份。

（四）增加专稿，实行内容本土化

对于受经费、人员等条件限制，暂时还不具备编辑策划前移条件的杂志，如《今日中国》英文版和法文版、《中国画报》英文版等，外文局按照外宣“三贴近”要求，通过聘请外籍专业人员参与杂志的选题、编辑策划工作及增加外国人撰稿比例等措施，实行期刊内容本土化，增强了刊物内容的针对性和期刊发行的有效性。

二、通过建设海外出版基地，积极实践图书出版“走出去”

为了落实中央提出的“以中国外文局为重点，带动全国对外出版机构，在国际出版市场尽快形成较强竞争力”的要求，中国外文局积极推进图书本土化建设，提高图书质量，打造外宣出版品牌，同时在版权贸易和发行方面，充分发挥海外机构和国图公司的核心作用，带动全国对外出版机构走向世界。

建设海外出版基地，是图书出版走出去的有效途径。

中国外文局所属的香港和平公司，有着48年的历史，是内地众多知名出版集团在港澳台和东南亚地区的书刊发行代理商。自实施本土化战略后，香港和平公司进行了经营战略的调整，在保持和扩大代理发行业务的同时，按照本土化出版方式，两条腿走路：一是充分利用局内外出版资源，通过与内地出版社开展版权贸易、合作出版等形式，精选适合海外市场需要的中英文版图书，在香港出版中文繁体字版，在港台和东南亚地区发行；二是根据港台及东南亚市场需求，自主策划选题，出版“和平版”图书，向港澳台乃至全球发行。

创办于1984年的常青（美国）公司，其传统主营业务是在北美等地从事中国大陆版图书贸易和期刊发行。本土化战略实施后，该公司与香港联合出版集团合作在美创办了长河出版社，雇佣美国当地专业人士参与图书编辑。同时，收购了一家由美国人创办的全美最大的中国书刊专业发行公司——中国书刊社，实现了本土化图书出版发行一条龙。

经过 4 年的发展，香港和平公司和常青（美国）公司已经成为中国外文局重要的海外出版基地，成为中国出版业“走出去”的一个重要桥梁和平台。

开展国际间的合作出版，是图书出版走出去的最佳形式。

中国外文局与美国耶鲁大学出版社的合作出版项目《中国文化与文明》系列丛书，是国际合作出版的成功范例。该项目始于 1990 年，内容包括由耶鲁大学出版社以多种文字出版画册、中国文学名著、中国哲学思想三个系列。

1997 年，该项目首卷《中国绘画三千年》面世，即作为江泽民主席当年访美的礼物赠予克林顿总统。此书英文版获得了美国“霍金斯图书大奖”（Hawkins Award）——美国出版商协会为优秀图书颁发的最高荣誉，至今已由双方出版了英、法、韩文及汉文简、繁体字 5 个版本，发行量达 10 万余册。

2002 年 10 月，画册系列第二卷《中国古代建筑》出版，当年江泽民主席访美时赠予布什图书馆作为馆藏。该书 2004 年获“中国图书奖”。

2006 年 4 月，胡锦涛主席访美，向耶鲁大学赠送中国图书，所赠外文图书中，外文局出版的占一半以上，其中就包括《中国文化与文明》系列丛书等。

该项目是迄今为止中美之间最大的双边合作出版项目，在美国政界、文化界、学术界备受关注与重视。截至目前已经出版了共 12 个版本的《中国绘画三千年》、《中国古代建筑》、《中国文明的形成》和《中国古代雕塑》等精品图书。另外三本画册《中国书法》、《中国陶瓷》和《中国丝绸》也将于今后两年内陆续出版。这套丛书体现的学术价值、实际成果，特别是开创的新型合作模式，受到中美两国政府和学术界的高度重视。《中国古代雕塑》一书被美国大学出版协会列为2006年最佳图书。其他多本图书也在中美两国获得出版大奖。

在此基础上，2008年，外文局与美国耶鲁大学的合作又开辟了全新的领域。5月，我们双方就启动合作出版项目《环球汉语》（I Speak Chinese）举行了签字仪式。这是国内第一套与外国大学联合编辑出版的汉语教学类多媒体出版物，将主要面向国外中学生和大学生，兼顾来华或与华有业务往来需要学习汉语的人士。在今后的两年中，双方将陆续编辑出版包括课本、电子出版物在内的系列配套产品，同时还将开发互动的汉语网络教材，以满足不同学习对象和学习手段的需求。《环球汉语》项目将实现传统纸媒与现代多媒体、网络教学的同步开发。双方的目标是打造全球汉语学习的第一品牌。

图书版权输出是实施本土化战略的主要抓手。

国际版权贸易是世界各国文化交流的重要组成部分，也是中国出版业走出去的主要方式和重要标志。外文局作为我国对外出版的专业机构，在渠道、人员、信息等方面有着多年的积累，非常重视版权贸易的开展，在实施本土化过程中，版权输出总量持续增长，质量不断提高。2005年输出版权145种，占当年全国输出总量的11%；2006年完成版权输出247种，居全国各大出版集团的首位，其中多媒体汉语学习教材《互动汉语》意大利文版以9万欧元的国内单一品种版权输出成交额最高价格，与法国桦榭（Hachette Filipacchi）集团意大利分公司成交。2006年10月2日，中央政治局委员、书记处书记、中宣部部长刘云山同志对外文局工作做出重要批示："祝贺外文局在实施'走出去'工程中取得的成绩。要很好总结经验，发挥外文局独特优势，为我国版权输出做出更大贡献。"

三、继续大力推进本土化工程，为中国文化走出去做出更大贡献

在积极进行图书和期刊出版"本土化"的同时，中国外文局还充分利用新的信息传播技术，积极推进网络外宣的本土化。

2006年6月，中国外文局所属中国互联网新闻中心（简称中国网，www. china. org. cn /www. china. com. cn）与韩国明日报集团承建的中国网韩文版正式开通。

作为国家重点新闻网站，中国网已经成为用简体中文、繁体中文、英文、法文、德文、日文、西班牙文、阿拉伯文、俄文、韩文和世界语10个语种11个文版对外发布信息的“超级网络平台”，其读者分布在世界200多个国家和地区，成为我国在境外读者中辐射面最广的新闻网站，其介绍当代中国的专题在谷歌（Google）搜索上名列前茅。

明日报集团是韩国最大的媒体集团之一，与中国网强强联合，以一种创新的合作模式，打造一个内容最全面、数据最权威、语言最地道的韩文版中国信息网络平台，使韩国网民足不出户，就可以在第一时间里获得有关中国的准确信息。

本土化战略的实施，扩大了外文局外宣书刊在对象国（地区）的有效发行，形成了辐射作用。

香港和平公司自实施本土化战略后，2004年到2006年，自主出版图书品种年均增长30%，总印数年均增长25%，在巩固香港书刊市场的同时，向台湾市场的发展也成效显著。和平公司出版的《名家美文》系列、《认识中国》系列、大型丛书《中国学者看世界》等多种图书在港台都得到了市场的认同和读者的好评，形成特色和品牌效应，许多图书还登上了各种销售排行榜。

常青（美国）公司2年来外文书刊发行量成倍增长，下属长河出版社出版的英文图书业已形成品牌。美国当地华人撰写的英文书《燃烧的紫禁城》首先选择了由长河出版社出版发行，该社还借助国内出版资源，将上海的一套图书重新包装在美国出英文版，当地不少业内人士撰写书评，引起美国主流媒体的关注。经过本土化运作，常青（美国）公司已经成功地将有关中国的图书打入美国主流社会，进入亚马逊图书销售网和当地书店。

《今日中国》中东分社和拉美分社在巩固当地发行渠道的同时，积极向周边国家发展。中东分社的自办发行网延伸到沙特阿拉伯、科威特、阿联酋、叙利亚、约旦、苏丹等国，拉美分社也开始向美国、巴拿马、哥斯达黎加等国发行，扩大了期刊的影响。

外文局所属德国中国图书贸易有限公司经过长期努力，成功进入德国图书发行主渠道，销售收入逐年提高，已成为在德知名度较高的中国书刊发行销售公司。

常青（英国）公司创新手段，拓展发行新领域，出版本土化图书，成功进入了英国中小学汉语教材市场和中文学校市场。

实践证明，本土化战略是解决我国外宣书刊内容针对性、时效性和发行有效性问题，实现“贴近中国发展的实际，贴近国外受众对中国信息的需求，贴近国外受众的思维习惯”的有效途径。我驻外相关使领馆为外文局外宣书刊本土化的实施提供了积极的支持，对本土化举措带来的效果也有深切感受，并给予了高度评价。

我驻俄罗斯大使刘古昌和驻白俄罗斯大使于振起一致赞扬本土化的做法，认为这是外宣工作的新突破，是提高外宣书刊质量的必由之路和希望所在。我驻埃及大使吴思科说，实施外宣书刊本土化战略，是我国外宣工作的必由之路，一定会取得成功。驻墨西哥大使任景玉说，本土化工作势在必行，这是改变我国在拉美地区对外宣传薄弱现状的迫切要求，是提高我国外宣能力的重要措施，必将产生良好的宣传效果。

中央领导同志对外宣期刊本土化战略给予充分肯定。根据外文局的实践，经中央批准的《全国外宣工作五年规划》已将本土化确定为我国外宣期刊改革和发展的总体战略。

2008 年，中国外文局进一步推进本土化战略向深度和广度发展，拓展我国图书、期刊等文化产品在国际上的发展空间，我们提出了“三个创新”，即与读者需求相结合，创新对外宣传的选题和内容；与高新技术相结合，创新对外宣传的手段和方式；与市场规律相结合，创新对外宣传的体制和机制。中国外文局的全体同志，正在团结奋斗、真抓实干，以创新的新成果、改革的新进展、发展的新业绩，为党的外宣事业做出更大贡献。

深入解放思想　坚持改革创新
全力推进江苏新闻出版业跨越式发展

江苏省新闻出版（版权）局

改革开放30年来，沐浴着改革的春风，伴随着开放的脚步，江苏新闻出版工作在新闻出版总署和省委、省政府的正确领导下，以邓小平理论和“三个代表”重要思想为指导，全面落实科学发展观，坚持解放思想，与时俱进，开拓创新，奋发有为，新闻出版业在改革创新中焕发出勃勃生机，实现了前所未有的大发展、大突破和大跨越。

一、30年改革发展的主要做法和成效

（一）始终坚持围绕中心、服务大局，引领正确导向的能力显著增强

新闻出版是党宣传思想工作的重要组成部分和意识形态领域的重要阵地，巩固马克思主义在新闻出版领域的指导地位，围绕中心、服务大局，为改革开放营造良好的舆论环境，是新闻出版工作的首要政治责任。改革开放30年来，江苏新闻出版工作始终高举旗帜，坚持社会主义先进文化的前进方向，牢牢把握正确的新闻出版导向，积极为党和国家的工作大局服务，为省委、省政府的中心工作服务，为全省经济、社会的协调发展提供了重要的精神动力、智力支持和思想保证。

围绕引领正确导向，我们坚持把唱响主旋律作为新闻出版工作的重要

政治任务，坚持团结稳定鼓劲、正面宣传为主，不断改进出版物选题管理，强化图书、报刊、电子音像出版物的审读工作，加强对网络出版的监管，正确引导舆论，充分发挥各类出版物在宣传党的主张、弘扬社会正气、通达社情民意、引导社会热点、疏导公众情绪、搞好舆论监督等方面的积极作用。

围绕引领正确导向，我们积极实施精品战略，通过组织“精品图书”工程、“期刊方阵”工程、“江苏品牌图书”工程，开展“出版物质量管理年”活动，建立健全精品出版物生产和激励机制等措施，出版了大批思想性强、内容健康向上、艺术品位高、具有文化积累价值的优秀出版物，大批面向“三农”、面向未成年人、面向大众的群众喜闻乐见的通俗读物，较好地满足了人民群众多方面、多层次的精神文化需求。据统计，我省先后有 213 种图书列入国家中长期重点出版规划，100 多种图书列入国家专项重点出版规划，千余种图书列为省部级专项重点出版项目，4600 多种图书荣获各级各类图书奖。其中，在历届国家“三大奖”（即“国家图书奖”、中宣部“五个一工程”奖、“中国图书奖”）评选中，我省 124 种优秀图书榜上有名，3 种图书获国家科技最高奖——“科技进步奖”。特别是在 2006 年首届“中华优秀出版物奖”和 2007 年首届“中国出版政府奖”评选中，我省分获 8 个和 21 个奖项，获奖数量在各省区市名列前茅。在各类国际图书奖评选中，我省也成绩斐然，近年先后有 2 种图书分获 2007、2008 年度联合国教科文组织委员会颁发的“世界最美的书”奖。而在历届“中国新闻奖”、“国家期刊奖”评选中，我省共获报纸新闻奖近 50 个，期刊奖近 30 个。

（二）始终坚持深化改革，增强活力，新闻出版业综合实力显著提升

新闻出版业是一个新兴的、重要的朝阳产业，是国民经济新的经济增长点和产业部门。我们坚持把推动新闻出版产业又好又快发展摆上重要位置，紧紧抓住江苏实现“两个率先”的历史性机遇，瞄准实现高于全省国

民经济发展增长速度的发展目标，加强宏观指导，积极推动改革，强化政策扶持，全省新闻出版业呈现出快速健康发展的良好态势，在全省文化产业中的“龙头”地位日益显现，在全国新闻出版业中的“领先”地位持续保持。

改革开放30年来，顺应国民经济运行由计划经济体制向社会主义市场经济体制转轨的趋势，江苏新闻出版业在积极的变革中不断创新，在有效的整合中不倦探索，着力调整产业结构，优化资源配置，提高产业集中度，形成产业规模优势，逐步形成了图书、报纸、期刊、音像、电子、网络等多种媒体门类齐全，编辑、制作、印刷、复制、发行等各环节相互配套，国有、民营、股份制等多元市场主体、多种经济构成、多样经营形式共同发展的产业格局，逐步发展成为我国重要的新闻出版基地、印刷基地、光存储生产基地和出版物流通基地。

据统计，从1978年到2007年，我省图书出版社从1家发展为18家，年出版图书由263种增加到10737种；报纸从4种增加到143种，年发行量27亿份，年经营收入35.3亿元；期刊由21种增加到439种，年发行量8695万份，年经营收入3.7亿元；电子音像出版社从无到有，2007年8家出版社年出版电子音像出版物1186种，发行量1381万张（盒）；全省14010家印刷企业年总产值516.39亿元；出版物发行网点从246家增加到11890家。2007年，全省新闻出版业实现销售收入731.35亿元，资产总额610.05亿元，实现增加值128.15亿元，各类新闻出版从业人员达31.07万人。有关资料表明：2007年江苏新闻出版业的各项经济指标继续位居全国各省区市前列。江苏凤凰出版传媒集团2007年实现总销售收入90亿元，利润近7亿元，在“首届全国文化企业30强”中居出版发行类第一，成为中国出版业的龙头企业。江苏新华发行集团2007年实现销售净收入62.5亿元，利润2.75亿元，列“中国服务企业500强”第171位，文化企业第一位。我省《扬子晚报》、《现代快报》、《金陵晚报》位列2008年“世界日报发行量前100名”排行榜和“全国晚报都市报竞争力20强”；在2008年“中国500最具价值品牌”排行榜中，《扬子晚报》位居第154

位，连续第五年入选。全省现有产值超亿元的印刷企业70余家，其中11家入选2007年“中国印刷企业100强”。江苏永兴、昆山沪铼作为我国最大的两家可录光盘生产企业，其产能占全国的40%以上；江苏新广联只读光盘年产量销售额、利税居全国同行业首位。江苏新广联、江苏永兴还入选2007—2008年度国家文化出口重点企业目录。积极推行江苏出版“走出去”战略，先后有97种图书被列为“中国图书对外推广计划”推荐图书，2000—2007年，我省共达成版权协定2885项，其中版权引进2415项，版权输出470项，版权贸易逐年大幅递增。

（三）始终坚持依法行政，强化监管，新闻出版市场环境不断净化

稳步推进新闻出版行政体制改革，省新闻出版局与省出版总社于2001年9月顺利完成政事分开、管办分离，全面实现从管直属单位向社会管理、从管生产经营向管市场、从管出版向管行业的有效转变。按照依法行政、科学管理的要求，全省各级新闻出版（版权）管理部门以完善省、市、县三级管理网络为目标，着力推动职能转变，推进体制创新和机制完善，强化公共服务职能，弱化行政审批职能，优化市场监管职能，着力建立和完善行政执法责任制，推进新闻出版（版权）管理的法制化、制度化、规范化建设，切实加强和改进市场监管，努力为新闻出版业又好又快发展营造良好环境。

30年来，特别是自1989年开展“扫黄打非”斗争以来，我省在加强日常监管的同时，每年都组织开展各类出版物市场专项整治。据统计，仅2002—2007年，全省就出动检查出版物市场和经营网点32万家次，关闭取缔1.8万家，收缴各类非法出版物6000万件，查处行政案件6000余件。与此同时，切实加强版权保护工作，精心组织实施反盗版“百日行动”、“天天行动”及各项专项治理，依法查处一批侵权盗版案件，捣毁地下盗版光盘批销窝点；大力推进软件正版化工作，广泛开展版权知识宣传，提高全民版权保护意识。得益于版权保护所营造的良好市场环境，南通通州

志浩市场和海门叠石桥市场每年带动发展版权相关产业300亿元，两大市场相继被国家版权局确定为全国版权保护示范点，被世界知识产权组织指定为版权保护优秀案例示范点，并授予“版权创意”金奖。

（四）始终坚持以人为本，关注民生，公共新闻出版服务体系不断完善

为切实发挥新闻出版行业优势，努力实现好、维护好、发展好广大农民群众的基本文化权益，围绕构建覆盖全省、惠及全民的公共新闻出版服务体系，我们于2006年起在全国较早组织实施了以打造“农家书库”出版品牌、建设公益性“农家书屋”、构建“农家书店”发行网络为内容的江苏“农家书香”（农家书屋）工程，着力解决农民读书难、买书难等问题。在省委、省政府的高度重视下，该工程被列入《江苏省“十一五”文化发展规划》和江苏省“十一五”时期重点推进的“十大文化工程”，省政府连续三年列入年度工作目标任务分解落实方案，重点督察督办，省财政已专门安排2900万元专项资金资助农家书屋建设。截至2008年10月，我省已建成农家书屋6748个，总量居全国第一。目前，一个区域共同推进、遍布江苏大地的新闻出版农村公共服务体系已初步形成。柳斌杰署长2008年在江苏调研新闻出版工作时，高度评价“江苏农家书屋建设投入大、速度快、质量好，为全国农家书屋建设带了好头”。

为推动全民阅读，建设书香江苏，我们会同省委宣传部等部门已连续举办五届江苏读书节；以每年的“4·23世界读书日”、“六一国际儿童节”和春节、国庆节等节假日为契机，开展苏版图书“进企业、进农家、进社区、进军营、进学校”，向青少年推荐“百种优秀苏版图书”，“送书到未成年犯管教所”，“送书给农民工”等活动，引导和服务群众多读书、读好书；2008年，我们会同省委宣传部、省文明办等单位，首次在全省范围内组织开展江苏农民读书节，受到广大农民的热烈欢迎。

二、30年改革发展的经验与启示

总结回顾江苏新闻出版业走过的30年发展历程，我们主要有这样几

点启示：

一是做好新闻出版工作，实现新闻出版业的跨越式发展，必须解放思想，改革创新。江苏新闻出版业改革开放的30年，是不断解放思想的30年；江苏新闻出版工作30年所取得的成就，是不断解放思想的结果。新闻出版业要实现大发展大繁荣，必须以解放思想为先导，坚持改革创新，大力破除困扰新闻出版业发展的各种障碍，坚决冲破陈旧观念的束缚，为发展增添新的强大动力。要支持探索，鼓励创新，调动一切有利于改革发展的积极因素，以富有成效的改革，为新闻出版业的大发展大繁荣不断注入新的动力和活力，不断开拓新闻出版业发展的生存空间和发展空间，实现新闻出版业的可持续发展。

二是做好新闻出版工作，实现新闻出版业的跨越式发展，必须融入大局，服务大局。新闻出版工作涉及的领域多、面广量大，必须增强大局意识，自觉把新闻出版工作放在党和政府的工作全局中去谋划，自觉服从服务于党和政府的工作大局，充分发挥新闻出版在促进改革发展、维护稳定中的能动作用，在围绕中心、服务大局中建功立业，以"有为"争取"有位"，以"有位"更好地实现"有为"。

三是做好新闻出版工作，实现新闻出版业的跨越式发展，必须把握机遇，科学发展。改革开放以来，新闻出版业经历了一个快速发展期，达到了一定的规模。但在这种较快增长的背后，还存在着过度依赖教材教辅、产业结构趋同、高新技术应用滞后等矛盾和问题。解决这些发展中存在的矛盾和问题，必须坚持科学发展观，统筹推动传统新闻出版业和新兴新闻出版业的协调发展，紧紧抓住高新技术变革给新闻出版业发展带来的机遇，运用新技术，占领新阵地，培育新业态。

四是做好新闻出版工作，实现新闻出版业的跨越式发展，必须转变职能，创新管理。市场化的推进和以数字技术为特征的新技术革命的浪潮，要求新闻出版行政部门必须不失时机地转变政府职能，加强自身建设，创新管理理念，改进管理方式和管理手段，建设服务型机关，推进依法行政、科学管理。

三、做好2009年新闻出版工作的基本思路

2009年，我们将认真贯彻落实新闻出版总署和省委、省政府的各项工作部署，继续解放思想，加快改革，创新管理，强化服务，着力把好新闻出版导向，推动事业更加繁荣、产业更好发展、精品更为丰富、人才不断涌现，加快建设舆论引导能力强、公共服务能力强、产业实力强、发展活力强、人才队伍强的新闻出版强省。

（一）抓好出版导向和优秀出版物生产

深入贯彻党的十七大、十七届三中全会和胡锦涛总书记在人民日报社考察工作时的重要讲话精神，推出更多宣传阐释中国特色社会主义理论体系、表现主旋律的精品力作，更多传承中华优秀文化、为文化积累服务的优秀出版物，更多服务小康社会建设和贴近实际、贴近生活、贴近群众的出版物。精心组织庆祝建国60周年出版物的出版发行。

（二）推进农家书屋工程和全民阅读工程

抓住国家扩大内需等政策机遇，加快推进新闻出版公共服务体系建设。2009年新建农家书屋4000个以上，确保2010年农家书屋覆盖所有行政村。对苏南发达地区，瞄准国际发达国家的公民阅读水平找差距，不断提高农家书屋建设的速度和质量；对苏中、苏北地区特别是经济薄弱地区，加大支持力度。推进农村社区阅报栏工程建设。实施全民阅读工程，大力开展全民阅读活动，加快建设书香江苏。

（三）抓好新闻出版体制改革和人才队伍建设

围绕培育合格市场主体，继续推进经营性出版单位转企改制；围绕改善服务、增强活力，继续深化公益性新闻出版单位改革；围绕培育现代出版市场体系，继续深化发行体制改革，确保实现中央提出的三年内基本完成经营性出版单位转企改制的工作目标。深入实施人才培养“素质工程”、“领军人才工程”和“高技能人才工程”。

（四）统筹传统出版产业和新兴出版产业又好又快发展

积极推动传统出版业的结构调整，加快发展方式转变。加快出版业数字化、网络化进程，大力发展网络出版、手机报刊和动漫网游等新型出版产业，推动出版产业技术升级。大力培育出版发行基地和龙头企业，强化带动作用，提高产业集中度。积极推动江苏出版“走出去”，扩大出版物输出和版权贸易，不断增强江苏出版业的国际竞争力。

（五）加强“扫黄打非”和版权保护

认真组织实施文化环保工程，深入开展“扫黄打非”，不断净化出版物市场。坚决打击侵权盗版，努力做到保护知识产权“天天有行动、天天见成效”。深入推进企业软件正版化工作。推广南通市通过版权保护促进纺织业发展的经验，推动版权相关产业加快发展。推动长三角著作权管理和服务联动机制建设。会同省人大科教文卫委员会开展版权行政执法检查。积极推动《江苏省著作权保护条例》立法工作。

改革开放30年是江苏新闻出版业日新月异、喜结硕果的30年。30年的发展历程，无比艰辛；30年的发展成就，令人振奋；30年的发展经验，弥足珍贵。我们将以会议的召开为新的起点，以高度的政治责任感和紧迫感，继续解放思想，开拓创新，扎实工作，全力推动江苏新闻出版业的大发展大繁荣，加快实现由新闻出版大省到新闻出版强省的新跨越。

改革开放30年来
吉林省新闻出版事业的发展成就

吉林省新闻出版局

改革开放30年来，吉林省新闻出版事业飞速发展，取得了令人瞩目的成就。

（1）图书出版。从1978年到2008年，全省图书出版社由3家发展到14家，年出版图书由276种发展到6663种（截至2007年底），年出书种数提高了23倍。30年来，先后有12种图书获国家图书奖（含提名奖、荣誉奖、特别奖），6种图书获"五个一工程"奖（含1种入选作品奖），30种图书获中国图书奖（含荣誉奖、评委建议表扬奖）。特别是吉林人民出版社出版的优秀长篇小说《大雪无痕》2001年同时荣获国家图书奖和全国精神文明建设"五个一工程"奖。一种图书同时获得分量最重的两项国家级图书大奖，这在全国出版界也是极为罕见的，为我省出版业争得了殊荣。在2007年举行的第一届中国出版政府奖评选中，我省有四种图书获奖。在"八五"以来的国家出版规划中，吉林省列入图书位居全国前列。《中华人民共和国法律全书》、《历代千字文墨宝》、《古籍今译丛书》、《世界教育大系》、《钦定四库全书荟要》、朗文英语教育丛书、《西方社会科学基本知识读本》、《彩版加菲猫》、《北漫精品》、《环球美术家视点系列》、《艺术的背后》系列、《超级女声》、《三毛流浪记》、《智圣东方朔》、《中国东北史》、《刘鹗全集》、《巴金箴言录》、《立体手工游戏》、《恐龙大全》、《民谣吉他金曲弹唱》、《钢琴入门与即兴伴奏》、《美国摄影教程》、“国学小书院”、《恐龙百科》、《海洋百科》、《自然百科》以及吉林科学技术出版社出版的生活类图书、吉林教育出版社出版的助学读物等等一大批图书在国内外产生了很大影响。吉版图书多次在全国图书订货会上取得订货码洋名列前茅的好成绩。2007 年度发货码洋 17.81 亿元，实现利润 1.99 亿元。吉林出版集团的图书市场占有率在全国出版集团综合排名中位列第三。长春出版社在全国城市出版社中市场占有率排名第一位；东北师大出版社市场占有率位居全国师范大学出版社前列。

（2）报纸出版。1979 年，吉林省有正式报纸 9 种，到 2008 年达到 80 种。其中党报 10 种，都市报 7 种。报纸年总印发量达到 156.35 亿份。在全省报纸中，平均期发数在 10 万份以上的有 6 种。目前有报业集团 2 个，即吉林日报报业集团、长春日报报业集团；吉林日报社、长春日报（含长春晚报）社、江城日报社、延边日报社曾被评为全国百家地方报社管理先进单位。《江城日报》在全国地方党报编校质量评比中荣获第一名。《长春晚报》还是全国新闻战线首批 10 家精神文明建设“窗口单位”之一。

（3）期刊出版。1978 年，吉林省有期刊 39 种，到 2008 年达到 238 种，其中社会科学类期刊 128 种，自然科学类期刊 110 种。期刊总印发量达到 7721.88 万册。在全省期刊中，期发数 10 万册以上的有 9 种。结构趋向合理，质量和效益不断提高，涌现出一批深受广大读者欢迎的期刊。《演讲与口才》获全国优秀社科期刊奖，1997 年被评为全国百种重点期刊。《社会科学战线》、《吉林大学社会科学学报》获全国优秀社科期刊提名奖。《高等学校化学学报》、《吉林大学自然科学学报》等 7 种期刊被评为全国优秀科技期刊，《高等学校化学学报》还被收入美国《科学引文索引》（SCI）。近年来巩固和扩大了报刊资源整合成果，例如《春风》更名为《意林》，《时代姐妹》更名为《女人坊》，这些期刊重新确定了市场定位，很快形成了新的增长点。

（4）音像电子出版。20 世纪 80 年代以来，吉林省音像出版事业发展较快。现有音像电子出版单位 10 家（含具有电子出版物出版权的图书出版社两家），2007 年全年出版音像电子出版物 306 种，发行总量 137 万盘（张）。音像、电子出版业基本形成了从出版、制作，到复制、发行的完整的产业体系。在我局备案登记的具有互联网出版内容的网站已达 48 家，初步形成了网络文学出版、网络学术出版、互联网游戏出版等门类齐全的互联网出版产业链。2004 年成功举办了首届吉林省网络出版节。在此基础上，又发起组织了东北三省网络出版节，得到辽宁、黑龙江两省的热烈响应，整个活动圆满成功。省新闻出版局于 1996 年在全国率先组织了“吉林省长白山优秀音像制品”评奖活动，制定了详细的评奖条例，评选出一批具有代表性的优秀音像制品。多年来，这些评奖活动有力推动了音像电子出版业的健康发展。

（5）印刷复制。目前，全省印刷企业已经发展到 3200 多户，从业人员达 3 万多人。全省印刷企业产值超千万元的有 20 家，超过 4000 万元的有 4 家。长春新华印刷厂是全省规模最大的印刷企业、全省书刊印刷基地和“中国 100 家最大印刷企业”之一。长春第二新华印刷厂属“科企结合、科研先导”型企业。长春第二新华印刷厂和延边新华印刷厂 1998 年进行股份制改造以来，为吉林省印刷企业改革和发展带来了新的活力。印刷业技术进步发展很快，铅印已经淘汰，激光照排、胶印印刷、精装联动、电子分色相当普及。实现了从“铅与火”到“光与电”的质的飞跃，进入了激光照排、胶印印刷、装订联动等具有较高技术含量和规范的新时代。2007 年全省印刷复制业实现产值 21 亿元。印刷技术装备更新速度加快。全省 4 色以上各类进口印刷设备达到 60 余台（套），印前、印后各类配套进口设备 32 台（套），具备了胶印、凹印、凸印和丝印等各种精细印刷能力。印刷产品质量稳定提高。在省新闻出版局的策划、统筹和指导下，2006 年在长春市双阳区奢岭镇创建了印刷工业园区。这一印刷工业园区经省新闻出版局努力被批准为省级开发区，经过 2 年多的基本建设和招商引资，取得了突破性进展，目前已有 19 家投资企业签约并陆续入驻，总投资近 20 亿元，3 家企业已正式投产，形成产值 3.1 亿元；2007 年全省生产只读类光盘 4000 万片，可录类光盘 2.62 亿片。音像、电子出版单位固定资产由原来的1170万元，增加到3400万元，增长率达到183%。吉林庆达数码有限公司成为国内光盘产量最大的厂家之一。民营印刷复制业异军突起，成为改革开放以来我省新闻出版行业发展的一个光彩夺目的亮点。最有代表性的民营印刷复制企业是四平红嘴伟达包装有限公司和长春人民印业有限公司。四平红嘴伟达包装有限公司2007年实现产值1.2亿元，利税900万元。长春人民印业有限公司固定资产2000万元，年产值1500万元以上。

（6）图书发行。1979年以来，我省图书发行业始终保持较快发展速度。县级、市州级、省级书店可供品种均有显著增长，年均增长20%以上。农村图书发行工作得到加强，图书网点建设步伐加快，年均增长10%以上。2000年吉林省新华书店改制为吉林省新华书店集团有限责任公司，并以其为核心组建吉林新华发行集团。该集团目前由全省市、州、县48个新华书店有限责任公司法人单位组成，注册资本1.8亿元，员工23989人，总资产6.07亿元，年销售额9.01亿元，年创利税3983万元。目前全省各类书店1607户，其中国有书店49户。民营书店的蓬勃发展，是改革开放30年来形成的一道靓丽风景。

（7）版权保护。自1992年5月我国正式加入世界版权公约（伯尔尼公约）以来，我省版权保护工作得到逐步加强。16年来，以贯彻落实《著作权法》和依法行政为主题的系列宣传活动取得实效。版权咨询调解工作逐步实现经常化、社会化。市州级政府部门软件正版化工作基本完成，企业软件正版化工作正式启动。建立了全国首家版权保护教育基地。

（8）版权贸易。为了加快吉林出版与国际图书市场接轨，吉林省注重与国外出版界的合作与交流。每年参加法兰克福、莫斯科、埃及、新加坡、东京、汉城等国际书展。1993年和1995年，率先在美国、加拿大独立举办了以吉版图书为主的中国图书展销，展销品种达3000余种，近5万册，受到海外华人的热烈欢迎，为中国图书进入国际市场做了有益的尝试。据统计，自1991年以来，我省拥有外国作品版权、转让版权和合作出版数量均居全国前列。近年来，版权贸易呈现出新的发展态势。一是由过去的少数几家出版社比较活跃，发展到所有出版社都致力于开拓国际市场。二是引进由过去的以港台地区为主，发展到与几十个国家和地区开展版权贸易。2007 年组织全省出版单位参加第十四届“北京国际图书博览会”、“2007 香港书展”、第二十届“莫斯科国际书展”、“首尔国际书展”、第五十九届“法兰克福国际图书博览会”等国际、国内展会。共有 1000 余种图书参展，达成版权贸易 531 项，其中输出版权 211 项，引进版权 320 项。近年来，我省新闻出版业进一步实施走出去战略，加强与国际间的合作。吉林出版集团与美国的哈考特出版公司、华纳图书出版公司、英国培生出版集团、牛津大学出版社、日本小学馆和讲谈社等境外 30 多家世界知名的出版公司建立了长期交流与合作的友好关系，其中已与世界著名的出版公司——美国的哈珀·柯林斯集团结成了出版战略合作联盟，双方将发挥各自的出版资源优势和市场运作优势。在第 17 届全国书市上，集团与哈珀·柯林斯集团举行了签约仪式，新闻出版总署副署长邬书林发来了贺电，中央电视台、中国新闻出版报等媒体对此进行了宣传报道。

（9）少数民族出版事业。延边朝鲜族自治州现有 3 家出版社和 1 家音像出版社、12 家报社、22 家期刊社、新华书店总店直属一级批发单位 1 个、8 家县市新华书店、140 户印刷厂、150 多家书报刊零售点，已经发展成为全国朝鲜文字图书、报刊的出版、印刷、发行基地，同周边国家的出版交流、合作日趋活跃。近年来，少数民族出版事业越来越得到重视，发展越来越快。“百种朝鲜文重点图书出版工程”已经启动实施，并获得了中央、省直有关部门的资金支持。

（10）队伍建设。30 年来，省新闻出版局党组始终坚持“两手抓、两手都要硬”的方针，出版系统党的建设、班子和队伍建设不断得到加强。近年来，新闻出版局党组进一步提出了落实“人才成果观、业绩成果观”的要求，强化人才兴业思想，进一步加强了干部队伍建设。各级党组织和广大共产党员充分发挥了领导核心、战斗堡垒和先锋模范作用。纪检监察部门围绕跨越式发展这个中心，紧密结合行业特点，以严格遵守党的政治纪律为重点，大力加强党风廉政建设和反腐败工作，努力构建反腐倡廉制度体系。认真受理来信来访，严肃查处各种带有行业特点的不正之风和违纪案件，在优化发展环境、维护发展秩序上做了大量工作，为促进新闻出版事业发展提供了有力保障；认真组织全行业学习邓小平理论、“三个代表”重要思想、科学发展观以及有关建设和谐社会的理论；注重加强对各级管理干部和各类专业人员的岗位培训、专项培训，队伍素质进一步提高。全面推行竞争上岗制和考试聘任制，班子和队伍的年龄、知识结构进一步优化。“三项学习教育”活动开展得有声有色，受到了总署的肯定和表扬，在全国新闻出版局长会议上介绍了经验。深入开展了“创建学习型机关”活动，省新闻出版局被评为先进单位并在有关会议上做了成果展示和典型发言。系统业务培训工作实现了经常化、制度化。新闻出版局领导亲自带队在全省巡回进行版权知识培训，有效地提高了全系统从业人员的业务素质。“保持共产党员先进性教育”活动收到了良好的效果，得到了中央督导组的高度赞扬，省新闻出版局在全国新闻出版系统党建思想政治工作经验交流会议上做了大会发言。

广东“扫黄打非”30年之路

广东省“扫黄打非”工作小组办公室

广东省毗邻港澳，得改革开放风气之先，出版物市场起步早、发展快，市场容量大、经营主体多、市场活跃。由于特殊的地理位置，加上改革开放初期，出版物市场配套管理不完善，走私出版物活动一度较为猖獗，侵权盗版、淫秽色情等非法出版物屡禁不止，广东因此也成为全国“扫黄打非”的重要战场，工作任务十分艰巨。30年来，省委、省政府高度重视“扫黄打非”工作，坚决贯彻中央的部署和要求，坚持不懈地开展“扫黄打非”，持续加大对非法出版物和非法出版活动的整治力度，取得了显著成绩，为全国“扫黄打非”工作做出了应有的贡献。

一、“扫黄打非”队伍不断壮大

30年风雨兼程，30年沧桑巨变。伴随着出版物市场快速发展，广东省“扫黄打非”机构也经历了从无到有、从弱到强、不断壮大的过程，目前已建成省、市、县（市、区）三级“扫黄打非”领导小组统一领导，各相关职能部门共同参与的立体管理网络，形成以法制手段为主，行政、经济、舆论等多种管理手段并举的全方位立体式出版物市场监管模式。回顾改革开放初期，1980年针对非法出版书报刊和非法音像制品泛滥的情况，省委、省政府部署打击行动，连续指示省文化厅、公安厅、广播电视厅、出版总社、工商局开展联合行动，全面清理非法出版物。1985 年 9 月，为加强对包括“扫黄打非”在内的文化市场管理工作的统一领导，实行分工负责、协调配合、综合管理，广东省成立了文化、广播电视、公安、工商行政管理、海关等部门参加的省社会文化管理委员会（简称省社管会），由副省长王屏山任省社管会主任。1989 年 10 月，省社管会制定全省开展“扫黄打非”方案和意见，召开专门会议进行部署，通过联合开展集中行动，严厉打击黄色书刊、黄色录音录像带和盗版音像制品，坚决遏制“制黄”、“贩黄”、“传黄”等非法出版活动。1994 年 7 月，江泽民同志就“扫黄打非”工作作出重要批示，广东“扫黄打非”工作开始步入新的阶段。1995 年 9 月，广东省成立以省委副书记黄华华为组长，省委常委、副省长卢钟鹤，副省长李兰芳等为副组长的省扫黄打非领导小组（日常办事机构设在省文化厅，与省社管办合署办公）。随后，广东省加大“扫黄打非”力度，重点对广州、汕头等地的音像市场进行大规模整治，并于 1996 年在全国率先出台了从源头上打击非法光盘生产活动的有效措施《广东省奖励举报非法光盘生产线和音像领域其他违法犯罪活动有功人员暂行办法》，有效遏制了持证光盘厂生产盗版光盘的势头，铲除了大批地下光盘生产线，查缴了大量非法光盘。进入 21 世纪，广东省作为文化体制改革综合试点地区，按照中央的部署，积极推进文化市场综合执法体制改革，于 2004 年 9 月调整充实了省、市、县（市、区）三级原有的扫黄打非领导小组，改为文化市场管理工作领导小组（简称文管领导小组），加挂“扫黄打非”工作领导小组的牌子，分别由各级党委主管副书记任组长，党委常委、宣传部长和政府主管副省长、副市长、副县长任副组长。省文管领导小组由 22 个成员单位组成，组长由省委副书记蔡东士担任，副组长分别由省委常委、宣传部长朱小丹和副省长雷于蓝担任。在这次改革中，广东省还组建了市、县（市、区）两级文化市场综合执法队伍，行政执法编制从原有的 332 名大幅增加到 1310 名，解决了多头执法、多层执法问题，进一步加大了执法力度，为“扫黄打非”工作增添了一支生力军。2006 年 6 月，广东省文管领导小组成员单位增加到 26 个。

二、“扫黄打非”工作不断深入

（一）制止滥编滥印书刊等非法出版活动

20 世纪 70 年代末 80 年代初，由于缺乏严格的管理，社会上出现了非出版单位滥编滥印书刊成风、非法出版物充斥市场、图书黑市交易泛滥等情况。为迅速制止这种非法出版活动，按照《国务院批转国家出版局等单位关于制止滥编滥印书刊和加强出版管理工作的报告》，广东省政府下发粤府［1980］167 号文，提出八项具体措施，逐步使广东书报刊市场步入了规范化管理的轨道。

1986 年广东省各地社会上滥编滥印书刊及批发出售非法出版物情况十分严重，大量非法书刊充斥市场，且仍有泛滥之势，带来极大的消极影响。为此，1987 年 1 月 5 日，广东省社管会印发《关于在全省范围内严厉打击非法出版活动的紧急通知》（粤社文管字 1986 年［86］第 7 号），决定在 1987 年第一季度在全省范围内对书刊市场进行一次全面的清理整顿，要求各级社管会协同本地区公安、工商、文化等有关部门，立即采取有力措施，集中力量，集中时间，坚决打击、取缔非法出版活动，制止非法书刊小报等出版物的印刷、发行，刹住滥编、滥印、滥发的歪风。1989 年以后，广东省每年定期开展“扫黄打非”集中行动，通过采取集中行动、专项整治行动或特定时期的重大战役等方式，充分调动各部门的积极性，营造声势，形成合力，着重解决日常管理中遇到的一些难点问题和复杂问题，进一步巩固日常管理取得的成果。

（二）严禁进口、复制、销售、播放反动黄色下流录音录像制品

80 年代初期，海外录音录像制品（包括唱片、录音带、录像带）通过各种渠道流入境内，其中有许多内容是黄色甚至反动的。一些境内单位也同外商合作在内地复制生产和销售，还有一些单位和个人擅自复制、转

录录音带录像带。为制止有害的录音录像制品的流传，广东省认真贯彻中共中央、国务院《关于严禁进口、复制、销售、播放反动黄色下流录音录像制品的规定》，并于1983年5月颁发《广东省录音录像制品管理细则》（粤府［1983］107号），1984年广东省文化厅、公安厅、广播电视厅、出版总社、工商行政管理局等单位联合发出《关于加强社会文化管理的规定》（粤文化字［1984］15号）。在各级党委和政府的领导下，宣传、广电、文化、公安、工商等部门在全省范围内对大量音像制品进行了审核，对录像放映点进行了整顿，使一度出现的港台及海外不健康的音像制品泛滥的情况有所收敛。

1985年，针对走私进口、复制、销售、播放反动、淫秽、凶杀、荒诞的音像制品现象又有所抬头的情况，广东省委宣传部、公安厅、广播电视厅、文化厅、工商行政管理局等单位联合发出《关于进一步严禁复制、销售、播放反动、淫秽下流音像制品的通知》（粤宣字［1985］8号），规定未经国家指定的主管部门批准进口销售和引进版权加工复制的海外音像制品，以及非国家批准的出版单位生产的音像制品，均不得作为商品在市场销售；经批准并领有营业执照的录像放映点，不许放映未经省音像制品审核小组审查同意开放的录像片，不得将放映点转包他人经营或在原定放映点以外的地方进行营业性放映。

1985年，营业性录像放映活动遍及各地城乡，有些单位和个人见利忘义，违法放映淫秽录像，对青少年身心健康造成极大危害。1985年9月，广东省委办公厅、广东省政府办公厅发出《关于贯彻中办发［1985］45号文件精神加强录像进口、制作、放映管理的规定》（粤办发［1985］29号），对录像放映的管理，录像带的制作、经营和发行，录像带的进口及其处理，管理体制及管理职能等问题作出具体规定。1995年，由于非法走私的激光视盘故事片充斥市场，特别是放映、出租、销售激光视盘故事片的现象比较严重，其中还夹杂一些淫秽色情的节目，社会反响强烈。根据国家文化部、广电部的通知精神，广东省社管会发出通知，要求全省停止营业性放映激光视盘故事片，严禁发行、出租、销售非法的激光视盘故事片，严厉打击激光视盘故事片走私活动。1997 年，针对一些地区的车站、码头、茶室等公共场所，以“免费服务”为名，公开放映走私、盗版的录像节目，甚至放映色情、淫秽的录像节目招徕顾客的情况，广东省社管办发出通知，要求坚决取缔个体或变相个体经营的营业性录像放映活动，巩固和完善录像放映节目专供工作，进一步规范营业性录像放映经营秩序。

（三）加强光盘复制企业监管，深挖地下光盘生产线

为从生产源头上遏制非法光盘生产活动，1995 年根据新闻出版署、国家版权局联合发出的通知，广东省向光盘生产厂各派驻监督员 2 名，加强对持有光盘复制许可证的企业生产活动的监管，同时，全省关闭了一批从事盗版光盘生产的复制企业，全面实行了光盘来源识别码制度即 SID 码制度和复制委托书制度。通过采取这些措施，基本上解决了持证厂家生产盗版光盘的问题，迫使光盘盗版活动从地上转到地下。

为了深挖地下非法光盘生产线，充分调动广大群众举报音像领域违法犯罪活动的积极性，1996 年，广东省“扫黄打非”领导小组颁布《广东省奖励举报非法光盘生产线和音像领域其他违法犯罪活动有功人员暂行办法》，规定“对举报非法光盘生产线的有功人员，按每条（含一条双头）非法光盘生产线 30 万元的奖励金予以奖励”。自 1996 年 5 月 3 日，根据群众举报在汕头市潮阳市峡山镇查获全国第一条非法光盘生产线以来，截至 2008 年 7 月，广东省共查获 206 条非法光盘生产线，占全国查获总量的 86.19%。1999 年 6 月 7 日，广东省九届人大颁布《广东省奖励举报“制黄”、“贩黄”和非法出版活动有功人员暂行办法》，将奖励举报的范围进一步扩大到书报刊、电子出版物等领域，同时也使奖励举报工作纳入法制化的管理轨道。

（四）加强小商品批发市场、家用电器市场、电子科技市场音像制品经销活动的管理

20 世纪 90 年代中期，一些地区的小商品批发市场、家用电器市场、电子科技市场（以下简称“三场”）非法经营音像制品现象严重，兜售反

动、淫秽、色情音像制品的案件时有发生，极少数地区的“三场”已成为非法音像制品的集散地、制黄贩黄的黑窝点。为此，根据文化部的通知，广东省对“三场”进行了全面清理整顿，禁止在小商品市场批发零售音像制品；家用电器市场、电子科技市场内不得经营音像制品批发业务；禁止“三场”经营单位出租柜台批发、零售音像制品。

（五）加强“扫黄打非”工作的制度建设

为促进文化市场综合执法工作步入日常化、制度化、规范化的轨道，2005 年 9 月广东省文管办制定了文化市场执法数据定期报告制度，要求各级“扫黄打非”部门及时、准确地报送相关执法数据。同时，为提高“扫黄打非”案件的查办效率和结案率，2007 年 1 月 8 日，广东省文管办印发了《关于加强重点案件督办及重大案件备案工作的通知》（粤文管办［2007］1 号），要求各地、各有关部门及时报送文化市场查获的重大案件及案件办理进展情况，不得迟报、漏报、瞒报。2007 年 7 月 17 日，广东省文管领导小组印发了《广东省文化市场管理（“扫黄打非”）工作责任制》，对地方党委政府、省文化市场管理工作领导小组各成员单位、各级文化市场综合执法机构的职责进行了明确划分，同时对“扫黄打非”有关组织领导、协调协作、督促检查、评议考核等工作机制提出具体要求。

三、有效措施及体会

（一）切实加强领导是推动“扫黄打非”工作深入开展的政治保障

改革开放 30 年来，广东省各级党委政府从维护社会稳定、政治安定和文化安全的高度，充分认识“扫黄打非”工作的重要性，认真贯彻中央的部署和要求，切实加强对“扫黄打非”的领导，在组织体系上确保“扫黄打非”工作正常开展。广东省历任省委主要领导都十分关心、重视“扫黄打非”工作，亲自听取汇报并作出批示。在每年召开的省“扫黄打非”电视电话会议上，省“扫黄打非”领导小组组长、副组长都到会部署工作。省“扫黄打非”领导小组的领导还常常对一些新情况、新问题提出具体指导性意见，亲自参加重大案件协调会议，督促指导案件查办工作。自1994年以来，省委办公厅、省政府办公厅已连续15次转发“扫黄打非”行动方案。省领导同志的高度重视和具体指导，极大地鼓舞了全省“扫黄打非”战线的同志们，为广东省“扫黄打非”工作提供了强有力的政治保障。

（二）各部门密切配合、齐抓共管是“扫黄打非”取得成效的关键

“扫黄打非”工作情况复杂、涉及面广，需要充分发挥各职能部门的作用，形成合力，才能取得良好的工作成效。长期以来，广东省“扫黄打非”各成员单位之间形成统一指挥、各司其职、各尽其责、协调配合、齐抓共管的工作局面。文化、广电、新闻出版等部门坚持繁荣发展和规范管理并重的方针，一方面建设规范、高效的发行渠道，让更多健康有益的正版出版物占领市场，满足群众文化需求；另一方面加强对音像、书报刊经营单位及印刷、复制企业的日常监管，规范出版物市场经营秩序，并结合开展集中整治行动，坚决取缔非法出版物集散地，严厉查处各类违法经营活动。公安机关坚持“打团伙、破网络、端窝点、抓幕后组织者”的工作思路，始终把深挖地下光盘生产线放在首位，确保领导到位、警力到位、经费和装备等保障措施到位，不断加大对侵权盗版等违法犯罪活动的打击力度。近年来，广东省公安机关无论是查办出版物市场大要案的数量，还是打掉非法出版物犯罪团伙的数量都位居全国前列。广东海关、武警边防部门针对不法分子大规模向内地走私盗版音像制品的情况，加强了对重点海域及内河航道、非设关码头的监控，加大对货运渠道查验及对加工贸易渠道的后续管理，成功截获了大量走私光盘。同时，广东海关与香港、澳门海关建立了粤、港、澳联手打击侵权盗版的区域合作机制，加强对包括非法委托加工生产光盘活动和运输光盘生产线进出境的布控查缉，形成了内外夹击的态势。近年来广东省走私盗版光盘案件的数量呈现大幅下降的

趋势。据统计，2006至2008年，广东海关查获走私盗版光盘数量都在200万张上下，与2005年的644万张、2004年的1455万张、2003年的7098万张相比，有了较大幅度的下降。广东各级工商部门坚持把“扫黄打非”工作列入重要工作日程，切实发挥职能作用，严把市场准入关，强化基层工作和日常监管，加强对重点部位、重点对象的监管，坚决取缔无照经营行为，清理不合格经营主体，重点查缴违禁内容出版物、淫秽色情出版物和盗版出版物。铁路、民航、交通、邮政等部门充分发挥在运输传递管理上的优势，按照各自职责，强化客运站、货运站、车站、码头、机场等重点部位的监控，坚决查堵利用交通运输渠道贩运的非法出版物，构筑空中拦、海上截、铁路查、公路堵的立体防线，有效遏制非法出版物流入市场。

（三）严厉查处大要案是遏制违法、震慑犯罪的重要手段

近年来，出版物市场违法经营活动呈现团伙化、网络化的特点，常常是异地作案，违法经营数额巨大，涉及面广、危害严重。加大对大案要案的查处力度，可以沉重打击非法出版物经营活动，有效震慑犯罪分子，是新形势下深入开展“扫黄打非”斗争的重要手段。广东省各级“扫黄打非”部门坚持将查处大案要案作为突破口和主攻方向，强化办案意识，追根溯源，穷追猛打，破获了一大批重大案件，始终保持严惩犯罪分子的高压态势。据统计，2005年到2007年的3年间，全省“扫黄打非”部门分别办理行政处罚案件4450宗、4850宗、5339宗，刑事处罚个人29人、207人、244人，其中2006年全国“扫黄打非”办确定的全国32个重点案件中有13个是广东文化综合执法、公安部门查获的。

（四）加强执法队伍建设、提高执法效能是推进文化市场长效管理的基础

广东是全国组建文化市场执法队伍较早的省份，1989年深圳市组建了市文化稽查队，1994年广东省成立了省文化稽查总队。2004年根据中办发［2004］24号文件精神，广东省积极推进文化市场综合执法改革，21

个地级以上市和107个县（区）组建了文化市场综合执法机构，确定了行政执法专项编制。2006年、2007年，广东省“扫黄打非”领导小组共批准拨出近千万元专项资金，给98个市、县文化市场综合执法机构配置执法专用车，全面改善了全省文化市场综合执法队伍的装备和执法条件。各地文化市场综合执法队伍积极探索运用科学化、制度化的管理手段，例如建立健全快速反应机制、案件查办机制、督查督办机制、考核考评机制、联防协作机制、宣传教育和舆论监督机制等，从而强化执法队伍管理，规范执法行为，提升整体执法效能。

（五）发动群众积极参与，是“扫黄打非”斗争取得胜利的决定性因素

没有广大人民群众的积极参与和大力支持，“扫黄打非”斗争就失去了根基。长期以来，广东省各地注重加大宣传力度，揭露非法出版物的危害，不断扩大“扫黄打非”的社会影响力。一是加强与报纸、广播、电视等新闻媒体联系，充分发挥其宣传主阵地的作用；二是重视网络覆盖面广、传播快的优势，在政府机关网站开设“扫黄打非”专栏；三是开展多种形式的公益宣传；四是举办非法出版物公开销毁活动，营造强大声势；五是发挥工会、共青团、妇联等人民团体的作用，动员社会各阶层群众积极参与“扫黄打非”斗争，检举揭发制黄贩黄、侵权盗版等非法出版活动。中央和广东省的新闻媒体先后对广东“扫黄打非”工作进行过全面深入的宣传报道，大力宣传“扫黄打非”和保护知识产权的重大意义及取得的巨大成果，教育公民提高法制意识和抵制腐朽文化的能力。

音像业30年回顾

中国音像协会

改革开放的30年，也正是我国音像业繁荣发展的30年。可以这样说，没有改革开放就不会有现在的音像产业，没有改革开放就不会有音像业30年的繁荣与发展。30年只是历史的一瞬间，但对有幸赶上这30年的音像人来说，却是整整一代人的历史。

回顾30年，感慨万千，虽弹指一挥间，却也沧海桑田。音像业从无到有，从小到大，由弱而强，有盛有衰，为我国的文化产业做出了自己应有的贡献。这30年，我们大致可以分为三个阶段，恰好，每个阶段正好十年。

一、第一阶段：1978—1988年

这十年是音像业快速发展和扩张阶段。

1978年，我国的音像业尚未发端，那时我国只有一家音像出版机构——中国唱片社，并在中央广播事业局的直接领导下建有北京、上海、广州、成都四大唱片出版、制作和销售基地。“中国唱片”是新中国成立30年来唯一能为人民群众提供文化教育娱乐视听产品的唱片品牌，30年来，中国唱片累计出版了200630种、2.67亿张唱片，记载了大量弥足珍贵的民族音乐戏曲文化珍品，为新中国的文化创新留下了极为宝贵的财富。但

是，在1978年之后，改革开放打开了人民群众的视野，更多的文化现象和音乐潮流涌向内地，一家唱片社四大唱片基地的格局显然不能满足人民群众日益高涨的文化需求，在这个大背景下，中央广播事业局走出了关键一步，决定放开限制，于1979年批准成立了第一家中唱体系之外的音像出版机构——太平洋影音公司，由此打开了新的局面，我国现代音像出版业开始形成。

1980—1988年间，中央各部委和各省广电、文化系统纷纷注册成立其直属的音像出版社，逐渐形成了现在的约300家音像出版社的规模。大批音像出版社的建立，迅速推动了音像市场的繁荣。这一阶段音像业的基本特征大致为：

（一）受益于政策的开放和低门坎

20世纪80年代成立音像出版社的审批权在广电部门，音像业是一项新兴行业，发展势头强劲，前景良好，对已经拥有一定音像制作实力的广电部门来说，进入音像出版领域是继影视节目后的又一个新兴市场。当时，对成立音像出版社并没有资本、资质等方面的限制。这期间成立的音像出版社大多是国有事业单位企业管理性质，也有部分音像出版社由“三产”直接转变而成。有限投入、自收自支和自负盈亏是当时大多数音像出版社的经营状态。

这些80年代建立的音像出版社大都采用带有计划经济烙印的生产经营模式，“麻雀虽小，五脏俱全”，从创意、制作、出版到生产、发行、销售，各部门一应俱全。每家出版社都要建立自己的编辑部、发行部甚至生产车间和仓库，建立自己的客户群，派出大批人员推销产品和收账。生产成本较高，生产效率低下。“小而全”影响了出版社的扩大和发展，没能形成产品、市场细化和专业分工，音像出版社也没形成自己的特长，什么好卖就制作什么，与国际唱片业的经营发展模式相差甚远。

由于成立时出资方（主办单位）投入很小，资本实力较弱，出版社的原创能力较差以及经营目的不确定性等因素，也造成了日后音像业“小而多”、“散而弱”的特点，这些弱点至今仍是影响音像业发展的重要障碍之一。

（二）受益于科技进步

此时正值音像介质的更新换代时期，已有 70 多年历史的模拟唱片，正被汹涌而至的盒带所替代，从而得到千载难逢的发展机遇。

1979 年太平洋影音公司和中国唱片公司适时引进盒带生产线，解决了灌录唱片所需要的大规模工业化生产环境的制约，投入较少的资金所建设的盒带生产线便迅速取代了密纹唱片的工业化生产，并在市场上取得了较好的收益。科技进步使唱片业摆脱了高投入大生产的环境，使一批起点较低、规模较小、资金力量不强的中小型出版社得到了进入这个行业的最佳时机。短短数年内，盒带复制生产线就在全国各地铺开，最高时曾达到数百条复录线。这些投资不多、占地不大、应用和维护技术比灌录唱片简单得多的新技术，极大地促进了刚刚成立的音像出版社的发展壮大，兴旺的新兴音像市场为出版社带来了大笔收益，太平洋等最早进入新兴市场的单位已经能兴建办公大楼以显示它们的实力了。

正是盒带成为市场主流产品的机遇，使得刚刚诞生的音像出版业得到了迅猛发展。

（三）受益于自由职业创作群体的兴起，成为创作投资方和版权拥有者

1979 年以前，我国音乐和电视剧的主要创作和表演群体几乎都集中在国有文化艺术院团，带有明显“职务创作”的艺术家显然受到了机制的束缚，不利于发挥他们艺术创作表演的个性和积极性，艺术院团也因受制于创新资金严重不足、表演场所缺乏和缺少自主经营权等因素，无力创新。音像业的迅猛发展极大地改变了这一状况：一方面，音像出版社直接面对市场，更直接地了解消费者的需求，因而能提出与市场销售紧密结合的创意；另一方面，音像出版社能提供一定的创作和制作资金，能提供更为广阔和灵活的舞台（音像制品），吸引了大批优秀艺术家为出盒带而创作和表演，也培育了大批拥有艺术才华的自由职业者。

早期的“扒带”和模仿港台艺人演唱的年轻创作者和歌手逐渐成为音像出版社的主要签约对象，当这个艺术群体成长壮大之时，他们的艺术创造力得到了发挥，而培育他们成长壮大的正是音像出版社。

在经过早期歌手仿唱港台歌曲的“东南风”之后，熟悉流行音乐创作套路的内地音乐人已经不满足于模仿而进入了创新阶段，有着深厚文化积淀背景的音乐人，在获得音像出版社的投资并能在市场上看到热烈反响的良好氛围中，创作的火山爆发了，“西北风”陡然唱起。“西北风”促进了我国民族音乐因素与世界流行音乐形式的完美结合，造就了我国流行音乐健康发展的黄金时代。《一无所有》、《黄土高坡》、《血染的风采》、《让世界充满爱》等代表作几乎都是出自音像出版社之手。《渴望》、《便衣警察》、《四世同堂》、《北京人在纽约》等80年代热播电视剧也是由音像出版社投资拍摄的。

“西北风”是我国流行音乐对民族文化的一大贡献，二十多年过去了，它所创造的音乐风格和培育的人才仍然发挥着主力军的作用，这不能不说是音像业的一大贡献。

（四）开创了音像业的“代销”时代

20世纪80年代初，音像业远没有今日庞大的销售规模，消费者高涨的需求产生了巨大的商机，一大批没有资金、没有销售经验的个体经营者进入了音像制品分销领域，音像出版社和主管部门为了培育和扩大市场，准予他们实行“代销”。代销就是先卖货后给钱。一夜之间，各地大批小型销售商遍布全国，他们用很少的资金，租用一间不大的场所，从音像出版社手里大量批发盒带，三个月之后再付款给出版社。代销制是快速解决供需矛盾的一种应急手段，但也为音像业埋下了祸根，音像业的第一次大衰退正是由于代销制的各种纰漏和不完善引发的。

短短10年的时间，音像业就形成了300余家出版社、数万家经销商的产业雏形，盒带、录像带成为第一阶段的主流产品，北京、上海、广州、浙江、湖南、湖北等地都涌现出经过市场考验的优秀音像出版社，为音像业进入第二个十年打下了基础。

（五）市场经济的大环境给了音像出版社发展的机遇

改革开放之初，重点是放在经济体制改革上，但文化的商品属性已得到公认，繁荣的经济增长刺激了人民群众对文化产品的需求，而尚没有进入体制改革的文化传播界，还没来得及适应市场经济的形势，没有什么束缚的新兴音像业就如鱼得水，盒带、录像带作为文化产品成功地进入市场，进入了“文化消费”阶段，音像出版社也掘到了第一桶金。

二、第二阶段：1988—1998 年

这是一个辉煌的十年，音像出版社成为文化创新的生力军，在一定程度上主导了影音文化的社会风潮。

这期间音像出版社各显神通，在市场经济的海洋里摸爬滚打，10 年间涌现出几十家出版制作实力较大、发行能力较强的大型企业。上海声像出版社、上海音像公司和中唱上海公司三家的销售量几乎占了全国音像市场的一半以上；广东的几家出版社还开启了“新签约时代”，培养和造就了大批签约歌手，以金童玉女为代表的原创歌手，成为内地青少年追捧的红星偶像。中国广播音像出版社投资创作的以《亚洲雄风》为代表的第 11 届亚运会歌曲辑，成为 1990 年最热销的音像制品，销量高达 300 余万盒。《手拉手》、《红太阳》等国产音像制品都创造了几百万盒的销量。音像出版社进入了历史上的黄金时代，通过投资制作—出版发行—市场销售，得到了应有的回报，形成了良性循环。

这期间的音像业有如下特点：

（一）音像产业的形成

如果说上一个十年是音像业的初创，或者说是计划经济下文化事业向市场经济下的文化产业过渡的阶段的话，那么，这十年是音像业形成产业的阶段。

虽然音像出版社还是事业单位企业管理，但由于它们从来没有真正被

纳入事业单位的管理范畴，也没有享受过事业经费拨款的待遇，所以它们是最先接受市场经济锻炼和磨难的准企业，自收自支意味着没有严格的管理和限制，也意味着自生自灭，音像出版社（或音像公司）企业性质也更加明显了。经过一轮大浪淘沙，音像出版业的产业链逐渐形成，出版、制作、生产、发行各个领域都出现了有相对优势的单位，产业链的专业分工也趋明朗。

（二）以订货会为供销交易核心的营销模式逐渐形成

20 世纪 80 年代中期，为了适应庞大的市场需求，季节性的区域订货会逐渐形成。订货会分春、秋两季，主要是为即将到来的销售旺季做准备。如春季订货会一般在每年的三月举行，主要是为五、六、七三个月的销售旺季供货。而每年 11 月举行的秋季订货会则为元旦、春节市场做准备。出版社的出版计划则完全围绕订货会的周期而制定，订货会的订单则成为出版社制定生产计划的主要依据。这种带有计划经济特征的集贸市场式的订货会，在计划经济向市场经济过渡时期起到了繁荣市场、促进流通和解决没有专业物流环节的作用，订货会成为出版社获取市场需求信息的最佳场所，销售商则能在一次订货会上见到若干供货商，预订到自己所希望得到的产品，这在信息尚不发达、流通领域尚不完善的年代起到了音像市场供销交易的核心作用。

当时规模较大、持续时间较长的三个音像订货会是由三个较大的松散联盟主办的，即自成体系的中唱集团，以太平洋影音公司、白天鹅音像公司等为主的南方音像集团和以上海声像出版社、上海音像公司等为主的联谊音像集团。集团成员都是比较有实力的音像出版社和盒带复录企业，他们要准备自己的产品样品，租用宾馆饭店和会议场所，邀请来自全国各地的经销商参会，并分摊举办订货会的费用。

订货会的规模越来越大，较大的订货会有近千人参加，订货码洋也有数千万元甚至上亿元，音像市场也因此而迅速扩展，在最红火的年代，甚至还增加了夏季订货会作为补充。

但是，季节性的订货会越来越不适应快速变化的形势，代销制下发展起来的数百家订货商，在没有建立起信用体系的情况下经常出现不负责任的订货行为，使出版社不得不面对越来越多的拖欠货款和退货现象。这些现象极大地扰乱了市场的信用体系和正常秩序，呆账死账和大量的退货最终使出版社尝到了自酿的恶果，订货会的功能减退了，负担增加了，1998年之后订货会开始退出历史舞台。

（三）引进版成为音像市场获利较大的产品

港台歌手和他们所带来的流行音乐吸引了内地消费者，港台流行歌曲的引进版成为销量较大、获利较丰的音像产品，这对缺少原创实力的音像出版社来说，用较少的投入获取较大的利益是一种维持经济增长点和一定市场占有率最为便捷的、急功近利的选择。在90年代，一家出版社如果能拿到一张较好的歌曲专辑，基本上可以保障半年甚至一年的“衣食无忧”。也正是由于这个原因，出版社放弃了自80年代形成的投资原创但风险较大的经营策略，转而争抢风险相对较小的引进版，它带来的直接后果是原创能力越来越弱，一些出版社甚至成为“买办”，他们依附在与海外唱片公司的合作上，丧失了市场的主导权，也错过了使自己成为原创版权拥有者的最好时机。

（四）音像载体的变化所带来的影响

在第一个十年，音像业借盒带替代密纹唱片的大好时机，抓住了一次难得的发展机遇。而下一次载体变化，音像业就不那么幸运了。

90年代初，CD已经成为国际唱片市场的主流产品，国内还停留在盒带阶段，由于CD生产线投资较盒带生产线大得多，CD的零售价格也较高，显然影响了消费者的需求意愿。到了90年代末，音像业开始重视CD的时候，MP3的悄然兴起却成了CD的致命杀手。没有等到音像出版社将音乐产品从盒带转移到CD，大量的盗版CD（走私入境）和MP3刻录盘（一张盘可以容纳100首MP3格式的歌曲）夺走了大批消费者。音像出版社遭遇了一次重大打击，正版盒带和CD被大批退货，出版社的流动资金被大量库存占用，几家发展势头很好的音像出版社几乎是在一夜之间垮了下来。1998 年的音像制品发行品种从 1997 年的 22468 种下降为 17138 种；发行数量从 1997 年的 1.99 亿盘下降为 1.58 亿盘；销售总额从 1997 年的 18.4 亿元下降为 12.48 亿元；下降幅度分别为 23.72%、20.64% 和 32.17%。销售收入下降了将近 1/3，对急需资金支持的出版社来说不啻为当头浇下一盆冷水，音像业从此开始进入长达三年之久的衰退期。

第二阶段是令所有音像业者至今难以忘怀的，1998 年因社会动荡所引起的下滑，很快被旺盛的社会需求带动起来，人们经历了音像制品热销所带来的欢乐，迎来了将近十年的黄金时期，中唱总经理周建潮不无感慨地回忆那个十年"是我们也有过的辉煌"。

三、第三阶段：1998—2008 年

这是一个变化多端和相对平稳发展的时期。经过 20 年的发展，音像业无论生产规模、制作水平还是经营模式均走向成熟，一个庞大的产业已初具形状，产业链的各个领域也越来越专业化，民营企业崭露头角，产业带逐渐形成，具有相当经济实力的大型企业集团也发展壮大起来，但也遇到了前所未有的困难。这一阶段有如下几方面的特点：

（一）衡量音像业发展的三项指标均有较大幅度的增长

这一时期音像业的发行品种、发行数量和发行金额，较前 20 年均有较大幅度的增长，在 2005 年迎来了有史以来的最高峰，当年的发行品种为 34961 种，发行数量为 4.89 亿盘，发行金额为 36.15 亿元，比上一个阶段的高峰 1997 年均有大幅度增长：品种增长了 56.5%，数量增长了 137.38%，金额增长了 96.47%（1997 年发行品种为 22300 种，数量为 2.06 亿盘，金额为 18.4 亿元）。

（二）庞大的产业群形成

截至 2007 年底，我国音像业已经发展成为自成一体的产业格局。产业上游由 300 余家音像出版社、1000 余家音像制作公司组成，中游由 80

余家光盘复制企业和数百家盒带复录厂组成，上千条光盘生产线形成了巨大的加工能力，据统计，2003 年我国只读光盘的生产能力占全球的 17%，可录光盘的生产能力占全球的 20%。产业下游由 1000 余家专业发行公司和 10 余万家音像制品销售商组成，形成了遍及城乡的销售网络。

这一阶段，音像业的产业布局也自然形成，北京、上海、广东形成了三个产业集中度较高的产业带，也形成了一些在各自领域中具有较强实力的龙头企业，文艺类的如中国唱片总公司、上海新汇文化娱乐集团、中国国际电视总公司，原创能力较强的如太合麦田、华友世纪、华谊兄弟等公司，制作发行能力较强的如中凯文化、俏佳人、孔雀廊等公司，这些龙头企业都拥有较多的版权资源、原创能力和发行能力，还有一些专业音乐公司在数字音乐发展方向上作了不懈的努力，也收到了较好的经济效益。同时，教育类、百科类的音像出版制作单位也在不断发展壮大。

（三）音像载体变化的周期加快，对音像业产生了巨大的负面影响

音像载体的变化越来越快，周期越来越短。从 19 世纪末粗纹快转唱片诞生到密纹慢转唱片用了 40 年，密纹唱片被盒带取代用了 30 年，盒带到 CD 只用了 10 年。1998 年我国音像市场出现的 VCD，迅速取代了录像带，在 2003 年 VCD 的市场份额曾达到 53%，成为我国音像市场的主流产品，也成为世界音像发展历程中极为独特的现象。

到了 2005 年之后，新媒体快速发展，网络音乐、手机铃声、MP3 格式的广泛使用，都对传统的音像市场造成了巨大的冲击。

（四）市场主体的变化

1998 年国有音像出版社因遭遇盗版和大量退货出现资金紧张，新产品开发能力下降，导致音像市场大幅衰退，一直没有“登堂入室”的民营企业抓住了机遇，取而代之，逐渐成为音像市场的主要供货商，市场主体发生了较大变化。

除了上述因素导致国有音像出版社衰退外，更深层的原因是体制的老

化和束缚。国有音像出版社在经过20年的发展之后，它的先天不足越发明显。在出版社经营状况良好、资金充足的情况下，由于体制本身的限制，几乎都没有抓住时机适时进入企业扩张阶段，而成为了满足于自给自足的封闭式的小型工商业者，即使有大量的社会资本希望进入这个行业，也无门可入。在资金方面，由于它们过分依赖通过市场销售来实现盈利，以便确保新的产品开发，在遇到资金周转困难、缺少融资能力时就极大地降低了这些出版社的抗风险能力，几家经营很好的大型出版社，在出现资金短缺的困难面前既没有自救能力，也缺少关联企业或企业集团的融资支持，变得一蹶不振。这些都是我们应该吸取的惨痛的教训。

而民营企业则完全不同，他们没有体制的束缚，也没有企业离退休职工的负担，他们利用80年代转手销售LD和为出版社做分销时的原始资本积累，联手社会资本迅速占领了仍有利可图的市场。尽管1998年音像市场出现了大幅度衰退，但市场的客观需求还是旺盛的，民营企业抓住机遇逐渐成为能为市场提供有效供给的主流企业。据统计，2002年，广东15家民营制作发行公司为当年市场提供的音像制品占到80%以上。

部分民营企业在进入成长期之后没有重走当年国有音像出版社的老路，他们充分利用市场占有率较高、资金充沛等优势，大量购买音乐和影视节目的发行版权，不断扩展和巩固完善自己的发行渠道，同时也加紧兼并收购，将自己的实力延伸到出版制作和复制加工环节，成为音像业持续繁荣的发动机。音像业的活跃极大地刺激了上游节目源的开发，轰动一时的《英雄》版权竞拍，竟然拍到了1250万元的天价，许多热门电视剧尚没有卖出播映权就已经从音像版权中收回成本。音乐版权，尤其是港台歌曲的发行版权也越来越炙手可热，音像市场成为音乐、影视节目最为重要的收益平台。社会资本也看好这块风水宝地，纷纷通过投资、收购等方式进入这个领域。

“国退民进”也带来了营销方式的变化，订货会因其不能发挥功用而被弃用，民营企业吸取国有出版社的经验，改变了营销策略，采取现金交易、限制退货等手段，在一段时期里取得了较好的效益。

（五）新技术对传统音像业的影响

新技术是一个统称，事实上，所谓新技术是在两个方面对音像业形成冲击的。一是2003年，市面上发现了一种被称为HDVD的压缩碟，这种“新技术”是利用DVD盘的大容量来记录VCD视频信号（单面单层为4.7G，而CD/VCD为0.7G），其清晰度等于甚至低于VCD。必须用DVD播放器播放的压缩碟一张盘可以容纳6部电影或10集电视剧，压缩碟的大容量迅速得到市场的认可，许多消费者忽略了高品质享受转而追求大容量所带来的“便捷”。压缩碟严重扰乱了市场正常秩序，一部40集的电视剧，高品质的DVD需要40张盘，压缩碟只要4张盘。这个变化严重削弱了音像业全行业的利润空间，200元的套装电视剧制成压缩碟后只售20元，40张的复制加工量只需要4张，销售商无利可图。无论出版社、光盘加工厂还是发行商和零售商，都迅速感受到来自压缩碟的巨大压力，音像业进入新的退货狂潮，小型零售商纷纷倒闭，光盘复制厂订单不足，生产能力严重过剩。本来就原创不足的出版社面对压缩碟更感到没有内容可供“压缩”。压缩碟引发了行业的又一次衰退。2004年的销售金额比2003年减少了9%，数量减少了8.6%。

另一方面的冲击则来自数字音乐和网络视频的兴起。而且，这次受到冲击的不仅是国内音像业，而且也成为了国际普遍现象（以往几次冲击都是国内音像市场的孤立现象）。

在数字时代刚刚来临之时，音像业，尤其是以原创为主业的内容提供商表现出极大的热情，国际资本（包括风投）也以积极的态度投身其中。移动彩铃用户的井喷式增长在一段时间里似乎印证了音像业下一个经济增长点的到来。但是3年的实践证明，正版音乐网络下载业务止步不前，彩铃业务大幅度缩水，没有一个行之有效的、稳定的商业模式和电信商、服务商与内容提供商的互利互赢的诚信机制，将严重影响数字音乐和网络视频的发展。反之，诉讼多于合作，猜疑多于真诚，唱片业不能从新媒体的传播方式中获取应得利益，严重影响了新节目的开发和创作，谁也不会干赔本的买卖。这种逐渐形成的恶性循环，导致原创严重不足，人们热衷于数字音乐的概念和炒作远不能替代实实在在的音乐生产，网络歌曲和视频的低品质，已经不能满足消费者，免费下载资源几近枯竭，短暂的快乐将逐渐被没有好音乐听的更为长期的苦恼所掩盖。而原创不足导致的资源枯竭也一定会影响网络和手机的消费热情。这个不利于创作繁荣的现象到现在还在产生极大的负面影响，也是困扰音像业顺利走向数字出版方向的重要障碍。

当然，高清光盘作为下一代音像产品即将为音像业带来新的希望，期冀中的高品质、高利润和坚决的反盗版措施将成为下一个 30 年新的起点。

30 年过去了，成功与失败、辉煌与落寞、困难与机遇、希望与失望交织映印在这一代音像人的头脑中。我们寄希望于新时代的到来、经济的发展、文化的进步、市场的繁荣以及文化体制改革等都会给音像业带来新的机遇，我们期待着下一个 30 年。

与时俱进　开拓创新

中国版权保护中心

中国版权保护中心成立于1998年，前身是1988年成立的中华版权代理总公司。中国版权保护中心20年的成长经历，伴随着中国版权法律制度的诞生，中国加入国际版权公约和世贸组织，以及中国版权法律制度不断完善的全过程，成为我国著作权法实施的开拓者、实践者。

改革开放初期，中国需要了解世界，世界也需要了解中国。我国版权事业的起步首先是与国家扩大文学艺术和科学作品输出和引进密切联系的，一是要解决文化产品匮乏引发的“书荒”问题，二是为了更快发展科学教育文化事业。为解决好国内需求与国际经济文化交流两方面的问题，版权制度的建立和版权立法成为当时十分迫切的任务。

在版权法律制度艰难的起步阶段，稿酬制度的恢复以及对外版权合作的扩大，为我国开展更加广泛的版权贸易打下了基础，也为版权立法工作做了先期准备。

一、1988年以来十年间版权贸易的起始和取得的成就

中华版权代理总公司成立于1988年4月。当时，台湾当局宣布对大陆出版物有限解禁，并规定大陆图书必须经过第三者与大陆作者联系取得版权授权。在这种背景下，需要成立专门机构，解决对港、澳、台版权问

题。该公司的业务范围主要是：代理商谈、签订版权贸易合同；代理联系转让版权；代理收转稿费和版税；提供版权贸易的咨询；提供书目和图书出版信息；代理版权诉讼等。虽然，这是在特殊时期和环境下建立的版权代理机构，却是我国在版权代理和版权贸易方面最早建立的专业性机构。

（一）公司成立前后，国家版权行政机关还就“内地出版港澳同胞作品版权问题”、“在对台文化交流中妥善处理版权问题”等问题做出了专门规定，为开展正常的版权贸易创造了条件

公司初创时期，积极促进祖国大陆与港澳台地区版权引进、输出为主的文化交流。1988—1991 年间，该公司共引进罗兰、琼瑶、三毛、席慕容、刘墉、梁羽生、古龙、扶忠汉等港台作家作品 2000 余种，向港台推荐出版内地作品 3000 余种，像钱钟书、王蒙、王朔等作家的作品，当时也都是通过公司的版权贸易介绍到港澳台地区的。在我国版权贸易的起步、发展阶段，公司为保护大陆与港澳台作者的相关权益、提高社会公众的版权意识，发挥了积极的推动作用。

由于过去长期闭关锁国，特别是“十年动乱”的破坏，中外文化交流几乎中断，版权贸易更无从谈起。因此，开展版权贸易需要了解国际规则和操作程序，也是个不断摸索的过程。

1990 年 9 月，我国颁布了《著作权法》，颁布实施《著作权法》是中国改革开放的结果。早在 20 世纪 80 年代初，我国即表示过，一旦建立起版权保护制度，我国将积极考虑参加国际版权公约的问题。在《著作权法》实施不到 2 年的时间里，1992 年我国参加了《伯尔尼公约》、《世界版权公约》，具有十分重要的意义，并且为开展更加广泛的版权贸易迎来了一个新契机。加入国际公约标志着我国在享有公约规定的权利的同时，还要承担相应的国际义务，按照条约和国内法的有关规定，对作品的版权实施相关保护，为中国开展更大范围的版权贸易创造了良好的法律环境。

在我国加强对版权的保护，出版社同国外出版机构的交流与版权贸易逐渐升温的情况下，中国开始朝着全面的、与世界接轨的、真正意义上的

版权贸易迈进。

（二）为了适应改革开放形势发展的需要，1992 年 12 月，国家版权局同意中华版权代理总公司扩大业务范围，公司业务范围从单一对港澳台的版权贸易和版权合作，逐渐拓展到与世界各国家、地区间的版权贸易与版权合作

1993 年以后，地方版权代理机构相继成立，各地陆续成立了二三十家版权代理机构，中华版权代理总公司独家经营国内版权代理市场的局面被打破，公司的发展面临很大的挑战。经过多年努力，公司不断完善规章制度、适应国际惯例、逐步拓展业务，改变了过去单纯从事港澳台版权贸易的局限，业务触角开始伸向亚欧美洲的出版大国，版权交易量逐年上升。

以前国内出版机构可以免费翻译出版国外的出版物，而在著作权法实施和加入两个国际公约之后，我国承担了互相保护版权的义务，所以，出版界在随后的三四年内，处于提高版权意识和适应国际公约的阶段，真正意义的国际版权贸易很少。经过阵痛期后，国内版权贸易量开始回升。根据国家版权局的统计，1995 至 1998 年期间，全国出版社四年的引进版图书累计已达到 15000 种，此后图书版权引进量更是以年均 20% 的增幅突飞猛进。这段时间，公司的业务量也是猛增。

与此同时，这一时期与版权贸易有关的一系列活动也蓬勃发展起来。一方面，越来越多的国内出版单位和机构开始有组织地派人参加法兰克福、美国、伦敦、巴黎、东京、开罗、新加坡等国际性图书展会，以开阔视野、洽谈版权。

（三）在国内，1986 年 9 月的北京图书博览会（BIBF）逐渐成为在国际版权交易中有一定影响力的展会活动，成为为国内外出版人进行版权贸易以及信息沟通的重要平台。这一时期，版权贸易种类的增加、总量的增长以及交流活动的频繁，标志着我国对外版权贸易已进入多元化的快速发展阶段

面对形势发展变化，中华版权代理总公司积极应对，并发挥自身优势，在国内版权贸易中继续保持领先的势头。版权代理是文化交流的桥梁，一头连接着著作权人，另一头连接着著作权使用者。通过这个渠道，版权信息实现了顺利沟通，著作权人的利益得到了有效保护，使用者也解决了版权问题。中华版权代理总公司在这段时间里，就充分发挥了桥梁作用，通过著作权人、版权代理人和使用者的共同努力，促进了中外文化的交流，也增进了国际社会对中国的了解。公司卓有成效的工作也获得了国家主管部门、著作权权利人、作品使用者和业界的好评。随着我国改革开放步伐的加快，国家知识产权保护力度的不断加强，在促进民族自主创新的同时，进一步加强了国际间文化、科技和学术交流与合作，通过广泛开展版权贸易，使国际社会了解、认可中国，使中国走向世界成为一种必然。

二、版权公共服务的确立与版权保护事业的发展

1998 年 9 月，中国版权保护中心成立。国家新闻出版署的文件中明确指出，根据改革发展的需要，中华版权代理总公司（保留法人资格）、中国软件登记中心和中国著作权报酬收转中心划归中心管理，中心的主要职能是具体实施《著作权法》以及有关法规和规章，以维护著作权人及相关权利人的权益为中心任务，包括受国家版权局的委托和指定，从事各种与著作权有关的登记，面向社会提供著作权法律咨询服务和著作权交易服务。

中国版权保护中心成立后，认真贯彻《著作权法》及著作权保护的法

律法规，制定了一系列规章制度，同时建立起了软件著作权登记、作品著作权登记和合同登记、版权代理、版权贸易、法律咨询和版权信息服务的全方位的版权业务体系，成立了中国版权保护中心版权鉴定委员会等机构，为我国的版权保护事业发展做出了努力和贡献。

中心刚刚成立的第二年，即 1999 年，即发生了著名的“王蒙等 6 作家状告北京在线”案。王蒙、张洁、张承志、毕淑敏、张抗抗、刘震云六人诉世纪互联通讯技术服务有限公司侵犯其在网络上享有的著作权纠纷案。当时，网络环境下面临的版权问题已初步凸显，但《信息网络传播权保护条例》等相关法规都还没有颁布。法院经审理判决被告在互联网上未经许可传播原告作品的行为侵犯了原告的著作权，该案是我国第一起因网上传播他人作品而引发的著作权纠纷案件。这起著名的网上著作权侵权纠纷案就是由中国版权保护中心成功代理的。所以说，从一开始，中心工作就是与我国的版权法律体系建设紧密相连的。此案件后来成为一个“标杆”案例被频频引用，中国版权保护中心这个维护著作权人利益的机构被更多的世人所知。

2007 年以来，中心新一届领导班子按照科学发展观的要求及总署领导提出的“夯实基础，拓展前沿，苦练硬功，高效服务”的指示，解放思想、开拓创新，理顺工作关系，确立发展思路，呈现出了一个全新的局面。

（一）构建版权公共服务和社会服务两大业务体系，确立了中心发展战略

构建版权公共服务业务体系，就是以版权登记业务为核心，为广大权利人服务，使登记工作向规范化、标准化和信息化的要求发展。中心还承担著作权鉴定、纠纷调解、法律服务、咨询、宣传等各项业务工作。构建版权社会服务业务体系，就是以中华版权代理总公司为载体，进行版权代理、法律服务等增值服务。目前已调整业务内容，组建出版事业部、版权管理事业部、软件事业部、动漫游戏事业部、音乐影视事业部、法律事务

部等部门。

在业务主体确定的情况下，中心努力探索版权保护方式的创新，探索版权服务的多样化模式。如在2007年，启动了“中国动漫作品版权服务平台”和“中国音乐作品版权服务平台”，与有关方面合作推出了“中国原创动漫作品版权保护合作计划”。几百所动画院校师生创作的近五千部“动画学院奖”获奖及入围作品，成为第一批加入该保护计划的原创作品。

（二）积极推进国际版权业务合作，加强版权国际交流，实施“走出去”战略，成为中心近期的一项重要工作

中心每年都要参加一些重要的国际书展并主办、参办一些重要的国际交流活动。在2008年4月的韩国首尔国际书展——中国主宾国活动期间，与韩国著作权文员会联合举办了“第四届中韩版权研讨会”，共同发出了“促进中韩版权贸易与保护合作机制建立”倡议书，为加强中韩两国版权合作与交流，促进版权产业核心领域（图书、音乐、电影、电视剧、卡通、网络游戏等）间的合作做出了积极探索。

2008年10月，经过一年多细致艰苦的努力，在我中心主持和见证下，日本万代公司与汕头市小白龙玩具有限公司终于就双方的著作权争议达成共识并正式签署了调解协议。此次纠纷的成功调解，使中心进一步建立中日版权交流与服务渠道，做出了积极的尝试。

（三）抓服务质量，中心各项业务取得新进展

软件产业发展是我国知识产权自主创新的直接体现。为产业服务观念的树立，使中心软件登记数量、质量和服务水平不断提高。2007年，中心的软件登记总量达到了25666件，同比增长了约15.9%。通过狠抓软件登记质量和服务，使软件登记赢得了社会的广泛认可，登记证明的社会利用率不断提高。在国家的重大科研项目（包括“863”、创新基金、重大发明、重点新产品等）、国家信息产业发展规划、软件产业发展政策和行政管理工作中得到广泛使用。

作品自愿登记工作在为产业服务中不断开拓新领域。作品登记与服务

产业相结合，通过作品登记，我们还积极尝试开展作品传播中的增值服务和版权保护工作，使作品自愿登记的领域不断扩展，社会影响也在不断扩大。通过举办“首届2008中国著作权人物评选活动”促进版权登记在作品传播中的影响力。

（四）认真贯彻实施“走出去”战略，发挥海外渠道和资源优势，推动版权输出

版权代理业务不断开拓新的领域，寻求新的突破。我们成功代理了《大国崛起》、《于丹〈庄子〉心得》等输出韩国；王蒙的《活动变人形》、老舍的《正红旗下》等输出到俄罗斯，陈希我的《抓痒》输出法国，等等。中心承接了在北京图书订货会期间的“全国书稿、书稿版权交易会”，并在BIBF期间举办“版权贸易与出版合同培训班”等活动，发挥了我中心在版权领域的专业优势，提高了中心的知名度和影响力。

（五）中心全方位的版权法律服务体系已经形成

中心的版权法律服务工作范围已经涵盖了图书、报刊、音像、影视、软件、网络、电子出版物等几乎全部与著作权有关的领域，在法律服务方式上也建立起了法律咨询、纠纷调处代理、诉讼代理、法律顾问、专项法律服务、法律意见书、版权技术鉴定等全方位的服务体系，各项业务呈现良好运行态势。如近年来，中心成功代理了数起被称为全国第一的知名诉讼案，如中国首例“首唱权”侵权案、中国服装业首例捍卫知识产权案等。2003年，中心成功代理了关东升诉美国道琼斯公司著作权侵权案。上述案件在社会上引起了极大反响。近年来，中心圆满完成了百余件版权鉴定工作，成功调处了数百件版权纠纷案件，受到了委托单位的好评，版权保护中心法律服务的声誉也得到了很大的提升。

（六）《中国版权》的社会影响不断扩大

近两年以来，《中国版权》适应新变化，调整办刊思路，向更加贴近产业、贴近工作实际的方向努力，办刊质量不断提高，社会影响不断扩

大。编辑部还充分利用科研和专业优势，承接了总署多个公共服务项目，如全国大学生版权论文征文大赛、报业（含网络版）版权保护现状及需求调研项目、《郑成思版权文集》等。并于2008年7月，开始进行国家版权局网站的内容维护工作，使版权局网站在较短的时间里有了较大的改善。

（七）为文化创意产业做积极的努力

北京市东城区人民政府根据2006年《北京市促进文化创意产业发展的若干政策》中，关于在“十一五”期间共同建立版权国际交易中心的总体要求，于2008年1月，同中国版权保护中心签订了《建设国际版权交易中心战略合作协议》。该项目的建设是通过版权贸易，推动文化创新、经济发展，建设版权交易“常态化”的平台和场所。其中设立的“版权登记受理大厅”，实现著作权登记“一站式”服务，方便了广大权利人。

三、适应时代发展要求，走科学发展之路

中国版权保护中心从成立至今已走过20年的发展历程，但还处在少年成长期，也正处在改革发展的关键时期。2008年3月总署党组听取我中心工作汇报时柳斌杰署长发表了重要讲话，对中心的工作提出了“明确指导思想、加强基础工作、理清业务体系、注重开拓创新”四个方面的总要求，并为中心规划了构建“公共服务、社会服务、工作服务、市场服务”四大服务体系的发展战略布局。这是在我国版权保护工作进入一个新的历史发展阶段，就版权工作面临的新情况、新问题、新任务的背景下，有针对性地对中心工作提出的殷切希望和明确要求，既明确了中心的战略定位，又指明了中心的发展方向。

我们要不断树立正确的版权服务理念，增强忧患意识、责任意识和奉献精神，着力推进科学合理的管理体系建设，形成服务体系与管理体系相互促进的良性循环，为我国版权事业的发展做出更大贡献。

在改革开放中蓬勃发展的中国出版科学研究所

中国出版科学研究所

1978年党的十一届三中全会以后，百业待兴，科学的春天到来了，中国出版科研事业也迎来了前所未有的发展时期。30年来，中国出版科研事业伴随着出版事业和出版产业的快速健康发展而蓬勃发展。中国出版科学研究所是我国出版科研事业30年发展的一个典型代表，通过回顾和总结中国出版科学研究所改革开放以来的发展，可以反映和揭示中国出版科研事业发展的内在规律，有利于在新的历史起点上，进一步推动出版科研事业的发展繁荣。

中国出版科学研究所本身就是改革开放的产物，它发端于1978年，酝酿于1983年，创建于1985年，之后不断发展壮大。经过20多年的发展，中国出版科学研究所从无到有、从小到大、从大到强，已经成为我国出版科学研究事业的重要基地，在服务政府决策、引导产业发展等方面发挥着越来越重要的作用。

一、中国出版科学研究所发展的主要历程

20多年来，中国出版科学研究所从初创时期的只有二十几个人、以基础研究和编撰出版科研资料为主的研究规模，发展成为以出版科研为中心、以科研出版为辅助的综合性研究机构。中国出版科学研究所现有职工

200多人，设有六个研究室，六个研究中心，一个出版社，四家杂志社，一个印刷博物馆，年承担科研项目60多个，年总收入3000多万元。这一成就的取得与中央的关怀分不开，与新闻出版行政机关的关心和领导分不开，与行业的支持分不开，与历代所领导特别是老一代所领导以及广大职工的辛勤努力分不开。回顾改革开放以来中国出版科学研究所的发展，首先由衷地感谢关怀、关心、支持中国出版科学研究所发展的中央领导同志、新闻出版行政机关的领导同志、新闻出版行业的有关领导，感谢研究所历任老领导和为研究所的发展做出过贡献的广大职工。

中国出版科学研究所的发展主要有三个阶段：第一阶段，1985—1995年；第二阶段，1996—2005年；第三阶段，2006年至今。

（一）1985—1995年

中国出版科学研究所是伴随着改革开放新时期科学研究事业，特别是新闻出版研究事业的蓬勃发展而诞生的。1978年3月召开的全国科学大会，迎来了科学研究事业的春天。同年9月，国家出版局在石家庄召开印刷科研工作会议，掀起了印刷出版科学研究的新局面。随着出版科学研究重要性的日益凸显，迫切需要成立专门的出版科学研究机构，这一呼声得到了中央领导的高度重视。1983年6月，《中共中央、国务院关于加强出版工作的决定》明确提出“要建立出版发行研究所”，加强出版发行的研究工作。1985年2月26日，中央宣传部向中央报送文化部关于建立中国出版发行科学研究所的请示报告，同年3月1日至9日，先后得到李鹏、胡乔木、邓力群、胡启立4位中央领导同志的亲自批准。同年3月21日，劳动人事部发出通知，同意设立中国出版发行科学研究所。1989年，经领导机关批准，改名为中国出版科学研究所。

1985—1995年，是中国出版科学研究所的创业时期，对于之后的发展起到了奠基作用。在这一时期，探索并初步确立了正确的办所方向，即坚持以马列主义、毛泽东思想和邓小平同志建设有中国特色社会主义理论为根本指针，坚持理论联系实际，努力把中国出版科学研究所办成马克思主义的出版理论阵地，为出版管理机关决策服务，为出版改革和发展服务，为建设有中国特色社会主义的出版事业服务。

这一时期，出版科研工作取得了一系列成果，如编写出版了《毛泽东、邓小平与中国出版》、《毛泽东、邓小平出版实践出版思想探论》等著作。但总体而言，这一时期出版科学研究的领域还比较窄、科研工作主要是以编撰资料性的出版科研资料为主。当然，这些工作为后来的发展积累了资料，锻炼了队伍，奠定了基础。

（二）1996—2005 年

1996—2005 年，中国出版科学研究所进入了较快的成长时期。在这一时期，中国出版科学研究所明确了出版科研工作是研究所的中心工作，是研究所的旗帜，出版科研工作的指导思想就是紧紧围绕出版管理和生产的实际做好“两个服务”，即为出版管理服务和出版生产服务，通过服务实现科研的价值，在服务中谋求自身的发展。

这一时期，出版科研工作取得了一系列突破，研究领域不断拓展、研究成果不断出新，初步确立了中国出版科学研究所在出版科学研究领域的重要地位。这一时期特别加强了出版应用研究，如“有中国特色社会主义出版体制基本框架研究”、“社会主义市场经济和出版改革”、“对买卖书号现状的调查及对策”、“我国出版十年发展战略研究”等，自筹资金开展了“全国国民阅读倾向抽样调查”。“全国国民阅读倾向抽样调查”、《中国出版蓝皮书》、《国际出版蓝皮书》等项目，在业界引起了强烈的反响，逐步成为研究所的品牌项目。

这一时期，在科研出版工作上也取得了重要的成绩。《出版发行研究》杂志、《出版参考》杂志等在业界的影响不断扩大，中国书籍出版社也出版了大量的出版专业书籍，形成了鲜明的出版特色。同时，在出版学术交流方面也取得了一系列成绩，比较突出的是成功开展了与韩国的国际出版学术交流。

（三）2006 年至今

2006 年以来，伴随新闻出版业的繁荣发展，中国出版科学研究所开始进入繁荣发展的新时期。这一时期，中国出版科学研究所出现了全面推进、快速发展的新局面，出版科学研究不断取得重大突破，科研成果的影响力不断提高，从单纯服务开始向以服务为基础、引领产业发展潮流的方向迈进。如关于数字出版，关于经济政策，关于民营书业等，中国出版科学研究所在推动产业发展方面起到了重要的促进作用。

这一时期，在科研工作上重点实现了三大转型：

第一，由原来的纯学理性、资料性研究向学理性、资料性与实证性、实用性相结合方向转型。如国家版权局委托的《国家版权发展战略》、《新闻出版公共服务体系研究》、《国家出版基金管理办法研究》等。

第二，由单纯人文科学向人文科学与经济科学相结合方向转型。如国家社科规划办的重大项目《小康社会出版业指标体系研究》，新闻出版总署项目《图书定价水平评估》，世界知识产权组织、国家版权局项目《版权相关产业的经济贡献率调研》等，突破了传统出版科学研究限于单纯人文科学研究的局限，取得了重大突破。

第三，由社会科学向社会科学与自然科学相结合方向转型。如总署国家“十一五”文化纲要数字工程立项论证工作、创建了国家数字出版实验室、《数字出版年度报告》等，开辟了出版科学研究的新领域。

通过三大转型，出版科研工作取得了辉煌的成绩，在许多领域处于全国领先地位，确立了中国出版科学研究所在出版研究领域的“国家地位”，不仅在业界，而且在全社会的影响力不断扩大，初步形成了在国民阅读、新传播业态研究领域的权威地位。

这一时期，科研出版工作也取得了重大成绩，中国书籍出版社、《出版发行研究》、《出版参考》、《传媒》等杂志不仅在业界树立了良好的品牌，而且经营业绩不断取得新的突破。学术交流更加广泛，中国民营书业论坛、中国数字出版博览会等影响日益广泛，已经成为著名行业会议品牌。

二、取得的主要成绩

20 多年来，中国出版科学研究所始终坚持出版科研为社会主义出版事业服务的方向，坚持解放思想、实事求是，以发展为第一要务，坚持科研立所、成果立身、以人为本、人才强所的方针，不断创新科研体制机制，激发科研活力，取得了一系列成绩。形成了人文研究、经济研究、科学技术研究相结合，学科体系健全、布局合理的研究格局；形成了以出版科研为中心，科研出版、学术交流为侧翼的发展格局；形成了以人为本，人才强所的管理格局；形成了发展为第一要务，党的建设、廉政建设、科研工作、出版工作协调发展的工作格局。

（一）形成了学科体系健全、布局合理的科研格局

作为全国唯一的国家级出版科研机构，中国出版科学研究所始终把发展繁荣中国的出版科研事业作为不懈的奋斗目标，始终坚持出版科学研究为社会主义出版事业服务的方向，始终努力站在时代的前沿，以前瞻性地研究引领和推动出版业的发展为己任。20 多年来，随着中国出版业的发展和出版科学研究事业的广泛开展，中国出版科学研究所形成了学科体系健全、布局合理的科研格局，为出版学科建设和出版科研事业的发展繁荣做出了重要贡献。

中国出版科学研究所现有 12 个研究室（中心），研究领域基本涵盖了出版科学研究的主要领域，其中的许多领域是由研究所开创的。形成了基础学科研究、应用学科研究、对策研究与出版科技研究相互促进、协调发展的科研布局，科研力量雄厚，年承担研究课题 60 多项，产生了一大批有影响的科研成果。

（1）在研究毛泽东、邓小平等老一代革命家编辑出版思想方面成果显著。先后开展了《毛泽东、邓小平的编辑出版思想》、《刘少奇、周恩来、朱德、陈云的编辑出版思想》等研究课题，系统梳理了老一代无产阶级革命家的编辑出版思想，丰富了马克思主义新闻出版观。

（2）在研究老一代出版家、编辑家编辑出版思想方面取得了大量的成果。组织编纂出版了叶圣陶、胡愈之、王益、王子野、许力以、边春光、王仿子、宋木文、刘杲等出版文集。这些文集集中体现了老一代出版家、编辑家的编辑出版思想和实践经验，是宝贵的出版研究资料和学习资料。

（3）在基础研究领域取得了丰硕的成果，成为我国出版学科理论建设的重要基地。作为专业的出版科学研究机构，研究所始终把出版学科理论研究作为重要的科学研究任务，经过20多年的努力取得了丰硕的成果。如编纂出版了《中华人民共和国出版史料》（目前已出版11期）、1990年7月完成的《新闻出版署直属高等院校出版专业设置及可行性研究报告》，获新闻出版署1991年科学技术进步奖。从1989年开始，在新闻出版署直接指导下，组织所内外专家、教授撰写高等院校编辑出版专业教材（即辽海版教材）。2007年完成的国家社科基金重点课题《中国出版通史》（9卷）获国家社科基金优秀成果。

（4）在应用科学研究领域形成了品牌，在业界产生了重要影响。如《关于出版社专业分工课题的研究报告》（1994年6月）、《关于建立出版机制的几个问题》（1994年11月）、《全国国民阅读倾向抽样调查》（1998年开始，每两年进行一次）、《中国出版集团研究》（2000年）、《中国出版蓝皮书》、《国际出版蓝皮书》等。

（5）出版经济研究领域不断取得新的成果。出版经济研究是随着出版产业的发展而兴起的新的出版科研领域，研究所成立了专门的出版经济研究室，努力实现人文学科研究与经济学科研究的结合，不断取得新的成果。如国家社科基金重大项目《小康社会出版业指标体系研究》，新闻出版总署项目《图书定价水平评估》，世界知识产权组织、国家版权局《版权相关产业的经济贡献率调研》等项目在业界引起了很好的反响。

（6）在出版科学技术研究领域，特别是在数字出版和出版标准化研究方面，取得了重大突破，许多方面填补了空白。为适应数字出版的发展，创建了国家数字出版实验室，开展了一系列出版科学技术研究，推出了《数字出版年度报告》。出版标准化研究也取得了重大进展，承担了科技部《新闻出版标准体系研究》，组织制订了《出版术语标准》、《网络出版标准》等项目。

（7）在国际出版研究领域取得了长足的进步，形成了品牌。国际出版研究是出版科学研究的重要领域，特别是在中国出版“走出去、请进来”

的形势下，研究所加强了国际出版研究，形成了品牌。如中宣部委托的《国外新闻出版管理研究》等受到肯定，国新办委托的《中国主题图书在主要发达国家的出版情况》得到了广泛好评，《国际出版蓝皮书》成为了研究所的重要品牌项目之一。

（二）开展了大量的出版学术交流活动，促进了科研成果的转化

科研成果必须转化为出版生产力才能够真正实现其价值。20 多年来，中国出版科学研究所始终坚持出版科研为实践服务的理念，服务于政府决策、服务于行业发展。开展了大量的出版学术交流活动，通过交流，积极推动科研成果的转化。

中国出版科学研究所举办的学术会议主要有中国数字出版博览会、中国数字出版年会、中国民营书业论坛、中国传媒创新年会、中国期刊创新年会、中国出版社网站建设年会等。这些会议有力地促进了科研成果的转化，并由此引领和推动了行业发展。

20 多年来，研究所还积极开展了国际出版学术交流。尤其是近年来，我所大力实施“走出去、请进来”的重要方针，国际、国内间的合作交流空前活跃，科研“走出去”取得实质性突破。

一是全球最有影响的出版学术杂志美国《出版研究季刊》与我所《出版发行研究》杂志联合推出的《中国专号》将于 3 月前出版。这是国际权威刊物首次以专号形式向世界介绍中国出版业；二是与世界银行出版部联合举办“中国出版走出去战术论坛”，首次结合我国出版社实际，介绍如何在欧美开办出版社、销售图书、利用国际知名网站等战术问题，引起很大反响；三是由我所承办的中韩出版学术年会得到了两国政府的充分肯定，标志着我所在“成为国际出版学术交流平台”目标上前进了一大步；四是着眼于创建世界权威性出版科研机构的目标，在继续加强同韩国、日本出版界联系的基础上，全面扩大了与欧美主要出版业发达国家的合作交流，新聘请了包括美、英、德、日、法等国的一批著名学者担任外籍特约

研究员，并制定了《外籍特约研究员评聘规则》和《外籍特约研究员工作规则》；五是在培养骨干专业人才进修与国际交流方面也取得实质性突破，首次派出两位同志分赴美、日访学进修半年，实现了零的突破；六是中国印刷博物馆交由我所管理后，也在内部建设和业务拓展方面取得了骄人的业绩，其在美、俄、澳举办的“中华印刷之光”展出，以及在国内重要书业活动中承担的展出任务，都获得了广泛的影响，传播了历史悠久、不断创新的中华民族的优秀的印刷文化及印刷文明。

与此同时，同国内高校合作向纵深发展：与上海理工大学联合建立的传播学硕士点2007年首届新生入学，并成立了研究生办公室；同武汉大学合作建立的博士后培养流动站于2008年10月正式挂牌；与苏州大学商讨建立出版科研基地的合作意向也已达成。这些工作是我所与高校联合培养、为国家输送既有深厚专业知识又有充分实践经验的出版专业人才的重大举措。

（三）形成了良性发展的经营格局

图书杂志出版是研究所重要的经济支柱，是反映出版科研成果的重要基地。经过20多年的发展，所属出版社杂志社形成了良性发展的经营格局。

1. 中国书籍出版社

围绕“英语类畅销精品、社科类长销品牌、出版类专业旗舰”的选题定位，图书出版工作有条不紊，稳健发展，获得了“中央国家机关青年文明号”荣誉称号。出版了《农家书屋管理员手册》、《中国数字出版产业年度报告》、《中国出版业发展报告》、《报刊管理手册》等专业书籍，成为我国主要的出版专业类图书的出版社。

2. 《出版发行研究》杂志社

形成了刊物高学术定位、前瞻性、指导性、参考性的特点，不断拓展经营渠道，形成了比较成熟的盈利模式。充分发挥杂志平台，积极参与、举办学术活动，如出版发行业诚信状况调研、中国出版走出去战术研讨会、中韩出版学术交流、“中国期刊创新年会”、中华优秀出版物颁奖、与美国《出版研究》季刊合作完成“中国专号”在美出版任务等。

《出版发行研究》作为我国出版学术期刊的优秀代表，注重编辑内容建设，有多篇文章被《新华文摘》、《出版工作》摘编或全文转载，并再次被中国社会科学研究评价中心认定为CSSCI（“中文社会科学引文索引”）来源期刊，这是我国对社会科学类期刊的学术地位所做的最具权威性的评价。

3.《出版参考》杂志社

在内容编辑方面，加强主题力度，不断提高信息采集能力，已经成为我国主要的出版信息期刊。在做好杂志出版的同时，还承担了总署办公厅《新闻出版要情摘报》编辑工作，截至目前已编辑36期，采用率达50%—70%，得到了总署充分肯定。

4.《传媒》杂志社

《传媒》杂志是研究所第一本面向所有传媒研究领域的专业期刊，在做好内容质量的同时，以活动策划与资源拓展为手段，举办“中国传媒创新年会”、“中国报刊经营模式创新论坛”等，不断拓展《传媒》杂志的品牌价值。

（四）形成了结构合理的研究队伍

人才是新闻出版第一资源，更是出版科研的第一资源。20多年来，中国出版科学研究所始终坚持以人为本、人才强所的方针，不断提高队伍素质，不拘一格使用人才。

研究所现有在职职工157人（含聘用职工），在编职工中，博士5人，占5%，硕士27人，占29%，大学本科37人，占40%，大专及以下学历24人，占26%。在编职工中专业技术人员76人，占82%。其中：高级职称19人（正高7人），占专业技术人员总数的25%，占职工总数的12%；中级职称36人，占专业技术人员总数的47%，占职工总数的23%；初级职称21人，占专业技术人员总数的28%，占职工总数的13%。总的来看，形成了比较合理的人才结构。

为激励多出科研成果、多出科研人才，每位科研人员都制定了五年

“职业生涯设计”，以处室主任为导师，以辅导、切磋、研究、讨论等方式开展不拘形式的人才培养。

加强对新入所职工的培训和教育，把介绍所内情况、介绍科研出版工作特点规律和所内规章制度等同军事化训练相结合，取得了良好效果。

三、出版科研发展的基本经验和思考

目前，研究所的科研机构设置基本覆盖了各出版科研领域，梯次型结构研究人员队伍基本成形，出版科研由过去被动式、无目的性地寻找课题转变为主动式、有选择性地接纳课题，由过去围绕课题形成的科研能力相对较弱、结构略显松散的科研课题组向以我为主、具有完备的资源配置、突出的核心骨干的稳定的组织结构转化。各方面的发展态势表明：一个以出版科研为核心竞争力、出版经营全面发展、管理服务全方位保障的出版科研院团的雏形已经显现。

总结20多年中国出版科学研究所的发展，以科学发展观为指导，进一步推动出版科研事业的发展繁荣，主要有如下思考：

（一）只有改革开放，才能有发展繁荣的出版科研事业

总结20多年中国出版科学研究所的发展，首先最深刻的认识，就是没有改革开放，就没有中国出版科研事业的今天。中国出版科学研究所就是伴随着中国改革开放的步伐诞生、成长、发展起来的。没有改革开放，就没有中国出版事业的繁荣发展，也就没有中国出版科学研究所；没有进一步的改革开放，就没有中国出版事业的进一步壮大，也就没有中国出版科学研究所的繁荣发展。正是改革开放激发了中国出版业发展的强大活力，为出版科学研究提供了强大的动力，在根本上推动了中国出版科研事业的发展。

（二）始终坚持解放思想、改革创新，坚持出版研究的前瞻性、引领性，为行业发展提供不懈的智力支持

20多年来，中国出版科学研究所始终追求把解放思想、改革创新这篇

文章做好、做足、做充分，坚持出版研究的前瞻性、引领性，为行业发展提供不懈的智力支持。

只有解放思想，才能坚持科学的研究观，才能有真课题、出真成果、培养真人才。只有解放思想，才能坚持出版研究的前瞻性、引领性，才能实现理论对实践的指导意义，推动产业发展。近10年来，中国出版科学研究所极力倡导的数字出版，取得了广泛的认同，极大地推动了我国数字出版的发展。

（三）始终坚持发展是第一要务，以出版科研为中心工作，做好两个服务

为决策层、为业界服务的科研工作理念，是中国出版科学研究所的核心竞争力，也是所属图书期刊出版单位的基础，是命之所系、名之所系、位之所系。20多年来，中国出版科学研究所始终紧紧围绕“两个服务”的宗旨，开创了出版科研工作的良好局面，取得了一系列成果。实践证明，这一定位是正确的。20多年来，科研工作实现了由“吃不饱”到“吃不了”，再由“吃得饱”到“吃得好”，再由“吃得偏”到“吃得全”的转变，取得了突出的业绩。在今后的发展，一个中心、两个服务的基本理念，依然是研究所立身、立业、立功之本。

（四）始终坚持出版科研、科研出版、学术交流等协调发展

探索“产、学、研”结合的出版科研发展之路，是中国出版科学研究所20余年来一以贯之的方向，形成了出版科研、科研出版、学术交流协调发展的格局。没有出版科研，就没有中国出版科学研究所的立所之本；没有科研出版，也将失去出版科研发布和交流的良好平台；没有出版学术交流，就没有科研成果迅速转化为出版生产力的机制。这一“产、学、研”一体化的协调发展模式也是20多年来中国出版科学研究所发展的基本经验。

（五）始终坚持以人为本、人才强所的方针

出版科研是富有创造性的智力劳动，人才是推动出版科研的第一力

量。20 多年来，为加强骨干队伍建设，本着唯才是用、德才并举的原则，研究所严格按照有关规定及组织程序，严格按照民主集中制原则，大力选拔、任用年轻骨干，为研究所的长远发展打下了坚实基础。同时，面向社会广泛招聘专业骨干人员，实行全员岗位聘用制，根据研究所发展实际，在保持队伍整体稳定的前提下，科学调配专业人才，建立健全人才队伍的 A、B 角制度，完善以科研为中心的人员进出机制和优胜劣汰机制，做到人员合理流动。围绕科研的标志性项目，逐步完善骨干人才的选聘、培养、任用模式。

（六）不断加强党的建设，营造出版科研文化

坚持党的领导，不断加强党的建设是出版科研事业不断取得进步的组织保障。在改革开放的新时期，党风廉政建设具有突出的意义。20 年来，中国出版科学研究所始终把加强党的建设作为头等大事，在思想、作风、组织等方面取得了重要的经验，为出版科研事业的顺利开展提供了强有力的政治和组织保障。

出版科研文化是中国出版科学研究的企业文化，为出版科研事业提供了强大的精神动力和文化皈依。

以上这些思考，是以科学发展观为指导，从研究所建所以来特别是近几年来的发展实践中凝炼出来的，对于指导未来的发展也颇多取资。在未来的发展中，中国出版科学研究所将继续高举中国特色社会主义伟大旗帜，以科学发展观为指导，深入贯彻落实党的十七大精神，着眼于构建和谐科研院所，按照新闻出版总署党组的统一部署，扎扎实实做好服务，努力提高科研核心竞争力，围绕推动新闻出版大发展大繁荣，在新的历史起点上，开创出版科研工作新局面。

沐浴着改革开放春风成长的北京印刷学院

北京印刷学院

国家改革开放的30年，对北京印刷学院来说是迎着改革的春风诞生、伴随着开放的号角发展的30年。1978年国务院批准在中央工艺美术学院印刷工艺系的基础上改建为北京印刷学院，由国家出版局领导；2000年高校管理体制调整，学院改由国家新闻出版总署与北京市政府共建，以北京市管理为主；2006年正式签订“署市共建”北京印刷学院协议。30年来，学院在国家新闻出版总署、北京市的关心和领导下，经历了“筹建—成长—壮大”的发展过程，已经成为以印刷、出版为特色，工、文、管、艺等多学科协调发展的传媒类大学。回顾改革开放30年来学院的发展过程，可以发现在以下五方面发生了翻天覆地的变化：

一、丰富了学科门类，拓展了办学层次

从学科布局角度来看，实现了从单科性教育向多学科综合化教育的转变。学院创办初期只有工科性专业印刷机械，依托印刷机械专业开办了印刷工艺、包装印刷工程等工科专业，虽然专业数量在增加，但是学科还是单一的工科。1989年开办装潢设计专业，打破了单科性工科教育的布局，随后陆续创办了管理专业、图书出版发行专业等，逐步形成了工、文、管、艺等多学科综合化教育的学科布局。学院目前已构建了三个相互交

叉、相互支撑、协调发展的学科群，分别是以印刷、包装、信息、计算机、机械电子等为主体的媒体、信息、传播类工科学科群；以出版、设计艺术、动漫、广告、英语等为主体的媒体、传播类文科学科群；以管理、经济等为主体的经管类学科群。前两个是由特色专业发展而来的优势学科和主干学科，在学科群中处于领先地位，同时取得了国内印刷出版教育的优势地位，对我国印刷出版学科及相关专业建设和人才培养起到了重要引领作用。第三个学科群正在成为学院拓展传媒高等教育的学科增长点。支撑三个学科群的有 3 个市级重点学科、6 个硕士授权学科、4 个校级重点学科和 11 个一级、二级学科。

从办学层次角度来看，实现了从单一层次教育向多层次教育体系的转变。学院创办初期只有本科层面的教育，1987 年成立成人教育部开展成人教育，1998 年开展研究生教育，1999 年创办了高等职业教育，逐步形成了研究生、本科、高职、成人等多层次教育体系。学院现有传播学、材料物理与化学、设计艺术学、机械电子工程、信号与信息处理、企业管理学等 6 个硕士研究生专业；有印刷工程、包装工程、高分子材料与工程、机械工程及自动化、电子信息工程、计算机科学与技术、自动化、数字媒体技术、工业设计、传播学、编辑出版学、广告学、英语、信息管理与信息系统、市场营销、财务管理、文化产业管理、艺术设计、绘画和动画等 20 个本科专业；有版面编辑与校对、市场营销、印刷图文信息处理、包装技术与设计、印刷技术、印刷设备及工艺、电子商务、多媒体设计与制作等 8 个高职专业；有艺术设计、出版编辑、印刷工程、印刷技术、图文信息处理、市场营销、电脑艺术设计、工商企业管理等 8 个成人专业。其中有教育部特色专业建设点 1 个，市级品牌专业 3 个，校级骨干专业 6 个，印刷、出版、包装、艺术等专业综合教育实力已达到国内领先水平。

二、改善了办学条件，优化了教师结构

从教学基本建设角度来看，实现了从租地办学向形成优良办学环境的转变。从 1978 年 12 月到 1986 年长达 8 年的时间里，学院一直处于租地办

学的状态，期间先后更换办学地点5次。1986年学院校址内建成食堂、教学楼、办公楼等后，开始了在自我教学基本建设基础上的办学，经过20年的建设，目前，学院校园占地面积330亩，校舍建筑面积19.36万平方米，运动场总面积3.64万平方米，固定资产总值3.6亿元，仪器设备资产2.3亿元，图书馆藏书83.28万册、中文期刊1647种、外文期刊173种，校园网“千兆为主干，百兆到桌面”覆盖全校，网络教学资源丰富，有9个实验中心、47个实验室、99个多媒体教室，其中有北京市重点实验室、北京市实验教学示范中心、北京市哲学社会科学研究基地、国家新媒体产业基地动漫创作及艺术人才培训中心，已经形成了良好的办学硬件条件。

从师资队伍建设角度来看，实现了从注重数量的增长向注重质量提升的转变。学院诞生时由中央工艺美院转入30余名教工，其中教学人员20余名，成为学院建院初期师资队伍的基础。随着专业和学生数量的增加，对教师的需求量也随之增加，1986年教工人数达320余人，比建院初期翻了10倍。进入新世纪以来，学院实施“人才强校”战略，推出打造传媒教育大师、名师的“1131”工程，进一步提高了教师队伍的质量，学院现有教职工786名，其中专任教师447名，45%的教师拥有高级职称，65%的教师具有硕士、博士学位。其中有全国新闻出版行业领军人才2人，新世纪百千万人才工程北京市级人选1人，北京市高层次人才1人、创新人才6人、教学创新人才2人、中青年骨干教师33人、学术创新团队4个、北京市优秀教学团队3个；获北京市教学名师奖2人、教育创新奖4人、中国印刷最高奖“毕昇奖”3人、中国印刷技术协会“森泽信夫奖”4人、“数字艺术教育贡献奖”1人；享受政府特殊津贴29人。

三、集聚了科研实力，彰显了办学优势

从教师科学研究角度来看，实现了由“点上突破”向“面上开花”的转变。1996年以前，由于办学条件限制，教师科学研究工作起步较晚，只是在点上取得了一定突破，据不完全统计，到1996年全院教师发表论文共500多篇，有10个左右的项目获得部级以上奖励。进入新世纪以后，

学院坚持以教学为中心，以科研为先导，出台了一系列科研管理办法，鼓励教师从事科学研究，教师参与校级、市级、国家级不同层次科研活动的人数和范围在不断扩大。近三年，全院教师有200多人次主持或参加了各级各类教改研究，发表教学研究论文累计200多篇，获得各级高等教育教学成果奖70余项，72人获得校级优秀教学成果奖，出版教材近40部，其中包括国家级教材和北京高等教育精品教材10多部，北京市精品课程2门。“十五”期间，科研项目经费合计近3000万元，取得了一系列较高水平的科研成果，承担国家级项目5项，省部级项目30多项，北京市级项目近120项，共发表论文近2000篇，艺术作品近500件，专利及转让5项。最近8年与前18年相比，发表论文的数量翻了5倍多。

从学院办学优势角度来看，实现了从“打造”到“彰显”的转变。1978年国务院批准成立北京印刷学院时，提出“把学院建成一所培养印刷出版高级专门人才的本科院校”，长期以来，经过几代“北印人”的不懈努力，学院在完成政府所交给任务的过程中，也逐步打造了自身的办学优势。学院被国家新闻出版总署确定为“国家出版印刷高级人才培养基地”，成为国家新闻出版行业人才培养、人员培训的重要教育机构；学院被教育部确定为“印刷工程专业教学指导委员会”主任单位、“包装工程专业教学指导委员会”副主任单位、“印刷包装高职高专教学指导委员会”主任单位，被新闻出版总署确定为全国高校出版专业学科建设协作小组组长单位，对国内高校的印刷、包装、出版专业教育与建设起着重要的引领作用，在国内印刷、出版教育界和学术界具有重要地位和影响；学院的学术骨干在国内外一些印刷、出版学术机构和专业组织中担任重要职务，并承担了多项国家有关科技项目的重点科研课题，成为国内印刷、出版领域中教育与学术研究的中坚力量。这些都彰显了学院在印刷、出版高等教育方面的办学优势。

四、明晰了办学定位，强化了服务功能

从办学定位角度来看，2000年高校管理体制调整以前，学院由国家新

闻出版总署管理，之后，学院改由国家新闻出版总署与北京市政府共建，以北京市管理为主。学院适应管理体制由“行业办学”向“地方统筹”的调整，积极探索并进一步明晰了办学定位，学院在“十一五”规划中明确提出了“立足首都、服务全国”的服务面向定位、“把学院建成工、文、管、艺多学科协调发展的传媒类大学”的办学目标定位、“进一步彰显学院的办学特色，更好地服务于国家新闻出版业发展”的办学水平定位等学院的办学战略定位，为学院的发展指明了方向。国家新闻出版总署与北京市人民政府2006年正式签订“署市共建”北京印刷学院协议，根据协议条款，学院被“署市”确定为出版印刷专门人才培养基地，进一步明确了学院的服务面向定位。

从服务功能角度来看，实现了由“单一”服务向“多元”服务的转变。在办学初期，由于教师科研工作比较薄弱，再加上只有单一的本科教育，因此，在服务社会方面只是单一的“人才服务”。随着办学层次的拓展（尤其是成人教育的开办）、教师科研水平的提升，为“培训服务”、“科研服务”的开展提供了平台，使服务功能实现了多元化。在培训服务方面，成人教育开办20年来，建立了30多个工作站（还曾在新加坡、马来西亚等国外设立了工作站），构建了完善的“培训课程”及“精品培训项目”体系，累计为行业培训13000多人。在科研服务方面，近年来，“二维码核心技术”、“活性抗菌功能薄膜材料”等20余项科研成果实现转化并在现实生产中得到应用；2002年学院成立了“北京印刷学院温州科技工作站”，为当地印刷包装产业的发展提供技术服务，2003年学院参与了大兴区“北京国际包装印刷基地”的规划论证，2004年起积极参与北京市乡镇企业局组织的“彩虹工程”等服务行业、地方的科研服务项目30余项。在人才服务方面，30年来，学院为社会培养了全日制学历教育毕业生3万余名，为新闻出版行业和首都经济社会发展做出了重要贡献。

五、搭建了合作平台，形成了开放格局

从社会合作角度来看，实现了从“校企合作”向“校企地合作”的

发展。管理体制转换前，作为行业性院校，在与社会合作方面，只是停留在行业单领域。体制转换后，随着办学定位的转变，学院利用行业背景和优势，积极搭建产、学、研合作平台，建立了校、企、地长期合作的工作机制，每年举办一届“校、企、地合作周活动”，至今已成功举办了五届，累计有200余家单位1500余人次参与了此活动。借此平台，学院加强了与行业主管部门、社会企业、地区的深度合作与共建，目前有22家国内外著名印刷企业为学院学生提供26项价值一百余万元的奖助学金，在80余个单位建立了学院学生的“实践教育基地”，与中国出版科学研究所、中国印刷技术研究所、北人集团、雅图仕印刷有限公司、驻地大兴区人民政府等20余家单位签订了合作协议。合作的双赢效应，吸引了更多的社会力量参与到学院的建设和发展中来，增强了学院的办学实力和社会影响力。

从国际合作角度来看，实现了从“国际学术交流”向“国际联合培养”的转变。学院重视国际学术合作，先后与美国、英国、日本、澳大利亚等国家互派留学人员、研修教师和访问学者，与世界知名印刷出版院校、科研机构、社会团体和企业建立广泛的联系和协作关系。近3年来，学院举办国际学术会议4次，有近200多人次参加了国际学术会议，选送11人次到国外进行了双语及业务培养，有24人次与世界著名印刷出版院校、相关科研机构、社会团体、企业集团建立了广泛的联系和协作关系。同时，顺应教育国际化趋势，学院积极拓展从教学到科研、从师生短期互访到联合培养等多方面、多层次对外交流与合作，已与美国加州州立大学（CHICO）、英国伦敦艺术大学、德国WUPPERTAL大学和俄罗斯莫斯科国立印刷艺术大学建立了校际联系与交流，并与其正式签订了本科、研究生以及本科与研究生联合培养、共同授予学位的协议，目前已进入了实施阶段。

改革开放的30年，既是学院沐浴改革开放春风成长的30年，也是学院历经巨大变化的30年。忆往昔，学院发生的每一点变化、取得的每一项成就，不但凝聚着几代“北印人”的心血，更离不开国家新闻出版总署的正确领导、深切关怀和大力支持，所有这些，“北印人”将永远铭记。

图书在版编目（CIP）数据

中国出版业变革三十年/本书编写组编. －北京：人民出版社，2009.9
ISBN 978－7－01－008192－2

Ⅰ.中… Ⅱ.中… Ⅲ.出版工作－体制改革－概况－中国
Ⅳ.G239.2

中国版本图书馆 CIP 数据核字（2009）第 158053 号

中国出版业变革三十年
ZHONGGUO CHUBANYE BIANGE SANSHINIAN

编　　者　本书编写组
责任编辑　姚劲华　苏向平
装帧设计　鼎盛怡园
出版发行　人民出版社
　　　　　（100706　北京朝阳门内大街 166 号）
网　　址　http：//www.peoplepress.net
经　　销　新华书店总店北京发行所
印　　刷　北京龙之冉印务有限公司
版　　次　2009 年 9 月第 1 版
　　　　　2009 年 9 月北京第 1 次印刷
开　　本　710 毫米×1000 毫米　1/16　印张　19.25
字　　数　275 千字
书　　号　ISBN 978－7－01－008192－2
定　　价　32.00 元